湖北经济普查年鉴

Hubei Economic Census Yearbook 2018

第二产业卷｜下

湖北省第四次全国经济普查领导小组办公室　编著

图书在版编目（CIP）数据

湖北经济普查年鉴. 2018. 第二产业卷. 下 / 湖北省第四次全国经济普查领导小组办公室编著. -- 北京 : 中国统计出版社, 2020.11
ISBN 978-7-5037-9245-8

Ⅰ. ①湖… Ⅱ. ①湖… Ⅲ. ①经济－普查－湖北－2018－年鉴②第二产业－普查－湖北－2018－年鉴 Ⅳ. ①F127.63-54

中国版本图书馆 CIP 数据核字(2020)第 169432 号

湖北经济普查年鉴—2018/第二产业卷（下）

作　者/湖北省第四次全国经济普查领导小组办公室
责任编辑/冯燕玲
封面设计/黄俊杰　李雪燕　刘亚非
出版发行/中国统计出版社有限公司
通信地址/北京市丰台区西三环南路甲 6 号　邮政编码/100073
电　话/邮购（010）63376909　书店（010）68783171
网　址/http://www.zgtjcbs.com/
印　刷/武汉市盛宏源印务有限公司
经　销/新华书店
开　本/880mm×1230mm　1/16
字　数/674 千字
印　张/22.25
版　别/2020 年 11 月第 1 版
版　次/2020 年 11 月第 1 次印刷
定　价/780.00 元（全四册）

如有印装差错，由本社发行部调换。

《湖北经济普查年鉴—2018》编纂机构和人员组成

指导委员会

主　　任：朱　慧

副 主 任：叶　青　吴中志　张　静　蔡受清　崔永红　叶福生
李团中　王　博　刘　洪　马泽明

编辑委员会

总 编 辑：吴中志

副总编辑：谢名义

委　　员：盛少华　刘传勇　李良华　张利阳　吴晓秦　龙江舫
杜云波　倪群峰　王行刚　宋　雪　雷炳建　唐军华
魏尚平　卢　薇　汪　军　明　锋　谢余强　付春晖
陈志明　金　锐　乐友来　王兴华　贺　宾

执行编辑：刘艳丽

数据处理：王喜锋　鲍　耀

第二产业卷（下）

第一篇　规模以上工业企业科技情况篇

责任编辑：唐军华

编辑人员：余佑玲

第二篇　建筑业企业生产经营及财务状况篇

责任编辑：王行刚

编辑人员：樊喜珍　高　亮

编者说明

为便于社会各界共同分享湖北省第四次全国经济普查的成果，更方便地开发利用普查资料，我们将经济普查资料编辑整理，汇编成《湖北经济普查年鉴—2018》一书。全书共三卷四册，即综合卷、第二产业卷和第三产业卷。《综合卷》分三篇：第一篇为“综合篇”，第二篇为“企业篇”，第三篇为“文化及相关产业篇”。《第二产业卷》按内容分为上、下两册。上册两篇：第一篇为“工业企业生产经营及财务状况篇”，第二篇为“主要工业产品产量篇”。下册两篇：第一篇为“规模以上工业企业科技情况篇”，第二篇为“建筑业企业生产经营及财务状况篇”。《第三产业卷》分六篇：第一篇为“批发和零售业企业基本情况及财务状况篇”，第二篇为“住宿和餐饮业企业基本情况及财务状况篇”，第三篇为“房地产开发经营业生产经营及财务状况篇”，第四篇为“服务业企业财务状况篇”，第五篇为“服务业行政事业及非企业法人单位篇”，第六篇为“企业信息化和电子商务交易情况篇”。为使读者能够更好地使用本资料，现对有关问题做如下说明：

一、第四次全国经济普查的标准时点为2018年12月31日，时期资料为2018年度；

二、综合卷中综合篇和企业篇汇总表，均不包含少量无分组标识的单位数据，其中单位数包含兼营二、三产业的农、林、牧、渔业法人单位，从业人员数不包含兼营二、三产业的农、林、牧、渔业法人单位，不包含人民银行、银保监会、证监会监管的金融业以及铁路运输部门单位数据；

三、本资料建筑业按法人单位注册地，其他行业按法人单位经营地进行汇总；

四、本资料部分数据由于单位取舍不同或四舍五入而产生的误差数均未作机械调整；

五、表中空格表示该项统计指标数值为零、不足最小单位、数据不详或无该项数据，“#”表示其中的主要项；

六、为了更准确地使用本年鉴，每卷后附有该卷详细的指标解释。

我们希望此书的面世，能使社会各界对湖北省第四次全国经济普查有一个全面的了解，更愿本书的内容，能为社会经济研究工作者提供有价值的参考。

湖北省第四次全国经济普查资料是全省普查工作者共同辛勤工作的成果，也是广大普查对象积极支持配合的结果。在此，我们向全省所有普查工作者、普查对象和所有参与和支持普查工作的人员致以崇高的敬意和衷心的感谢！

湖北省第四次全国经济普查领导小组办公室

2020年6月

第二产业卷（下） 目录

第一篇 规模以上工业企业科技情况篇

第二篇 建筑业企业生产经营及财务状况篇

2. 按经济类型分组

D. 专业承包建筑业企业

E.劳动分包建筑业企业

附　录

第1篇

规模以上工业企业科技情况篇

A. 企业R&D及相关活动主要指标

1-A-1　企业R&D及相关活动主要指标

主要指标	单位	总计	大型	中型	小微型
基本情况					
有R&D活动的企业	个	3803	219	677	2907
有研发机构的企业	个	1318	136	295	887
有新产品销售的企业	个	3867	188	675	3004
R&D人员情况					
R&D人员合计	人	167053	68677	41100	57276
#女性	人	37122	15518	9857	11747
#研究人员	人	52790	25033	11483	16274
#全时人员	人	116743	46395	29386	40962
R&D人员折合全时当量	人年	105041	41739	26756	36546
R&D经费情况					
R&D经费内部支出	万元	5255193.9	2437821.7	1149102.2	1668270
按支出用途分					
1. 日常性支出	万元	4661135.1	2251772.3	1012495.6	1396867
#人员劳务费	万元	1162308.1	685283.1	216287.1	260738
2. 资产性支出	万元	594058.8	186049.4	136606.6	271403
#仪器和设备	万元	586403.5	182718.3	134613.3	269072
按资金来源分					
政府资金	万元	271109.0	169053.6	23046.6	79009
企业资金	万元	4939131.6	2249922.0	1112716.4	1576493
国外资金	万元	11037.8	8207.5	2307.3	523
其他资金	万元	33915.5	10638.6	11031.9	12245
R&D经费外部支出	万元	343466.9	149992.5	49336.0	144138
#对境内研究机构支出	万元	68367.4	38145.2	7079.4	23143
对境内高等学校支出	万元	29260.7	18103.3	3603.0	7554
对境外支出	万元	29005.2	19176.7	7853.8	1975
R&D项目情况					
项目数	项	13574	3744	3120	6710
参加项目人员	人	152390	62787	37292	52311
项目人员折合全时当量	人年	96696	38904	24303	33489

1-A-1 续表

主要指标	单位	总计	大型	中型	小微型
项目经费内部支出	万元	4804149.9	2111076.8	1092518.6	1600555
企业办研发机构情况					
机构数	个	1550	219	403	928
机构人员数	人	77792	43958	19011	14823
#博士	人	1481	684	357	440
硕士	人	12732	8916	2198	1618
机构经费支出	万元	2670039.2	1734172.3	570364.9	365502
仪器和设备原价	万元	2214957.7	1346688.1	515168.4	353101
#进口	万元	393561.4	239162.6	138904.1	15495
新产品开发及生产情况					
新产品开发项目数	项	15372	3702	3643	8027
新产品开发经费支出	万元	5854097.6	2640958.9	1286544.7	1926594
新产品销售收入	万元	88629722.7	41699097.6	20340831.9	26589793
#新产品出口	万元	4368604.4	2555769.9	1214888.4	597946
自主知识产权及相关情况					
专利申请数	件	28003	11064	4629	12310
#发明专利	件	12858	5612	1943	5303
有效发明专利数	件	32421	13332	6083	13006
#境外授权	件	1132	886	54	192
拥有注册商标数	件	16864	7504	3247	6113
#境外注册	件	1984	1743	164	77
形成国家或行业标准数	项	684	276	195	213
政府相关政策落实情况					
来自政府部门的研究开发经费	万元	160295.7	124308.9	15237.7	20749
研究开发费用加计扣除减免税	万元	320278.2	189102.6	64853.8	66322
高新技术企业减免税	万元	249707.3	122061.7	81798.6	45847
技术获取和技术改造情况					
引进技术经费支出	万元	98206.3	95493.4	403.6	2309
消化吸收经费支出	万元	11390.2	10661.2	583.8	145
购买国内技术经费支出	万元	35915.4	20277.9	4429.0	11209
技术改造经费支出	万元	876806.5	632543.7	152048.0	92215

1-A-2 分登记注册类型企业R&D

主要指标	单位	内资企业	国有企业	集体企业
基本情况				
有R&D活动的企业	个	3597	10	3
有研发机构的企业	个	1238	7	2
有新产品销售的企业	个	3670	6	1
R&D人员情况				
R&D人员合计	人	146426	3903	69
#女性	人	33024	555	11
#研究人员	人	46189	1170	11
#全时人员	人	104056	3273	51
R&D人员折合全时当量	人年	94075	1172	38
R&D经费情况				
R&D经费内部支出	万元	4633014.3	70367.7	1632.9
按支出用途分				
1. 日常性支出	万元	4089926.3	59344.9	1579.3
#人员劳务费	万元	998275.0	21412.1	300.3
2. 资产性支出	万元	543088.0	11022.8	53.6
#仪器和设备	万元	536111.6	10793.9	50.0
按资金来源分				
政府资金	万元	265806.9	28451.5	10.0
企业资金	万元	4327490.6	41531.7	1622.9
境外资金	万元	6778.8	384.5	
其他资金	万元	32938.0		
R&D经费外部支出	万元	304613.6	20902.6	
#对境内研究机构支出	万元	63418.3	7021.3	
对境内高等学校支出	万元	28185.1	6109.3	
对境外支出	万元	18542.3		
R&D项目情况				
项目数	项	12183	171	3
参加项目人员	人	134327	3761	55
项目人员折合全时当量	人年	86535	1090	28

及相关活动主要指标

股份合作企业	联营企业	有限责任公司	股份有限公司	私营企业	其他企业	港澳台商投资企业	外商投资企业
2		1103	372	2107		86	120
		399	161	669		32	48
2		990	326	2345		73	124
45		57382	32820	52207		9302	11325
7		12882	8094	11475		1449	2649
8		19950	12158	12892		2793	3808
41		41261	23083	36347		4189	8498
27		38252	21759	32827		3484	7481
524.0		1923503.2	1257235.7	1379750.8		254460.0	367719.6
524.0		1643199.8	1134615.2	1250663.1		233270.8	337938.0
195.1		416778.8	379154.3	180434.4		48859.7	115173.4
		280303.4	122620.5	129087.7		21189.2	29781.6
		278520.2	120156.9	126590.6		21176.1	29115.8
23.0		148843.6	57092.4	31386.4		1585.8	3716.3
501.0		1755683.6	1195363.3	1332788.1		252807.6	358833.4
		2900.3	585.3	2908.7		66.6	4192.4
		16075.7	4194.7	12667.6			977.5
		186172.3	64920.9	32617.8		11550.7	27302.6
		41955.2	7564.5	6877.3		640.7	4308.4
		10507.4	4687.4	6881.0		221.7	853.9
		6137.3	11549.4	855.6		46.6	10416.3
8		4814	2453	4734		415	976
42		52305	30353	47811		7583	10480
26		35007	20159	30224		3197	6964

1–A–2 续表

主要指标	单位	内资企业	国有企业	集体企业
项目经费内部支出	万元	4225901.5	55294.5	1619.9
企业办研发机构情况				
机构数	个	1453	9	2
机构人员数	人	67640	2500	23
#博士	人	1392	115	
硕士	人	11461	558	1
机构经费支出	万元	2255492.7	45286.7	788.5
机构仪器和设备原价	万元	1997431.4	110882.5	1417.5
#进口	万元	338082.0	4026.1	
新产品开发及生产情况				
新产品开发项目数	项	13543	105	4
新产品开发经费支出	万元	4990161.1	84565.1	711.9
新产品销售收入	万元	75682410.9	334062.8	270.0
#新产品出口	万元	3745980.5		
自主知识产权及相关情况				
专利申请数	件	25479	930	
#发明专利	件	12098	284	
有效发明专利数	件	29285	521	1
#境外授权	件	890		
拥有注册商标数	件	15094	49	
#境外注册	件	1850		
形成国家或行业标准数	项	633	5	3
政府相关政策落实情况				
使用来自政府部门的研发资金	万元	156060.6	70.0	10.0
研究开发费用加计扣除减免税	万元	291986.3	2410.4	
高新技术企业减免税	万元	218622.3	1141.3	
技术获取和技术改造情况				
引进境外技术经费支出	万元	9084.2		
引进境外技术的消化吸收经费支出	万元	10982.2		
购买境内技术经费支出	万元	35103.6	4.9	
技术改造经费支出	万元	840775.3	136155.0	812.5

						港澳台商投资企业	外商投资企业
股份合作企业	联营企业	有限责任公司	股份有限公司	私营企业	其他企业		
308.7		1810217.1	1048344.9	1310116.4		252631.7	325616.7
		476	228	738		36	61
		25575	23281	16261		2805	7347
		497	393	387		30	59
		4904	4693	1305		385	886
		957630.0	831071.9	420715.6		87570.3	326976.2
		764427.3	711475.4	409228.7		58154.0	159372.3
		178742.6	132788.1	22525.2		14836.7	40642.7
		5532	2431	5471		512	1317
		2119382.6	1175647.0	1609854.5		312238.4	551698.1
4424.0		29344946.9	14989288.5	31009418.7		3404677.2	9542634.6
		1409746.6	1057504.8	1278729.1		276635.9	345988.0
		12417	4595	7537		717	1807
		6739	2030	3045		270	490
		15040	6321	7402		972	2164
		651	167	72		168	74
		6778	4549	3718		301	1469
		763	1022	65		45	89
		214	198	213		5	46
23.0		100385.7	40246.6	15325.3		785.8	3449.3
		82947.1	162574.8	44054.0		7988.1	20303.8
		79708.6	93529.5	44242.9		15860.8	15224.2
		1002.5	8041.7	40.0			89122.1
		225.2	10263.2	493.8			408.0
		16787.8	7105.4	11205.5		6.0	805.8
		241509.9	343033.3	119264.6		6605.1	29426.1

1-A-3 制造业企业R&D

主要指标	单位	制造业合计	农副食品加工业	食品制造业	酒、饮料和精制茶制造业	烟草制品业	纺织业
基本情况							
有R&D活动的企业	个	3737	254	91	85	4	132
有研发机构的企业	个	1297	86	33	46	2	56
有新产品销售的企业	个	3825	309	101	116	2	218
R&D人员情况							
R&D人员合计	人	163926	6717	2919	2792	703	6137
#女性	人	36290	1891	1128	956	135	2860
#研究人员	人	51460	1265	802	661	256	934
#全时人员	人	114911	4302	2235	1878	499	4420
R&D人员折合全时当量	人年	103581	4697	1788	1750	528	4493
R&D经费情况							
R&D经费内部支出	万元	5184730.1	199829.1	84093.1	94499.6	19438.8	86786.9
按支出用途分							
1. 日常性支出	万元	4600920.8	178188.5	79434.0	88431.5	18788.0	80950.2
#人员劳务费	万元	1145709.7	15603.6	14210.7	12338.8	13173.0	11256.6
2. 资产性支出	万元	583809.3	21640.6	4659.1	6068.1	650.8	5836.7
#仪器和设备	万元	576239.6	21237.4	4632.6	5743.5	647.3	5745.1
按资金来源分							
政府资金	万元	269773.3	7237.4	2387.3	2976.7	87.5	676.8
企业资金	万元	4870706.8	191847.6	81355.1	91062.0	19351.3	85063.3
国外资金	万元	11037.8	271.4	171.8			138.7
其他资金	万元	33212.2	472.7	178.9	460.9		908.1
R&D经费外部支出	万元	325931.9	3618.0	1713.1	1328.4	5911.3	442.1
#对境内研究机构支出	万元	65159.8	983.1	208.5	486.3	308.7	138.4
对境内高等学校支出	万元	28436.6	1751.0	1263.2	833.6	5261.2	119.7
对境外支出	万元	29005.2	65.6				
R&D项目情况							
项目数	项	13149	514	268	205	196	258
参加项目人员	人	149476	6168	2663	2525	658	5700
项目人员折合全时当量	人年	95355	4334	1688	1602	498	4186
项目经费内部支出	万元	4737103.7	187391.8	80689.9	82233.8	17934.9	82508.5

及相关活动主要指标

纺　织服装、服饰业	皮革、毛皮、羽毛及其制品和制鞋业	木材加工和木、竹、藤、棕、草制品业	家　具制造业	造纸及纸制品业	印刷和记录媒介复制业	文教、工美、体育和娱乐用品制造业	石油、煤炭及其他燃料加工业	化学原料和化学制品制造业	医　药制造业
34	28	38	13	45	64	65	13	351	202
12	2	18	4	10	13	16	3	126	89
82	48	45	25	43	63	58	7	327	157
1498	940	1351	358	1458	1984	1309	496	15729	10609
581	373	293	63	285	479	344	84	2936	4155
346	105	265	50	223	343	313	118	4415	3402
1084	740	819	271	973	1183	814	428	10229	7268
858	560	698	237	879	1214	891	225	9568	6530
19824.4	16231.9	31269.1	6364.3	45848.3	39242.4	30708.2	8567.8	497028.6	328242.2
18036.8	15778.9	28430.7	4826.1	43936.3	36680.5	27450.8	6155.6	440674.0	289205.8
4554.8	2422.2	4610.6	891.7	4081.3	7221.7	3867.5	1310.1	74125.1	62324.7
1787.6	453.0	2838.4	1538.2	1912.0	2561.9	3257.4	2412.2	56354.6	39036.4
1741.1	439.7	2746.2	1538.2	1904.9	2523.9	3101.1	2410.0	54053.5	38805.4
99.5	24.1	439.0	25.0	1496.1	201.4	857.2	40.0	2761.9	8064.0
19027.4	15616.9	30830.1	6137.4	43714.9	37771.9	29403.1	7030.4	491447.7	318691.9
1.6						14.0	85.8	1849.6	963.7
695.9	590.9		201.9	637.3	1269.1	433.9	1411.6	969.4	522.6
1123.9	253.3	189.2	107.6	192.9	144.9	673.9	392.3	6732.1	39042.5
	49.8	82.8	23.5		0.5	626.2	99.3	2892.4	8452.8
105.9	48.7	101.4	28.5		62.0	19.1	197.6	1870.3	2463.3
18.0	26.3	2.5	24.8			28.6		1.4	83.0
61	31	104	26	105	157	96	55	1172	1281
1291	869	1250	331	1364	1857	1212	458	14243	9882
740	536	631	219	826	1138	825	204	8743	6061
19123.1	14908.4	29720.2	6205.1	44949.0	38462.0	29555.5	6391.6	470479.1	315321.0

1-A-3 续表1

主要指标	单位	制造业合计	农副食品加工业	食品制造业	酒、饮料和精制茶制造业	烟草制品业	纺织业
企业办研发机构情况							
机构数	个	1526	92	34	56	2	60
机构人员数	人	76080	1383	1088	2088	278	1449
#博士	人	1394	68	31	63	21	30
硕士	人	12293	211	205	240	85	71
机构经费支出	万元	2653960.7	36795.8	44204.6	78447.8	16790.5	28916.9
仪器和设备原价	万元	2162523.6	27825.3	12078.0	41303.6	19331.5	19544.4
#进口	万元	389097.0	3985.7	751.0	3090.2	10197.7	4408.0
新产品开发及生产情况							
新产品开发项目数	项	15129	536	325	248	193	292
新产品开发经费支出	万元	5815463.7	205550.5	107205.1	119520.5	23010.5	113427.1
新产品销售收入	万元	88146352.6	5527755.9	1615248.4	1327423.3	495497.9	3209929.8
#新产品出口	万元	4368604.4	144390.7	138545.5	23748.6	2397.9	225829.1
自主知识产权及相关情况							
专利申请数	件	26719	463	253	396	486	511
#发明专利	件	12516	237	183	163	218	193
有效发明专利数	件	31910	423	913	279	681	304
#境外授权	件	1132		53			47
拥有注册商标数	件	16864	613	2420	1776	972	55
#境外注册	件	1984	1	842	170	285	
形成国家或行业标准数	项	649	8	9	7	2	13
政府相关政策落实情况							
来自政府部门的研究开发经费	万元	159055.3	5499.4	1150.1	3920.8	87.5	530.7
研究开发费用加计扣除减免税	万元	318624.0	1563.5	1838.7	1928.3		5634.9
高新技术企业减免税	万元	245001.8	2221.3	5704.9	141.6		1467.3
技术获取和技术改造情况							
引进技术经费支出	万元	98206.3					30.0
消化吸收经费支出	万元	11390.2					100.0
购买国内技术经费支出	万元	29970.2	385.1	36.0	188.5		887.9
技术改造经费支出	万元	649600.8	7454.6	5680.9	9332.8	8275.9	17258.4

纺织服装、服饰业	皮革、毛皮、羽毛及其制品和制鞋业	木材加工和木、竹、藤、棕、草制品业	家具制造业	造纸及纸制品业	印刷和记录媒介复制业	文教、工美、体育和娱乐用品制造业	石油、煤炭及其他燃料加工业	化学原料和化学制品制造业	医药制造业
22	2	20	4	10	15	16	3	141	112
866	6	589	35	307	392	366	313	5275	5476
9		18	1	2	9	8	1	96	213
15		44	2	10	35	26	4	467	1418
12325.6	76.4	13738.8	999.8	6935.5	9196.4	8025.0	61898.7	150314.1	171816.8
9094.8	23.6	86874.5	525.7	4546.2	14024.7	3271.8	5740.1	126637.3	139288.5
2250.0		79619.8		22.8	3274.4	152.0		11786.7	15584.2
115	35	105	56	94	207	136	47	1081	1379
34985.3	18976.7	29291.6	18165.7	39860.8	52217.6	40245.3	36259.1	347503.8	366891.5
682208.9	615812.5	670027.2	270167.9	791168.3	644025.1	757971.2	736358.6	8266304.4	3328939.8
63921.4	1000.0	575.2	265.0			5636.0	1866.0	775100.1	286889.3
92	27	133	67	132	510	246	30	1694	912
13		34	12	36	112	79	17	822	509
23		185	18	80	358	151	65	2030	1403
2								24	43
275	4	55	35	19	24	49	6	1204	2951
2								75	144
		5				33		43	68
57.5	24.1	345.1		86.5	169.7	231.7		2143.0	7795.7
88.1	159.9	58.4	291.5	1316.0	2362.6	2388.9	636.8	27152.7	16854.3
31.2	244.0	364.2	45.0	173.7	1782.9	712.8	300.0	40538.3	35500.8
30.0		5.0						697.6	2015.4
20.0		1.6				27.2		40.0	1126.4
285.0		73.7	8.0		471.0			8243.2	4602.5
2360.5	11.0	4422.6	10922.6	67.9	5330.7	30.0	141120.0	95579.8	22735.6

1-A-3 续表2

主要指标	单位	化学纤维制造业	橡胶和塑料制品业	非金属矿物制品业	黑色金属冶炼和压延加工业	有色金属冶炼和压延加工业	金属制品业
基本情况							
有R&D活动的企业	个	8	113	281	30	44	198
有研发机构的企业	个	3	37	87	16	14	88
有新产品销售的企业	个	10	147	267	33	56	220
R&D人员情况							
R&D人员合计	人	299	3072	8145	3781	2404	5863
#女性	人	62	651	1773	481	300	886
#研究人员	人	57	878	1980	1645	765	1840
#全时人员	人	200	2052	5408	1936	1572	4029
R&D人员折合全时当量	人年	189	1950	5191	2941	1402	4059
R&D经费情况							
R&D经费内部支出	万元	6930.4	73096.7	223086.9	205207.1	98077.8	167973.5
按支出用途分							
1.日常性支出	万元	5325.3	66167.4	201138.5	189500.6	84629.1	157035.4
#人员劳务费	万元	878.7	10977.7	26550.4	20685.6	12144.9	33959.1
2.资产性支出	万元	1605.1	6929.3	21948.4	15706.5	13448.7	10938.1
#仪器和设备	万元	1604.6	6824.6	21584.7	15682.7	13284.6	10778.8
按资金来源分							
政府资金	万元	427.9	1366.5	3940.4	2231.3	1003.9	11955.3
企业资金	万元	6502.5	71099.4	217312.9	198982.0	96968.4	154183.2
国外资金	万元		300.1	87.9	51.5	49.9	3.7
其他资金	万元		330.7	1745.7	3942.3	55.6	1831.3
R&D经费外部支出	万元		680.5	5021.4	11417.4	567.7	2262.9
#对境内研究机构支出	万元		333.2	1439.1	1631.0	86.8	429.9
对境内高等学校支出	万元		136.1	1466.5	98.5	442.5	344.3
对境外支出	万元			385.3			4.0
R&D项目情况							
项目数	项	27	292	631	251	160	569
参加项目人员	人	258	2747	7469	3531	2232	5214
项目人员折合全时当量	人年	165	1742	4755	2754	1322	3632
项目经费内部支出	万元	6896.9	71497.9	201004.6	198160.0	82640.1	157503.3

通用设备制造业	专用设备制造业	汽车制造业	铁路、船舶、航空航天和其他运输设备制造业	电气机械和器材制造业	计算机、通信和其他电子设备制造业	仪器仪表制造业	其他制造业	废弃资源综合利用业	金属制品、机械和设备修理业
243	261	480	65	271	199	77	19	21	8
72	88	166	23	85	70	16	7	7	2
230	219	484	52	242	172	55	15	16	6
7060	7667	27391	8430	11844	19190	2135	604	648	393
1002	1688	4641	1464	2379	3823	289	126	135	27
2530	2576	10057	2941	3815	7481	780	226	222	169
5271	5473	21589	6362	8566	12313	1737	421	510	329
4959	4684	18550	4268	7454	10619	1249	462	468	220
171124.8	156161.4	1012837.9	201495.6	387116.3	870711.3	48230.6	16620.5	26712.8	11371.8
150155.8	138186.4	933110.6	180953.3	348062.4	690484.3	46018.7	16182.3	25640.2	11362.8
35339.2	46661.7	283156.1	60365.4	57945.7	298739.3	15068.8	2360.6	4977.0	3907.1
20969.0	17975.0	79727.3	20542.3	39053.9	180227.0	2211.9	438.2	1072.6	9.0
20771.6	17900.1	78268.3	20005.7	38660.3	180016.0	2158.4	433.4	986.9	9.0
9108.7	1835.0	16794.3	59072.5	8217.3	120952.4	1756.6	3470.9	86.4	180.0
161397.1	152976.0	981920.3	140816.6	377482.2	747494.4	46014.3	13149.6	26626.4	9430.5
314.4	25.5	5892.1	566.9		249.2				
304.6	1324.9	8231.2	1039.6	1416.8	2015.3	459.7			1761.3
2433.2	6611.2	78108.6	32366.8	26458.5	97012.1	364.3	183.9	228.6	349.3
869.1	264.3	10873.7	17599.5	16507.3	569.0		11.2	32.1	161.3
747.3	404.4	1294.2	7031.3	1363.5	559.2	107.5	36.0	196.5	83.3
	852.5	21068.9	121.9	623.0	5699.4				
852	747	2292	408	1104	821	294	60	63	49
6452	6888	25349	7760	10948	16674	2004	518	582	379
4526	4250	17251	3854	6954	9695	1181	399	430	216
161351.5	145946.4	892945.1	179269.4	370055.6	746504.5	44456.6	16657.2	24915.4	11425.3

1–A–3 续表3

主要指标	单位	化学纤维制造业	橡胶和塑料制品业	非金属矿物制品业	黑色金属冶炼和压延加工业	有色金属冶炼和压延加工业	金属制品业
企业办研发机构情况							
机构数	个	3	43	101	29	16	93
机构人员数	人	226	1124	3563	1416	1753	3600
#博士	人	1	22	58	102	4	56
硕士	人	5	114	220	251	184	398
机构经费支出	万元	788.5	29335.5	83256.8	59500.1	81135.4	104743.4
仪器和设备原价	万元	9805.2	21571.0	64042.7	117080.9	36584.5	306250.7
#进口	万元	122.6	5330.0	5790.4	35527.4	2240.7	24455.2
新产品开发及生产情况							
新产品开发项目数	项	26	414	613	287	142	582
新产品开发经费支出	万元	5628.0	106047.2	216035.2	314152.3	60642.1	195183.1
新产品销售收入	万元	310724.8	1862433.3	3778816.2	3609650.8	2941160.6	3231712.1
#新产品出口	万元	36390.0	11657.3	90491.5	11761.9	185470.2	185193.8
自主知识产权及相关情况							
专利申请数	件	47	591	956	536	223	1311
#发明专利	件	13	267	410	397	90	509
有效发明专利数	件	32	544	930	1409	404	1218
#境外授权	件		1		2	1	7
拥有注册商标数	件	3	176	258	28	62	362
#境外注册	件		1	5			8
形成国家或行业标准数	项	1	27	36	6	9	27
政府相关政策落实情况							
来自政府部门的研究开发经费	万元	12.5	563.9	2843.7	2059.2	690.5	4383.4
研究开发费用加计扣除减免税	万元	714.2	4161.7	4361.1	8518.7	1752.2	10027.8
高新技术企业减免税	万元	211.2	6389.4	6939.2	5392.5	648.7	2650.5
技术获取和技术改造情况							
引进技术经费支出	万元			8.0			
消化吸收经费支出	万元			9142.6		60.0	
购买国内技术经费支出	万元		267.0	3102.0		140.0	0.1
技术改造经费支出	万元	1265.1	8454.3	75273.8	18442.7	46236.4	9037.8

通用设备制造业	专用设备制造业	汽车制造业	铁路、船舶、航空航天和其他运输设备制造业	电气机械和器材制造业	计算机、通信和其他电子设备制造业	仪器仪表制造业	其他制造业	废弃资源综合利用业	金属制品、机械和设备修理业
86	101	199	31	95	97	19	7	7	10
2725	3416	14257	4896	6226	11351	566	496	313	241
30	85	171	38	93	141	4	10	9	
350	581	2252	1135	548	3053	91	137	80	61
57456.6	69303.5	721958.7	91191.4	213822.7	427448.3	15263.8	20666.8	32574.2	5032.3
46858.5	76248.7	333710.3	118089.7	238144.1	221436.4	18639.2	11033.8	11446.6	21471.3
2075.7	7730.2	45902.4	22144.8	23467.6	77233.9		5.1	2.0	1946.5
986	969	2891	477	1301	1047	353	64	78	50
199209.8	205438.7	1196370.9	209748.2	466175.3	947351.4	57272.5	25772.3	48390.9	8934.7
2679604.6	2768870.6	17457803.1	1313463.8	7590111.9	9668668.6	566502.1	227118.3	1051611.7	149260.9
105433.7	97995.9	425699.3	172071.3	157424.5	858396.6	20671.8	7138.9	310865.0	21777.9
1533	2010	4246	1336	1986	4937	437	184	349	85
565	798	989	847	831	3656	151	135	200	30
1828	2217	4087	1608	2801	6392	662	255	513	97
20	21	40	21	90	744	11		5	
381	551	1043	166	567	2525	209	66	7	2
17	185	60	2	97	84	6			
51	28	35	39	31	108	18	2	43	
2236.7	3420.6	3943.6	31523.9	3944.1	76518.5	4019.4	581.9	91.6	180.0
12091.8	6897.4	141338.2	7477.3	22653.8	30383.4	2129.1	717.8	1472.6	1652.3
6544.1	7906.9	39766.4	7421.6	40822.4	22170.3	1813.6	1162.4	5723.8	210.8
120.0	282.0	77089.4		14935.2	2993.7				
1.0	60.0	811.4							
1326.8	205.2	1860.5	2303.3	4188.5	1383.2		12.7		
15308.1	5547.6	30424.3	29612.7	37447.0	33670.0	2845.4	23.0	5429.3	

1-A-4 分地区企业R&D

主要指标	单位	全省	武汉市	黄石市	十堰市	宜昌市	襄阳市	鄂州市
基本情况								
有R&D活动的企业	个	3803	710	210	275	516	493	143
有研发机构的企业	个	1318	197	120	141	167	115	37
有新产品销售的企业	个	3867	528	236	287	387	409	70
R&D人员情况								
R&D人员合计	人	167053	48537	8124	9879	19997	24089	3307
#女性	人	37122	9890	1383	2015	4404	4787	705
#研究人员	人	52790	19923	2588	3348	5470	7272	1204
#全时人员	人	116743	35512	5777	7565	12742	15876	2087
R&D人员折合全时当量	人年	105041	29187	5215	5769	13745	16672	1938
R&D经费情况								
R&D经费内部支出	万元	5255193.9	1831081.8	292009.7	312750.1	694247.8	758221.7	114919.8
按支出用途分								
1. 日常性支出	万元	4661135.1	1609539.1	274677.6	279893.6	610273.2	654741.9	101988.0
#人员劳务费	万元	1162308.1	606576.2	43707.6	83788.9	104537.9	136261.6	19230.5
2. 资产性支出	万元	594058.8	221542.7	17332.1	32856.5	83974.6	103479.8	12931.8
#仪器和设备	万元	586403.5	220018.1	17100.6	32434.8	81868.3	102596.6	12861.1
按资金来源分								
政府资金	万元	271109.0	187985.0	5515.8	1816.9	9866.9	42150.0	823.4
企业资金	万元	4939131.6	1628266.7	281142.9	310050.6	683055.7	712750.8	109963.2
国外资金	万元	11037.8	6034.4	6.5	55.1	418.0	1061.0	136.1
其他资金	万元	33915.5	8795.7	5344.5	827.5	907.2	2259.9	3997.1
R&D经费外部支出	万元	343466.9	231246.0	4422.3	27503.8	22921.1	22068.3	8175.1
#对境内研究机构支出	万元	68367.4	47215.3	2198.6	879.8	4722.1	2325.4	1180.3
对境内高等学校支出	万元	29260.7	14933.1	1431.4	1091.6	2065.5	3514.6	141.9
对境外支出	万元	29005.2	24015.9	386.3	3441.0	87.5	575.7	
R&D项目情况								
项目数	项	13574	4190	677	967	1805	1674	382
参加项目人员	人	152390	43778	7446	9005	18412	22068	2963
项目人员折合全时当量	人年	96696	26879	4811	5251	12705	15337	1749
项目经费内部支出	万元	4804149.9	1633970.9	252932.6	273841.5	677483.3	690241.7	104866.0

及相关活动主要指标

荆门市	孝感市	荆州市	黄冈市	咸宁市	随州市	恩施州	仙桃市	潜江市	天门市	神农架
330	307	168	279	182	54	24	67	23	20	2
90	78	50	111	66	44	13	70	14	5	
392	478	196	274	313	73	37	147	20	20	
13919	15433	5657	6500	5248	1579	302	2093	1657	727	5
2956	5440	1212	1642	1218	267	79	495	539	89	1
3216	3107	1741	1760	1097	577	102	470	725	188	2
9711	10447	3559	4931	3680	1135	198	1682	1419	418	4
9009	9451	3826	3476	3509	825	217	1499	363	337	2
332256.4	321336.1	161935.7	123951.3	99157.9	83692.9	9154.3	33293.7	70891.4	16271.1	22.2
300401.3	306026.9	134902.2	111048.9	91909.8	82206.3	8834.6	31286.0	47781.0	15602.5	22.2
41156.2	39114.5	32146.3	20267.4	14107.0	8075.2	792.6	5505.9	5622.2	1397.8	20.3
31855.1	15309.2	27033.5	12902.4	7248.1	1486.6	319.7	2007.7	23110.4	668.6	
31284.2	14792.7	26627.5	12815.8	6956.2	1455.4	308.4	1862.6	22752.7	668.5	
9065.6	2545.9	1359.7	1778.7	2461.8	379.1	713.2	71.0	4568.5	2.5	5.0
320823.4	311450.5	160500.0	119835.4	96200.3	82374.3	8441.1	33105.1	64885.8	16268.6	17.2
340.7	387.1		1743.1		712.7		117.6	25.5		
2026.7	6952.6	76.0	594.1	495.8	226.8			1411.6		
6356.3	4440.4	6933.1	5473.0	1375.8	171.9	151.3	463.7	1404.1	350.7	10.0
2488.2	2237.6	3049.9	630.5	464.1	57.0		34.4	842.2	42.0	
1974.1	1269.2	1478.5	725.6	250.8	76.5	149.0	0.5	134.5	13.9	10.0
2.5	282.0	4.0	83.0				127.3			
885	787	515	750	365	191	49	118	147	70	2
12828	14136	5215	5777	4863	1414	274	1953	1552	701	5
8290	8758	3497	3142	3263	746	198	1416	327	326	2
315165.5	299758.1	143471.6	118817.8	92750.1	81490.5	8909.1	31605.0	66867.0	11957.0	22.2

1-A-4 续表

主要指标	单位	全省	武汉市	黄石市	十堰市	宜昌市	襄阳市	鄂州市
企业办研发机构情况								
机构数	个	1550	251	141	162	191	152	42
机构人员数	人	77792	26950	6735	7022	6974	9738	716
#博士	人	1481	558	89	74	135	170	24
硕士	人	12732	7598	590	711	764	1114	93
机构经费支出	万元	2670039.2	1056831.8	220950.7	294889.7	261623.3	310986.9	21535.8
仪器和设备原价	万元	2214957.7	744298.0	121101.5	159874.2	245134.2	236209.0	37090.1
#进口	万元	393561.4	135838.4	21910.0	39349.7	30088.0	47151.3	680.1
新产品开发及生产情况								
新产品开发项目数	项	15372	5398	702	1290	1721	1373	359
新产品开发经费支出	万元	5854097.6	2230434.9	266216.1	436238.9	605732.8	699469.0	101789.5
新产品销售收入	万元	88629722.7	19882671.9	5726243.1	7455009.5	8013036.0	14283359.9	661472.1
#新产品出口	万元	4368604.4	1282297.2	204984.8	140321.8	750923.3	487336.7	38203.6
自主知识产权及相关情况								
专利申请数	件	28003	12553	1344	2299	2431	2917	370
#发明专利	件	12858	6954	581	488	792	1327	168
有效发明专利数	件	32421	17242	1185	1051	2616	3032	689
#境外授权	件	1132	894	9	12	70	72	
拥有注册商标数	件	16864	8214	792	462	3554	529	295
#境外注册	件	1984	797	164	19	912	54	7
形成国家或行业标准数	项	684	337	38	16	83	46	23
政府相关政策落实情况								
来自政府部门的研究开发经费	万元	160295.7	98124.5	5712.0	2614.8	10497.0	25556.4	797.7
研究开发费用加计扣除减免税	万元	320278.2	165972.4	12617.4	22245.4	22452.8	35601.3	3476.9
高新技术企业减免税	万元	249707.3	80575.1	12857.1	8835.1	37843.7	38823.6	1204.1
技术获取和技术改造情况								
引进技术经费支出	万元	98206.3	93962.6	158.0	179.3	637.0	3269.4	
消化吸收经费支出	万元	11390.2	1166.4	9216.8	756.0	28.8	155.4	
购买国内技术经费支出	万元	35915.4	12801.6	2172.9	236.1	8647.0	1211.8	714.5
技术改造经费支出	万元	876806.5	248546.1	62232.9	18906.4	229060.7	56450.3	9451.2

荆门市	孝感市	荆州市	黄冈市	咸宁市	随州市	恩施州	仙桃市	潜江市	天门市	神农架
101	88	62	121	76	47	13	80	18	5	
3337	3452	3188	2098	2117	1726	114	2033	1422	170	
71	51	58	65	47	64	3	29	32	11	
373	516	218	147	134	146	2	94	186	46	
90659.4	89940.1	89089.3	38110.1	38573.6	38135.6	1443.5	41476.7	73177.8	2614.9	
60644.3	247068.9	186200.2	35010.7	79394.7	25995.0	2177.2	21356.6	12832.2	570.9	
530.1	25600.1	88699.2	600.8	950.8	1385.5		259.6	517.8		
808	815	638	778	579	367	71	252	139	81	1
363140.2	354875.2	157291.8	143719.4	160922.8	136205.9	5495.2	90085.3	79687.9	22777.5	15.2
8312429.7	8098394.0	4988571.3	3010987.2	3582385.2	1942843.9	44722.4	1478906.9	873115.6	275574.0	
451897.1	129326.0	285476.5	229847.8	93734.6	39495.5	2228.8	137404.7	90263.9	4862.1	
1415	1015	925	819	715	392	219	286	185	116	2
593	528	342	315	297	102	119	133	80	37	2
1566	1371	849	847	666	419	249	379	167	93	
14			34		1	21	2	3		
275	482	428	1151	168	137	242	113	21	1	
1	9	2	6	5	7			1		
63	16	16	13	3	8		1	21		
7536.0	1583.1	1144.8	824.3	3197.2	831.5	1005.3	28.7	821.4	16.0	5.0
8978.0	10009.5	17795.4	7253.9	8539.6	2029.7	575.8	1696.4	528.8	504.9	
16649.1	3950.4	29968.8	5517.3	3856.8	2177.9	425.7	3825.9	3127.0	69.7	
		6.8	60.0							
435.0	134.0	291.9	894.8	1819.0	117.2	6222.0	67.3	89.4	60.9	
157976.0	11924.3	7112.2	30592.2	21609.1	1241.4	6489.1	748.7	13674.6	791.3	

B.基本情况

1–B–1　分登记注册类型企业基本情况

单位：个

登记注册类型	有R&D活动的企业	有研发机构的企业	有新产品销售的企业
总　计	**3803**	**1318**	**3867**
内资企业	**3597**	**1238**	**3670**
国有企业	10	7	6
集体企业	3	2	1
股份合作企业	2		2
联营企业			
国有联营企业			
集体联营企业			
国有与集体联营企业			
其他联营企业			
有限责任公司	1103	399	990
国有独资公司	66	33	52
其他有限责任公司	1037	366	938
股份有限公司	372	161	326
私营企业	2107	669	2345
私营独资企业	12	1	26
私营合伙企业	1	2	2
私营有限责任公司	1848	572	2060
私营股份有限公司	246	94	257
其他企业			
港、澳、台商投资企业	**86**	**32**	**73**
合资经营企业(港或澳、台资)	47	19	41
合作经营企业(港或澳、台资)			
港、澳、台商独资经营企业	34	12	26
港、澳、台商投资股份有限公司	3		4
其他港澳台投资企业	2	1	2
外商投资企业	**120**	**48**	**124**
中外合资经营企业	74	32	74
中外合作经营企业			
外资企业	37	13	45
外商投资股份有限公司	5	1	3
其他外商投资企业	4	2	2

1-B-2　分行业企业基本情况

单位：个

行　业	有R&D活动的企业	有研发机构的企业	有新产品销售的企业
总　计	**3803**	**1318**	**3867**
采矿业	**42**	**15**	**23**
煤炭开采和洗选业			
烟煤和无烟煤开采洗选			
石油和天然气开采业	1	1	1
石油开采	1	1	1
黑色金属矿采选业	9	3	2
铁矿采选	8	2	2
锰矿、铬矿采选	1	1	
其他黑色金属矿采选			
有色金属矿采选业	1	1	1
常用有色金属矿采选	1	1	1
贵金属矿采选			
稀有稀土金属矿采选			
非金属矿采选业	30	10	19
土砂石开采	10	1	10
化学矿开采	18	9	6
采盐	2		1
石棉及其他非金属矿采选			2
开采专业及辅助性活动	1		
石油和天然气开采专业及辅助性活动	1		
其他开采专业及辅助性活动			
其他采矿业			
其他采矿业			
制造业	**3737**	**1297**	**3825**
农副食品加工业	254	86	309
谷物磨制	55	21	88
饲料加工	56	16	59
植物油加工	27	10	31
制糖业	2	1	1
屠宰及肉类加工	14	6	15
水产品加工	22	7	25
蔬菜、菌类、水果和坚果加工	24	8	32
其他农副食品加工	54	17	58
食品制造业	91	33	101
焙烤食品制造	15	4	20
糖果、巧克力及蜜饯制造	2	1	9
方便食品制造	9	5	14
乳制品制造	2	1	4
罐头食品制造	10	4	9
调味品、发酵制品制造	7	1	8
其他食品制造	46	17	37
酒、饮料和精制茶制造业	85	46	116
酒的制造	26	17	36
饮料制造	26	7	27
精制茶加工	33	22	53

1–B–2 续表1

行　　业	有R&D活动的企业	有研发机构的企业	有新产品销售的企业
烟草制品业	4	2	2
烟叶复烤	1		
卷烟制造	1	1	1
其他烟草制品制造	2	1	1
纺织业	132	56	218
棉纺织及印染精加工	80	26	143
毛纺织及染整精加工	2		1
麻纺织及染整精加工	2	2	9
丝绢纺织及印染精加工	1		1
化纤织造及印染精加工	2	1	6
针织或钩针编织物及其制品制造	2	1	2
家用纺织制成品制造	8	4	6
产业用纺织制成品制造	35	22	50
纺织服装、服饰业	34	12	82
机织服装制造	29	9	67
针织或钩针编织服装制造	1	2	2
服饰制造	4	1	13
皮革、毛皮、羽毛及其制品和制鞋业	28	2	48
皮革鞣制加工			
皮革制品制造	4		3
毛皮鞣制及制品加工	16		33
羽毛(绒)加工及制品制造			1
制鞋业	8	2	11
木材加工和木、竹、藤、棕、草制品业	38	18	45
木材加工	6	2	6
人造板制造	20	8	16
木质制品制造	11	6	17
竹、藤、棕、草等制品制造	1	2	6
家具制造业	13	4	25
木质家具制造	12	4	19
金属家具制造	1		2
其他家具制造			4
造纸和纸制品业	45	10	43
纸浆制造			
造纸	26	7	22
纸制品制造	19	3	21
印刷和记录媒介复制业	64	13	63
印刷	59	13	61
装订及印刷相关服务	4		1
记录媒介复制	1		1
文教、工美、体育和娱乐用品制造业	65	16	58
文教办公用品制造	1		1
乐器制造	3	1	3
工艺美术及礼仪用品制造	45	11	35
体育用品制造	2	1	3
玩具制造	9	2	13
游艺器材及娱乐用品制造	5	1	3
石油、煤炭及其他燃料加工业	13	3	7

1-B-2　续表2

行　业	有R&D活动的企业	有研发机构的企业	有新产品销售的企业
精炼石油产品制造	12	3	7
煤炭加工	1		
生物质燃料加工			
化学原料和化学制品制造业	351	126	327
基础化学原料制造	71	28	61
肥料制造	79	28	70
农药制造	11	5	10
涂料、油墨、颜料及类似产品制造	46	12	58
合成材料制造	24	11	26
专用化学产品制造	99	31	87
炸药、火工及焰火产品制造	7	5	8
日用化学产品制造	14	6	7
医药制造业	202	89	157
化学药品原料药制造	48	17	34
化学药品制剂制造	30	15	18
中药饮片加工	15	8	16
中成药生产	51	29	41
兽用药品制造	10	6	9
生物药品制品制造	26	5	16
卫生材料及医药用品制造	18	9	22
药用辅料及包装材料	4		1
化学纤维制造业	8	3	10
纤维素纤维原料及纤维制造	4	3	5
合成纤维制造	4		5
生物基材料制造			
橡胶和塑料制品业	113	37	147
橡胶制品业	24	11	33
塑料制品业	89	26	114
非金属矿物制品业	281	87	267
水泥、石灰和石膏制造	29	8	28
石膏、水泥制品及类似制品制造	54	11	47
砖瓦、石材等建筑材料制造	77	20	78
玻璃制造	10	4	8
玻璃制品制造	24	10	22
玻璃纤维和玻璃纤维增强塑料制品制造	9	3	10
陶瓷制品制造	31	17	27
耐火材料制品制造	21	5	21
石墨及其他非金属矿物制品制造	26	9	26
黑色金属冶炼和压延加工业	30	16	33
炼铁	1		1
炼钢			
钢压延加工	24	13	28
铁合金冶炼	5	3	4
有色金属冶炼和压延加工业	44	14	56
常用有色金属冶炼	7	4	5
贵金属冶炼			
稀有稀土金属冶炼	1		1
有色金属合金制造	9	1	14
有色金属压延加工	27	9	36
金属制品业	198	88	220

1-B-2 续表3

行 业	有R&D活动的企业	有研发机构的企业	有新产品销售的企业
结构性金属制品制造	77	31	78
金属工具制造	26	15	28
集装箱及金属包装容器制造	19	3	22
金属丝绳及其制品制造	8	4	10
建筑、安全用金属制品制造	6	3	10
金属表面处理及热处理加工	5	2	3
搪瓷制品制造	2		2
金属制日用品制造	9	6	12
铸造及其他金属制品制造	46	24	55
通用设备制造业	243	72	230
锅炉及原动设备制造	22	3	23
金属加工机械制造	47	20	40
物料搬运设备制造	32	9	28
泵、阀门、压缩机及类似机械制造	27	13	35
轴承、齿轮和传动部件制造	17	4	25
烘炉、风机、包装等设备制造	44	13	27
文化、办公用机械制造	6		7
通用零部件制造	31	4	29
其他通用设备制造业	17	6	16
专用设备制造业	261	88	219
采矿、冶金、建筑专用设备制造	49	19	41
化工、木材、非金属加工专用设备制造	40	18	41
食品、饮料、烟草及饲料生产专用设备制造	22	6	16
印刷、制药、日化及日用品生产专用设备制造	12	2	13
纺织、服装和皮革加工专用设备制造	2	1	3
电子和电工机械专用设备制造	17	11	13
农、林、牧、渔专用机械制造	16	5	22
医疗仪器设备及器械制造	26	8	12
环保、邮政、社会公共服务及其他专用设备制造	77	18	58
汽车制造业	480	166	484
汽车整车制造	16	9	11
汽车用发动机制造	3	1	3
改装汽车制造	34	19	38
低速汽车制造			
电车制造	1		
汽车车身、挂车制造	54	17	50
汽车零部件及配件制造	372	120	382
铁路、船舶、航空航天和其他运输设备制造业	65	23	52
铁路运输设备制造	16	5	11
城市轨道交通设备制造	3	1	2
船舶及相关装置制造	24	8	20
航空、航天器及设备制造	15	9	12
摩托车制造	3		3
自行车和残疾人座车制造	1		1
助动车制造	2		2
潜水救捞及其他未列明运输设备制造	1		1
电气机械和器材制造业	271	85	242
电机制造	26	7	24
输配电及控制设备制造	96	23	77
电线、电缆、光缆及电工器材制造	61	19	57

1-B-2　续表4

行　　业	有R&D活动的企业	有研发机构的企业	有新产品销售的企业
电池制造	38	18	34
家用电力器具制造	10	4	11
非电力家用器具制造	13	5	11
照明器具制造	19	4	16
其他电气机械及器材制造	8	5	12
计算机、通信和其他电子设备制造业	199	70	172
计算机制造	9	3	6
通信设备制造	30	11	26
广播电视设备制造	8	3	7
雷达及配套设备制造	2	1	2
非专业视听设备制造	8	3	7
智能消费设备制造	25	9	23
电子器件制造	63	22	51
电子元件及电子专用材料制造	35	16	33
其他电子设备制造	19	2	17
仪器仪表制造业	77	16	55
通用仪器仪表制造	41	7	32
专用仪器仪表制造	21	5	12
钟表与计时仪器制造	2		
光学仪器制造	9	2	8
衡器制造	3	1	
其他仪器仪表制造业	1	1	3
其他制造业	19	7	15
日用杂品制造	5	2	4
核辐射加工	2	1	1
其他未列明制造业	12	4	10
废弃资源综合利用业	21	7	16
金属废料和碎屑加工处理	10	2	6
非金属废料和碎屑加工处理	11	5	10
金属制品、机械和设备修理业	8	2	6
金属制品修理	1		
通用设备修理			
铁路、船舶、航空航天等运输设备修理	3	2	2
电气设备修理	1		1
仪器仪表修理	1		1
其他机械和设备修理业	2		2
电力、热力、燃气及水生产和供应业	**24**	**6**	**19**
电力、热力生产和供应业	18	4	11
电力生产	14	2	9
电力供应	1	1	
热力生产和供应	3	1	2
燃气生产和供应业	1		1
燃气生产和供应业	1		1
生物质燃气生产和供应业			
水的生产和供应业	5	2	7
自来水生产和供应	1		3
污水处理及其再生利用	3	1	3
其他水的处理、利用与分配	1	1	1

1-B-3 各地区企业基本情况

单位：个

地　　区	有R&D活动的企业	有研究机构的企业	有新产品销售的企业
全　省	**3803**	**1318**	**3867**
武汉市	710	197	528
黄石市	210	120	236
十堰市	275	141	287
宜昌市	516	167	387
襄阳市	493	115	409
鄂州市	143	37	70
荆门市	330	90	392
孝感市	307	78	478
荆州市	168	50	196
黄冈市	279	111	274
咸宁市	182	66	313
随州市	54	44	73
恩施州	24	13	37
仙桃市	67	70	147
潜江市	23	14	20
天门市	20	5	20
神农架	2		

C. 企业R&D人员情况

1-C-1　分登记注册类型企业R&D人员情况

单位：个

登记注册类型	R&D人员合计(人)	#女性	#研究人员	#全时人员	R&D人员折合全时当量(人年)
总　计	**167053**	**37122**	**52790**	**116743**	**105041**
内资企业	**146426**	**33024**	**46189**	**104056**	**94075**
国有企业	3903	555	1170	3273	1172
集体企业	69	11	11	51	38
股份合作企业	45	7	8	41	27
联营企业					
国有联营企业					
集体联营企业					
国有与集体联营企业					
其他联营企业					
有限责任公司	57382	12882	19950	41261	38252
国有独资公司	9185	1849	3748	5878	6610
其他有限责任公司	48197	11033	16202	35383	31643
股份有限公司	32820	8094	12158	23083	21759
私营企业	52207	11475	12892	36347	32827
私营独资企业	426	168	115	270	168
私营合伙企业	8	1	2	4	5
私营有限责任公司	43925	9717	10616	30393	27885
私营股份有限公司	7848	1589	2159	5680	4768
其他企业					
港、澳、台商投资企业	**9302**	**1449**	**2793**	**4189**	**3484**
合资经营企业	7416	1043	2413	2565	2161
合作经营企业					
港、澳、台商独资经营企业	1637	365	332	1436	1144
港、澳、台商投资股份有限公司	62	17	11	19	36
其他港、澳、台投资企业	187	24	37	169	143
外商投资企业	**11325**	**2649**	**3808**	**8498**	**7481**
中外合资经营企业	7044	1459	2670	5492	4626
中外合作经营企业					
外资企业	3555	869	792	2451	2520
外商投资股份有限公司	384	58	156	247	231
其他外商投资企业	342	263	190	308	105

1-C-2 分行业企业R&D人员情况

行 业	R&D人员合计(人)	#女性	#研究人员	#全时人员	R&D人员折合全时当量(人年)
总 计	**167053**	**37122**	**52790**	**116743**	**105041**
采矿业	**1867**	**571**	**711**	**1400**	**770**
煤炭开采和洗选业					
烟煤和无烟煤开采洗选					
石油和天然气开采业	765	383	407	689	43
石油开采	765	383	407	689	43
黑色金属矿采选业	172	20	42	71	119
铁矿采选	132	17	35	35	89
锰矿、铬矿采选	40	3	7	36	30
其他黑色金属矿采选					
有色金属矿采选业	117	14	43	95	111
常用有色金属矿采选	117	14	43	95	111
贵金属矿采选					
稀有稀土金属矿采选					
非金属矿采选业	553	104	112	311	386
土砂石开采	124	29	39	103	88
化学矿开采	390	48	69	186	293
采盐	39	27	4	22	4
石棉及其他非金属矿采选					
开采专业及辅助性活动	260	50	107	234	113
石油和天然气开采专业及辅助性活动	260	50	107	234	113
其他开采专业及辅助性活动					
其他采矿业					
其他采矿业					
制造业	**163926**	**36290**	**51460**	**114911**	**103581**
农副食品加工业	6717	1891	1265	4302	4697
谷物磨制	1941	462	208	1114	1301
饲料加工	1122	236	302	810	793
植物油加工	636	125	136	345	376
制糖业	15	3	4	2	8
屠宰及肉类加工	366	108	70	230	213
水产品加工	595	179	161	355	443
蔬菜、菌类、水果和坚果加工	313	97	74	223	199
其他农副食品加工	1729	681	310	1223	1364
食品制造业	2919	1128	802	2235	1788
焙烤食品制造	628	279	97	529	554
糖果、巧克力及蜜饯制造	66	17	22	58	65
方便食品制造	108	37	20	73	75
乳制品制造	293	216	84	261	8
罐头食品制造	477	180	83	259	295
调味品、发酵制品制造	576	171	217	503	418
其他食品制造	771	228	279	552	373
酒、饮料和精制茶制造业	2792	956	661	1878	1750
酒的制造	1242	445	306	810	756
饮料制造	1014	329	187	738	661
精制茶加工	536	182	168	330	334

1-C-2　续表1

行　业	R&D人员合计(人)	#女性	#研究人员	#全时人员	R&D人员折合全时当量(人年)
烟草制品业	703	135	256	499	528
烟叶复烤	15	3	7		1
卷烟制造	607	109	227	451	474
其他烟草制品制造	81	23	22	48	54
纺织业	6137	2860	934	4420	4493
棉纺织及印染精加工	4864	2415	673	3460	3600
毛纺织及染整精加工	66	22	20	60	49
麻纺织及染整精加工	50	12	14	32	39
丝绢纺织及印染精加工	7	2	4	4	3
化纤织造及印染精加工	34	14	3	19	15
针织或钩针编织物及其制品制造	16	9	2	14	5
家用纺织制成品制造	165	85	32	144	135
产业用纺织制成品制造	935	301	186	687	647
纺织服装、服饰业	1498	581	346	1084	858
机织服装制造	1291	474	299	903	771
针织或钩针编织服装制造	110	72	31	99	12
服饰制造	97	35	16	82	75
皮革、毛皮、羽毛及其制品和制鞋业	940	373	105	740	560
皮革鞣制加工					
皮革制品制造	66	11	10	31	41
毛皮鞣制及制品加工	206	100	28	144	93
羽毛(绒)加工及制品制造					
制鞋业	668	262	67	565	425
木材加工和木、竹、藤、棕、草制品业	1351	293	265	819	698
木材加工	86	28	18	71	65
人造板制造	804	95	147	387	401
木质制品制造	457	169	99	360	228
竹、藤、棕、草等制品制造	4	1	1	1	4
家具制造业	358	63	50	271	237
木质家具制造	284	55	41	204	163
金属家具制造	74	8	9	67	74
其他家具制造					
造纸和纸制品业	1458	285	223	973	879
纸浆制造					
造纸	817	131	113	474	446
纸制品制造	641	154	110	499	432
印刷和记录媒介复制业	1984	479	343	1183	1214
印刷	1849	463	313	1135	1108
装订及印刷相关服务	130	15	27	44	101
记录媒介复制	5	1	3	4	5
文教、工美、体育和娱乐用品制造业	1309	344	313	814	891
文教办公用品制造	17	3	3	15	16
乐器制造	69	20	34	23	6
工艺美术及礼仪用品制造	958	233	237	556	682
体育用品制造	17	2	2	15	16
玩具制造	153	52	20	118	103
游艺器材及娱乐用品制造	95	34	17	87	68
石油、煤炭及其他燃料加工业	496	84	118	428	225

1-C-2 续表2

行　业	R&D人员合计(人)	#女性	#研究人员	#全时人员	R&D人员折合全时当量(人年)
精炼石油产品制造	486	81	114	419	215
煤炭加工	10	3	4	9	10
生物质燃料加工					
化学原料和化学制品制造业	15729	2936	4415	10229	9568
基础化学原料制造	3722	968	1013	2517	1758
肥料制造	5444	656	1323	3348	3606
农药制造	489	51	121	256	376
涂料、油墨、颜料及类似产品制造	747	148	242	531	541
合成材料制造	635	95	186	453	511
专用化学产品制造	3262	627	1175	2394	1862
炸药、火工及焰火产品制造	1248	340	273	586	797
日用化学产品制造	182	51	82	144	118
医药制造业	10609	4155	3402	7268	6530
化学药品原料药制造	2431	494	555	1443	1522
化学药品制剂制造	2930	1381	1321	2276	1544
中药饮片加工	321	96	118	257	184
中成药生产	2817	1426	772	1699	1888
兽用药品制造	439	146	196	344	209
生物药品制品制造	981	359	327	712	707
卫生材料及医药用品制造	618	240	91	491	431
药用辅料及包装材料	72	13	22	46	44
化学纤维制造业	299	62	57	200	189
纤维素纤维原料及纤维制造	181	43	41	98	112
合成纤维制造	118	19	16	102	77
生物基材料制造					
橡胶和塑料制品业	3072	651	878	2052	1950
橡胶制品业	865	281	297	629	575
塑料制品业	2207	370	581	1423	1375
非金属矿物制品业	8145	1773	1980	5408	5191
水泥、石灰和石膏制造	1738	292	574	1150	1059
石膏、水泥制品及类似制品制造	1088	179	268	814	713
砖瓦、石材等建筑材料制造	1049	202	260	726	711
玻璃制造	326	19	68	163	171
玻璃制品制造	1593	533	304	858	1065
玻璃纤维和玻璃纤维增强塑料制品制造	205	74	38	162	134
陶瓷制品制造	898	121	188	685	582
耐火材料制品制造	493	149	172	300	326
石墨及其他非金属矿物制品制造	755	204	108	550	430
黑色金属冶炼和压延加工业	3781	481	1645	1936	2941
炼铁	62	7	3	14	34
炼钢					
钢压延加工	3647	460	1610	1865	2883
铁合金冶炼	72	14	32	57	24
有色金属冶炼和压延加工业	2404	300	765	1572	1402
常用有色金属冶炼	913	57	472	614	449
贵金属冶炼					
稀有稀土金属冶炼	5	2	1	3	3
有色金属合金制造	195	43	37	126	81
有色金属压延加工	1291	198	255	829	870
金属制品业	5863	886	1840	4029	4059

1-C-2　续表3

行　业	R&D人员合计(人)	#女性	#研究人员	#全时人员	R&D人员折合全时当量(人年)
结构性金属制品制造	2414	334	883	1788	1534
金属工具制造	492	69	147	355	404
集装箱及金属包装容器制造	392	74	100	245	327
金属丝绳及其制品制造	124	11	36	59	52
建筑、安全用金属制品制造	338	52	167	75	302
金属表面处理及热处理加工	157	28	81	112	127
搪瓷制品制造	16	1	3	14	11
金属制日用品制造	343	66	71	291	250
铸造及其他金属制品制造	1587	251	352	1090	1052
通用设备制造业	7060	1002	2530	5271	4959
锅炉及原动设备制造	683	100	228	463	360
金属加工机械制造	1351	183	530	1106	956
物料搬运设备制造	796	101	250	634	575
泵、阀门、压缩机及类似机械制造	973	134	373	720	640
轴承、齿轮和传动部件制造	553	80	173	273	409
烘炉、风机、包装等设备制造	1651	247	634	1347	1288
文化、办公用机械制造	170	21	38	62	161
通用零部件制造	496	88	137	344	277
其他通用设备制造业	387	48	167	322	292
专用设备制造业	7667	1688	2576	5473	4684
采矿、冶金、建筑专用设备制造	1654	336	619	1198	1061
化工、木材、非金属加工专用设备制造	1506	324	251	836	1143
食品、饮料、烟草及饲料生产专用设备制造	433	41	79	346	231
印刷、制药、日化及日用品生产专用设备制造	145	16	48	122	125
纺织、服装和皮革加工专用设备制造	84	16	27	50	51
电子和电工机械专用设备制造	454	87	163	388	267
农、林、牧、渔专用机械制造	263	44	97	184	162
医疗仪器设备及器械制造	574	114	182	440	401
环保、邮政、社会公共服务及其他专用设备制造	2554	710	1110	1909	1242
汽车制造业	27391	4641	10057	21589	18550
汽车整车制造	7505	1434	3665	6367	5154
汽车用发动机制造	138	31	43	110	95
改装汽车制造	1085	123	401	902	767
低速汽车制造					
电车制造	5	1	1	1	4
汽车车身、挂车制造	2560	325	792	1822	1497
汽车零部件及配件制造	16098	2727	5155	12387	11033
铁路、船舶、航空航天和其他运输设备制造业	8430	1464	2941	6362	4268
铁路运输设备制造	1326	314	572	1095	800
城市轨道交通设备制造	158	21	72	117	82
船舶及相关装置制造	4679	722	1307	3598	1884
航空、航天器及设备制造	1635	255	796	1083	1114
摩托车制造	477	126	170	385	356
自行车和残疾人座车制造	4	1	2	3	4
助动车制造	132	23	18	64	9
潜水救捞及其他未列明运输设备制造	19	2	4	17	19
电气机械和器材制造业	11844	2379	3815	8566	7454
电机制造	1054	325	408	727	384
输配电及控制设备制造	2376	416	909	1935	1190
电线、电缆、光缆及电工器材制造	1921	352	556	1248	1120

1-C-2 续表4

行业	R&D人员合计(人)	#女性	#研究人员	#全时人员	R&D人员折合全时当量(人年)
电池制造	4250	711	1279	2792	2970
家用电力器具制造	1384	398	363	1243	1092
非电力家用器具制造	315	76	92	228	271
照明器具制造	374	81	122	243	330
其他电气机械及器材制造	170	20	86	150	98
计算机、通信和其他电子设备制造业	19190	3823	7481	12313	10619
计算机制造	4247	34	1290	152	147
通信设备制造	2875	643	1487	2426	2256
广播电视设备制造	293	46	90	178	158
雷达及配套设备制造	207	48	112	186	207
非专业视听设备制造	391	71	106	325	193
智能消费设备制造	1369	324	443	983	1043
电子器件制造	7682	2153	3298	6466	5357
电子元件及电子专用材料制造	1246	317	388	1007	808
其他电子设备制造	880	187	267	590	450
仪器仪表制造业	2135	289	780	1737	1249
通用仪器仪表制造	1196	138	386	983	694
专用仪器仪表制造	584	83	223	436	314
钟表与计时仪器制造	26	3	7	23	24
光学仪器制造	276	56	147	248	188
衡器制造	36	8	10	32	16
其他仪器仪表制造业	17	1	7	15	12
其他制造业	604	126	226	421	462
日用杂品制造	167	38	37	78	156
核辐射加工	23	2	3	13	23
其他未列明制造业	414	86	186	330	284
废弃资源综合利用业	648	135	222	510	468
金属废料和碎屑加工处理	467	113	161	409	371
非金属废料和碎屑加工处理	181	22	61	101	97
金属制品、机械和设备修理业	393	27	169	329	220
金属制品修理	9	1		8	9
通用设备修理					
铁路、船舶、航空航天等运输设备修理	271	15	134	245	129
电气设备修理	48	2	23	43	43
仪器仪表修理	21	1	4	13	10
其他机械和设备修理业	44	8	8	20	29
电力、热力、燃气及水生产和供应业	**1260**	**261**	**619**	**432**	**689**
电力、热力生产和供应业	1172	246	588	359	653
电力生产	937	203	460	164	612
电力供应	187	35	107	160	31
热力生产和供应	48	8	21	35	10
燃气生产和供应业	28	9	16	25	
燃气生产和供应业	28	9	16	25	
生物质燃气生产和供应业					
水的生产和供应业	60	6	15	48	35
自来水生产和供应	12	1	3	10	1
污水处理及其再生利用	29	4	9	21	15
其他水的处理、利用与分配	19	1	3	17	19

1-C-3　各地区企业R&D人员情况

地　区	R&D人员合计(人)	#女性	#研究人员	#全时人员	R&D人员折合全时当量(人年)
全　省	**167053**	**37122**	**52790**	**116743**	**105041**
武汉市	48537	9890	19923	35512	29187
黄石市	8124	1383	2588	5777	5215
十堰市	9879	2015	3348	7565	5769
宜昌市	19997	4404	5470	12742	13745
襄阳市	24089	4787	7272	15876	16672
鄂州市	3307	705	1204	2087	1938
荆门市	13919	2956	3216	9711	9009
孝感市	15433	5440	3107	10447	9451
荆州市	5657	1212	1741	3559	3826
黄冈市	6500	1642	1760	4931	3476
咸宁市	5248	1218	1097	3680	3509
随州市	1579	267	577	1135	825
恩施州	302	79	102	198	217
仙桃市	2093	495	470	1682	1499
潜江市	1657	539	725	1419	363
天门市	727	89	188	418	337
神农架	5	1	2	4	2

D. 企业R&D经费支出情况

1-D-1.1 分登记注册类型企业R&D经费内部支出情况

单位：万元

登记注册类型	R&D经费内部支出	日常性支出	#人员劳务费	资产性支出	#仪器和设备	#政府资金	#企业资金
总　计	**5255194**	**4661135**	**1162308**	**594059**	**586404**	**271109**	**4939132**
内资企业	**4633014**	**4089926**	**998275**	**543088**	**536112**	**265807**	**4327491**
国有企业	70368	59345	21412	11023	10794	28452	41532
集体企业	1633	1579	300	54	50	10	1623
股份合作企业	524	524	195			23	501
联营企业							
国有联营企业							
集体联营企业							
国有与集体联营企业							
其他联营企业							
有限责任公司	1923503	1643200	416779	280303	278520	148844	1755684
国有独资公司	247804	227446	73436	20358	20234	29584	212028
其他有限责任公司	1675699	1415754	343343	259945	258286	119260	1543655
股份有限公司	1257236	1134615	379154	122621	120157	57092	1195363
私营企业	1379751	1250663	180434	129088	126591	31386	1332788
私营独资企业	20031	19235	437	797	728	210	19821
私营合伙企业	200	200	10				200
私营有限责任公司	1197879	1084642	149460	113237	110999	29024	1156565
私营股份有限公司	161641	146587	30528	15054	14864	2153	156202
其他企业							
港、澳、台商投资企业	**254460**	**233271**	**48860**	**21189**	**21176**	**1586**	**252808**
合资经营企业	174546	165008	38523	9538	9529	480	173999
合作经营企业							
港、澳、台商独资经营企业	72327	63644	9241	8683	8680	1106	71221
港、澳、台商投资股份有限公司	3041	576	108	2465	2464		3041
其他港、澳、台投资企业	4546	4043	988	503	503		4546
外商投资企业	**367720**	**337938**	**115173**	**29782**	**29116**	**3716**	**358833**
中外合资经营企业	259809	239006	91531	20803	20362	1533	253333
中外合作经营企业							
外资企业	62384	58992	16595	3392	3258	435	61723
外商投资股份有限公司	39018	33432	2557	5586	5497	1749	37269
其他外商投资企业	6509	6509	4491				6509

1-D-1.2　分行业企业R&D经费内部支出情况

单位：万元

行　业	R&D经费内部支出	日常性支　出	#人　员劳务费	资产性支　出	#仪器和设　备	#政府资金	#企业资金
总　计	**5255194**	**4661135**	**1162308**	**594059**	**586404**	**271109**	**4939132**
采矿业	**38598**	**34183**	**6214**	**4415**	**4332**	**831**	**37117**
煤炭开采和洗选业							
烟煤和无烟煤开采洗选							
褐煤开采洗选							
其他煤炭采选							
石油和天然气开采业	4521	4215	2328	306	294		4521
石油开采	4521	4215	2328	306	294		4521
天然气开采							
黑色金属矿采选业	4637	3390	549	1247	1230	1	4636
铁矿采选	3116	2603	367	513	510	1	3115
锰矿、铬矿采选	1521	787	182	734	720		1521
其他黑色金属矿采选							
有色金属矿采选业	2026	2026	1264			80	1946
常用有色金属矿采选	2026	2026	1264			80	1946
贵金属矿采选							
稀有稀土金属矿采选							
非金属矿采选业	24299	21437	2065	2862	2808	10	23640
土砂石开采	1447	1238	208	209	204		1447
化学矿开采	22317	19792	1721	2525	2476	10	21657
采盐	536	408	137	128	128		536
石棉及其他非金属矿采选							
开采专业及辅助性活动	3116	3116	8			740	2375
煤炭开采和洗选专业及辅助性活动							
石油和天然气开采专业及辅助性活动	3116	3116	8			740	2375
其他开采专业及辅助性活动							
其他采矿业							
其他采矿业							
制造业	**5184730**	**4600921**	**1145710**	**583809**	**576240**	**269773**	**4870707**
农副食品加工业	199829	178189	15604	21641	21237	7237	191848
谷物磨制	38604	33574	3188	5030	4930	3882	34653
饲料加工	41022	38839	3833	2182	2122	236	40550
植物油加工	29466	26752	1898	2714	2691	721	28684
制糖业	531	472	68	59	59	48	483
屠宰及肉类加工	19776	15434	935	4342	4342	80	19694
水产品加工	22379	20269	1633	2110	1956	366	22010
蔬菜、菌类、水果和坚果加工	7989	6008	783	1981	1976	1152	6742
其他农副食品加工	40064	36841	3265	3223	3162	753	39033
食品制造业	84093	79434	14211	4659	4633	2387	81355
焙烤食品制造	15607	14771	1411	836	830	1218	14389
糖果、巧克力及蜜饯制造	1124	1124	267				1124

1–D–1.2 续表1

行　业	R&D经费内部支出	日常性支出	#人员劳务费	资产性支出	#仪器和设备	#政府资金	#企业资金
方便食品制造	1677	1449	259	227	227	10	1664
乳制品制造	9019	9019	51				9019
罐头食品制造	5084	4447	1116	637	633	27	4901
调味品、发酵制品制造	28252	26983	7559	1269	1268	435	27817
其他食品制造	23330	21640	3548	1690	1675	698	22441
酒、饮料和精制茶制造业	94500	88432	12339	6068	5744	2977	91062
酒的制造	64696	60385	7452	4311	4158	2122	62574
饮料制造	15791	14911	2575	880	741	6	15671
精制茶加工	14013	13136	2311	877	845	849	12817
烟草制品业	19439	18788	13173	651	647	88	19351
烟叶复烤	0	0					0
卷烟制造	18399	17762	12363	637	634	55	18344
其他烟草制品制造	1040	1026	810	14	13	33	1007
纺织业	86787	80950	11257	5837	5745	677	85063
棉纺织及印染精加工	58260	55022	7788	3238	3181	438	56812
毛纺织及染整精加工	916	916	362			7	909
麻纺织及染整精加工	622	622	161			4	618
丝绢纺织及印染精加工	1060	735	65	325	325	20	1040
化纤织造及印染精加工	968	296	111	672	672		932
针织或钩针编织物及其制品制造	120	105	47	15	14		120
家用纺织制成品制造	6637	6370	730	267	265	110	6527
产业用纺织制成品制造	18203	16884	1992	1319	1289	98	18105
纺织服装、服饰业	19824	18037	4555	1788	1741	100	19027
机织服装制造	16668	15295	3308	1373	1327	95	16260
针织或钩针编织服装制造	2604	2208	1060	395	395	5	2214
服饰制造	553	533	187	19	19		553
皮革、毛皮、羽毛及其制品和制鞋业	16232	15779	2422	453	440	24	15617
皮革鞣制加工							
皮革制品制造	1280	1117	95	163	151	24	1256
毛皮鞣制及制品加工	8444	8444	193				8444
羽毛(绒)加工及制品制造							
制鞋业	6508	6218	2135	290	289	1	5917
木材加工和木、竹、藤、棕、草制品业	31269	28431	4611	2838	2746	439	30830
木材加工	2161	1529	218	632	609	77	2085
人造板制造	17143	15125	2899	2017	1948	324	16818
木质制品制造	11859	11776	1494	83	83	20	11839
竹、藤、棕、草等制品制造	106			106	106	18	88
家具制造业	6364	4826	892	1538	1538	25	6137
木质家具制造	6066	4528	820	1538	1538	5	5860
竹、藤家具制造							
金属家具制造	298	298	72			20	278
塑料家具制造							
其他家具制造							

1-D-1.2　续表2

行　业	R&D经费内部支出	日常性支出	#人员劳务费	资产性支出	#仪器和设备	#政府资金	#企业资金
造纸和纸制品业	45848	43936	4081	1912	1905	1496	43715
纸浆制造							
造纸	20403	19304	2177	1099	1093	97	19670
纸制品制造	25445	24632	1905	813	812	1400	24045
印刷和记录媒介复制业	39242	36681	7222	2562	2524	201	37772
印刷	37198	34636	6503	2562	2524	181	35747
装订及印刷相关服务	1924	1924	647			20	1904
记录媒介复制	120	120	73				120
文教、工美、体育和娱乐用品制造业	30708	27451	3868	3257	3101	857	29403
文教办公用品制造	738	738	17				738
乐器制造	2419	1849	84	569	563		1985
工艺美术及礼仪用品制造	20942	18551	3158	2391	2245	797	20131
体育用品制造	1652	1627	69	25	25		1652
玩具制造	4143	3871	400	272	269		4143
游艺器材及娱乐用品制造	814	814	140			60	754
石油、煤炭及其他燃料加工业	8568	6156	1310	2412	2410	40	7030
精炼石油产品制造	6788	4376	1261	2412	2410	40	5251
煤炭加工	1779	1779	49				1779
核燃料加工							
生物质燃料加工							
化学原料和化学制品制造业	497029	440674	74125	56355	54054	2762	491448
基础化学原料制造	109398	92616	16766	16782	15671	579	108460
肥料制造	226622	199614	25766	27009	26082	516	225570
农药制造	16466	12820	2981	3646	3637	64	16403
涂料、油墨、颜料及类似产品制造	17328	16773	3995	555	554	255	17073
合成材料制造	16369	16086	2616	284	282	238	16132
专用化学产品制造	94205	87589	16536	6615	6400	944	91336
炸药、火工及焰火产品制造	11429	10302	4758	1127	1105	10	11419
日用化学产品制造	5211	4874	707	337	323	157	5055
医药制造业	328242	289206	62325	39036	38805	8064	318692
化学药品原料药制造	47556	37749	5997	9807	9721	895	46615
化学药品制剂制造	148319	128328	28802	19991	19909	3772	144233
中药饮片加工	6473	5538	1614	935	930	153	6320
中成药生产	50919	47879	12193	3040	3015	1239	49680
兽用药品制造	8145	7469	2706	676	676	142	7994
生物药品制品制造	58426	54492	8865	3935	3924	1810	55717
卫生材料及医药用品制造	7373	6748	1817	626	604	54	7320
药用辅料及包装材料	1030	1005	331	26	26		813
化学纤维制造业	6930	5325	879	1605	1605	428	6503
纤维素纤维原料及纤维制造	4742	3257	519	1485	1484	354	4388
合成纤维制造	2189	2068	360	121	121	74	2115
生物基材料制造							

1-D-1.2 续表3

行业	R&D经费内部支出	日常性支出	#人员劳务费	资产性支出	#仪器和设备	#政府资金	#企业资金
橡胶和塑料制品业	73097	66167	10978	6929	6825	1367	71099
橡胶制品业	16828	12222	3026	4606	4531	235	16593
塑料制品业	56269	53945	7951	2324	2294	1132	54507
非金属矿物制品业	223087	201139	26550	21948	21585	3940	217313
水泥、石灰和石膏制造	68180	62795	5124	5386	5363	155	68025
石膏、水泥制品及类似制品制造	28491	25610	4062	2881	2863	1401	26738
砖瓦、石材等建筑材料制造	35152	32504	3285	2648	2597	365	34436
玻璃制造	8110	7319	1609	792	757	61	7881
玻璃制品制造	26241	22919	6711	3323	3282	1279	24823
玻璃纤维和玻璃纤维增强塑料制品制造	5744	5468	542	276	242	8	4922
陶瓷制品制造	24709	21481	2461	3228	3203	438	24271
耐火材料制品制造	11368	11126	1292	242	236	50	11308
石墨及其他非金属矿物制品制造	15092	11918	1466	3174	3041	182	14910
黑色金属冶炼和压延加工业	205207	189501	20686	15707	15683	2231	198982
炼铁	7332	7332	801				7332
炼钢							
钢压延加工	186040	174648	19648	11392	11388	2081	179966
铁合金冶炼	11835	7521	237	4314	4294	151	11684
有色金属冶炼和压延加工业	98078	84629	12145	13449	13285	1004	96968
常用有色金属冶炼	47399	43779	8308	3620	3556	356	47043
贵金属冶炼							
稀有稀土金属冶炼	243	64	26	179	174		243
有色金属合金制造	11499	10604	462	895	888	135	11364
有色金属压延加工	38937	30183	3349	8754	8666	513	38319
金属制品业	167974	157035	33959	10938	10779	11955	154183
结构性金属制品制造	74223	69903	14946	4320	4241	8424	65454
金属工具制造	11512	10622	2434	891	886	514	10998
集装箱及金属包装容器制造	15521	14636	2213	885	884	44	15441
金属丝绳及其制品制造	10042	7696	377	2345	2318	666	9326
建筑、安全用金属制品制造	9799	9619	5128	180	178		9799
金属表面处理及热处理加工	2987	2972	1226	15	15	496	2475
搪瓷制品制造	1367	1367	83				1367
金属制日用品制造	11017	10941	2074	76	72	1459	9558
铸造及其他金属制品制造	31505	29279	5477	2226	2185	351	29764
通用设备制造业	171125	150156	35339	20969	20772	9109	161397
锅炉及原动设备制造	9820	9124	2667	696	682	23	9532
金属加工机械制造	37654	34840	8467	2815	2766	4742	32889
物料搬运设备制造	14508	13600	4455	908	856	501	13886
泵、阀门、压缩机及类似机械制造	25143	18936	4110	6208	6188	729	24415
轴承、齿轮和传动部件制造	23133	15780	2119	7353	7350	305	22828
烘炉、风机、包装等设备制造	36925	35269	8974	1655	1612	1521	35404
文化、办公用机械制造	2981	2981	246				2981

1-D-1.2　续表4

行　　业	R&D经费内部支出	日常性支出	#人员劳务费	资产性支出	#仪器和设备	#政府资金	#企业资金
通用零部件制造	10600	10490	2152	111	101	1289	9104
其他通用设备制造业	10360	9137	2150	1223	1216		10360
专用设备制造业	156161	138186	46662	17975	17900	1835	152976
采矿、冶金、建筑专用设备制造	43099	36848	14042	6251	6235	301	41530
化工、木材、非金属加工专用设备制造	26587	19089	4379	7498	7493	279	26274
食品、饮料、烟草及饲料生产专用设备制造	8274	7694	1785	581	579	362	7912
印刷、制药、日化及日用品生产专用设备制造	2257	2147	928	109	109	33	2219
纺织、服装和皮革加工专用设备制造	1003	985	374	18	18	80	923
电子和电工机械专用设备制造	10668	10180	3348	489	467	157	10511
农、林、牧、渔专用机械制造	6308	6198	803	110	109	237	6070
医疗仪器设备及器械制造	12300	9914	5073	2386	2385	11	12289
环保、邮政、社会公共服务及其他专用设备制造	45666	45133	15931	533	504	375	45248
汽车制造业	1012838	933111	283156	79727	78268	16794	981920
汽车整车制造	466864	444312	160516	22552	21721	1202	456643
汽车用发动机制造	8843	8650	1925	193	193		8843
改装汽车制造	45789	43940	6735	1849	1837	416	44017
低速汽车制造							
电车制造	470	470	46				470
汽车车身、挂车制造	64919	51360	12496	13559	13404	311	64471
汽车零部件及配件制造	425954	384381	101438	41574	41113	14866	407478
铁路、船舶、航空航天和其他运输设备制造业	201496	180953	60365	20542	20006	59073	140817
铁路运输设备制造	41259	37106	11573	4153	4094	683	39794
城市轨道交通设备制造	3359	3308	893	51	51		3359
船舶及相关装置制造	79122	70863	25866	8258	7860	34064	44626
航空、航天器及设备制造	70141	62691	19594	7450	7373	24325	45422
摩托车制造	4573	4006	1734	568	567		4573
自行车和残疾人座车制造	498	436	76	63	60		498
助动车制造	2354	2354	574				2354
非公路休闲车及零配件制造							
潜水救捞及其他未列明运输设备制造	190	190	56				190
电气机械和器材制造业	387116	348062	57946	39054	38660	8217	377482
电机制造	17566	17453	5897	113	113	524	17042
输配电及控制设备制造	71122	68984	18323	2138	2102	450	70672
电线、电缆、光缆及电工器材制造	117924	96255	10590	21669	21351	6061	110467
电池制造	101290	88213	13383	13077	13050	906	100362
家用电力器具制造	38852	38792	5292	60	51	80	38771
非电力家用器具制造	7567	7519	1900	49	49	110	7457
照明器具制造	14236	13524	1428	712	710	85	14150
其他电气机械及器材制造	18561	17325	1133	1236	1236		18561
计算机、通信和其他电子设备制造业	870711	690484	298739	180227	180016	120952	747494
计算机制造	57285	57207	20185	77	77	81	57204
通信设备制造	106305	97751	45759	8554	8521	1091	105201

1-D-1.2 续表5

行　业	R&D经费内部支出	日常性支出	#人员劳务费	资产性支出	#仪器和设备	#政府资金	#企业资金
广播电视设备制造	6386	6201	1387	185	174	231	6155
雷达及配套设备制造	6388	6388	4145			650	5638
非专业视听设备制造	12171	11738	2010	433	430	61	12111
智能消费设备制造	12652	11666	4041	986	976	1110	11502
电子器件制造	628068	466161	209251	161907	161834	117261	509025
电子元件及电子专用材料制造	24578	20584	8378	3994	3914	382	23866
其他电子设备制造	16880	12789	3583	4091	4091	87	16793
仪器仪表制造业	48231	46019	15069	2212	2158	1757	46014
通用仪器仪表制造	26460	25839	7666	622	621	336	25665
专用仪器仪表制造	14061	13135	5054	925	920	1421	12639
钟表与计时仪器制造	1361	1361	127				1361
光学仪器制造	5754	5122	2091	632	585		5754
衡器制造	357	335	45	22	22		357
其他仪器仪表制造业	239	228	85	11	11		239
其他制造业	16621	16182	2361	438	433	3471	13150
日用杂品制造	936	697	88	240	235		936
核辐射加工	320	320	109				320
其他未列明制造业	15364	15165	2163	199	199	3471	11893
废弃资源综合利用业	26713	25640	4977	1073	987	86	26626
金属废料和碎屑加工处理	20486	20063	4492	423	411	21	20465
非金属废料和碎屑加工处理	6227	5577	485	650	576	66	6161
金属制品、机械和设备修理业	11372	11363	3907	9	9	180	9431
金属制品修理	244	244	135				244
通用设备修理							
专用设备修理							
铁路、船舶、航空航天等运输设备修理	8730	8730	3346			150	6858
电气设备修理	2057	2057	263			5	2052
仪器仪表修理	113	113	73			25	48
其他机械和设备修理业	227	218	90	9	9		227
电力、热力、燃气及水生产和供应业	**31866**	**26031**	**10385**	**5835**	**5832**	**504**	**31308**
电力、热力生产和供应业	28950	23158	9255	5792	5789	425	28471
电力生产	18959	17497	8546	1462	1460	355	18557
电力供应	9464	5134	353	4330	4330	70	9394
热力生产和供应	527	527	356				520
燃气生产和供应业	1813	1813	670				1813
燃气生产和供应业	1813	1813	670				1813
生物质燃气生产和供应业							
水的生产和供应业	1103	1060	460	43	43	79	1024
自来水生产和供应	179	179	62				179
污水处理及其再生利用	741	700	355	40	40	79	662
海水淡化处理							
其他水的处理、利用与分配	184	181	42	3	3		184

1-D-1.3　各地区企业R&D经费内部支出情况

单位：万元

地　区	R&D经费内部支出	日常性支出	#人员劳务费	资产性支出	#仪器和设备	#政府资金	#企业资金
全　省	**5255194**	**4661135**	**1162308**	**594059**	**586404**	**271109**	**4939132**
武汉市	1831082	1609539	606576	221543	220018	187985	1628267
黄石市	292010	274678	43708	17332	17101	5516	281143
十堰市	312750	279894	83789	32857	32435	1817	310051
宜昌市	694248	610273	104538	83975	81868	9867	683056
襄阳市	758222	654742	136262	103480	102597	42150	712751
鄂州市	114920	101988	19231	12932	12861	823	109963
荆门市	332256	300401	41156	31855	31284	9066	320823
孝感市	321336	306027	39115	15309	14793	2546	311451
荆州市	161936	134902	32146	27034	26628	1360	160500
黄冈市	123951	111049	20267	12902	12816	1779	119835
咸宁市	99158	91910	14107	7248	6956	2462	96200
随州市	83693	82206	8075	1487	1455	379	82374
恩施州	9154	8835	793	320	308	713	8441
仙桃市	33294	31286	5506	2008	1863	71	33105
潜江市	70891	47781	5622	23110	22753	4569	64886
天门市	16271	15603	1398	669	669	3	16269
神农架	22	22	20			5	17

1-D-2.1 分登记注册类型企业R&D经费外部支出情况

单位：万元

登记注册类型	R&D经费外部支出	#对境内研究机构支出	#对境内高等学校支出
总　计	**343467**	**68367**	**29261**
内资企业	**304614**	**63418**	**28185**
国有企业	20903	7021	6109
集体企业			
股份合作企业			
联营企业			
国有联营企业			
集体联营企业			
国有与集体联营企业			
其他联营企业			
有限责任公司	186172	41955	10507
国有独资公司	36711	16920	6369
其他有限责任公司	149462	25036	4139
股份有限公司	64921	7565	4687
私营企业	32618	6877	6881
私营独资企业	297	61	
私营合伙企业			
私营有限责任公司	30049	5802	5718
私营股份有限公司	2271	1015	1163
其他企业			
港、澳、台商投资企业	**11551**	**641**	**222**
合资经营企业	1371	136	222
合作经营企业			
港、澳、台商独资经营企业	10169	505	
港、澳、台商投资股份有限公司			
其他港、澳、台投资企业	11		
外商投资企业	**27303**	**4308**	**854**
中外合资经营企业	19836	4078	776
中外合作经营企业			
外资企业	7334	202	
外商投资股份有限公司	133	28	78
其他外商投资企业			

1-D-2.2　分行业企业R&D经费外部支出情况

单位：万元

行　业	R&D经费外部支出	#对境内研究机构支出	#对境内高等学校支出
总　计	**343467**	**68367**	**29261**
采矿业	**1004**	**76**	**83**
煤炭开采和洗选业			
烟煤和无烟煤开采洗选			
褐煤开采洗选			
其他煤炭采选			
石油和天然气开采业			
石油开采			
天然气开采			
黑色金属矿采选业	72	36	32
铁矿采选	72	36	32
锰矿、铬矿采选			
其他黑色金属矿采选			
有色金属矿采选业	88	37	51
常用有色金属矿采选	88	37	51
贵金属矿采选			
稀有稀土金属矿采选			
非金属矿采选业	506	4	
土砂石开采			
化学矿开采	506	4	
采盐			
石棉及其他非金属矿采选			
开采专业及辅助性活动	338		
煤炭开采和洗选专业及辅助性活动			
石油和天然气开采专业及辅助性活动	338		
其他开采专业及辅助性活动			
其他采矿业			
其他采矿业			
制造业	**325932**	**65160**	**28437**
农副食品加工业	3618	983	1751
谷物磨制	1158	630	394
饲料加工	566	75	148
植物油加工	484		444
制糖业			
屠宰及肉类加工	11		11
水产品加工	200	35	165
蔬菜、菌类、水果和坚果加工	545		390
其他农副食品加工	654	243	199
食品制造业	1713	209	1263
焙烤食品制造	173		
糖果、巧克力及蜜饯制造	200		200
方便食品制造	4		4
乳制品制造			
罐头食品制造	271		271
调味品、发酵制品制造	576	167	404
其他食品制造	490	41	385
酒、饮料和精制茶制造业	1328	486	834
酒的制造	1008	329	679
饮料制造	46	40	6
精制茶加工	275	118	149

1-D-2.2 续表1

行 业	R&D经费外部支出	#对境内研究机构支出	#对境内高等学校支出
烟草制品业	5911	309	5261
烟叶复烤	2		
卷烟制造	5871	309	5223
其他烟草制品制造	38		38
纺织业	442	138	120
棉纺织及印染精加工	265	113	5
毛纺织及染整精加工			
麻纺织及染整精加工			
丝绢纺织及印染精加工	86		86
化纤织造及印染精加工	60	25	
针织或钩针编织物及其制品制造			
家用纺织制成品制造	4		4
产业用纺织制成品制造	27	1	25
纺织服装、服饰业	1124		106
机织服装制造	1124		106
针织或钩针编织服装制造			
服饰制造			
皮革、毛皮、羽毛及其制品和制鞋业	253	50	49
皮革鞣制加工			
皮革制品制造	153	50	49
毛皮鞣制及制品加工			
羽毛(绒)加工及制品制造			
制鞋业	100		
木材加工和木、竹、藤、棕、草制品业	189	83	101
木材加工			
人造板制造	164	68	96
木质制品制造	25	15	5
竹、藤、棕、草等制品制造			
家具制造业	108	24	29
木质家具制造	108	24	29
竹、藤家具制造			
金属家具制造			
塑料家具制造			
其他家具制造			
造纸和纸制品业	193		
纸浆制造			
造纸	3		
纸制品制造	190		
印刷和记录媒介复制业	145	1	62
印刷	83	1	62
装订及印刷相关服务	50		
记录媒介复制	13		
文教、工美、体育和娱乐用品制造业	674	626	19
文教办公用品制造			
乐器制造	57	29	0
工艺美术及礼仪用品制造	616	597	19
体育用品制造			
玩具制造	1	1	
游艺器材及娱乐用品制造			
石油、煤炭及其他燃料加工业	392	99	198

1-D-2.2　续表2

行　业	R&D经费外部支出	#对境内研究机构支出	#对境内高等学校支出
精炼石油产品制造	392	99	198
煤炭加工			
核燃料加工			
生物质燃料加工			
化学原料和化学制品制造业	6732	2892	1870
基础化学原料制造	944	175	412
肥料制造	1767	619	722
农药制造	9		
涂料、油墨、颜料及类似产品制造	2189	1255	168
合成材料制造	24		
专用化学产品制造	1623	820	448
炸药、火工及焰火产品制造	104	24	64
日用化学产品制造	72		57
医药制造业	39043	8453	2463
化学药品原料药制造	8743	319	419
化学药品制剂制造	14026	4672	239
中药饮片加工	279	209	70
中成药生产	3891	2436	330
兽用药品制造	322	58	264
生物药品制品制造	11734	760	1094
卫生材料及医药用品制造	47		47
药用辅料及包装材料			
化学纤维制造业			
纤维素纤维原料及纤维制造			
合成纤维制造			
生物基材料制造			
橡胶和塑料制品业	681	333	136
橡胶制品业	125	125	
塑料制品业	555	208	136
非金属矿物制品业	5021	1439	1467
水泥、石灰和石膏制造	1615	577	367
石膏、水泥制品及类似制品制造	504	8	335
砖瓦、石材等建筑材料制造	1287	177	98
玻璃制造	183		12
玻璃制品制造	878	611	249
玻璃纤维和玻璃纤维增强塑料制品制造	84	1	
陶瓷制品制造	185		185
耐火材料制品制造	27		27
石墨及其他非金属矿物制品制造	260	65	195
黑色金属冶炼和压延加工业	11417	1631	99
炼铁			
炼钢			
钢压延加工	10816	1030	99
铁合金冶炼	601	601	
有色金属冶炼和压延加工业	568	87	443
常用有色金属冶炼	171	87	46
贵金属冶炼			
稀有稀土金属冶炼			
有色金属合金制造	100		100
有色金属压延加工	297		297
金属制品业	2263	430	344

1-D-2.2 续表3

行 业	R&D经费外部支出	#对境内研究机构支出	#对境内高等学校支出
结构性金属制品制造	1057	72	151
金属工具制造			
集装箱及金属包装容器制造	452	217	
金属丝绳及其制品制造	109		109
建筑、安全用金属制品制造			
金属表面处理及热处理加工			
搪瓷制品制造			
金属制日用品制造	317		
铸造及其他金属制品制造	328	141	84
通用设备制造业	2433	869	747
锅炉及原动设备制造	59	34	25
金属加工机械制造	464	302	92
物料搬运设备制造	127	29	84
泵、阀门、压缩机及类似机械制造	164	41	14
轴承、齿轮和传动部件制造	30	11	12
烘炉、风机、包装等设备制造	1176	451	275
文化、办公用机械制造			
通用零部件制造	217		50
其他通用设备制造业	196		196
专用设备制造业	6611	264	404
采矿、冶金、建筑专用设备制造	94	0	30
化工、木材、非金属加工专用设备制造	340	129	71
食品、饮料、烟草及饲料生产专用设备制造	127		99
印刷、制药、日化及日用品生产专用设备制造	31		
纺织、服装和皮革加工专用设备制造	19	5	14
电子和电工机械专用设备制造	160	100	8
农、林、牧、渔专用机械制造	402	5	10
医疗仪器设备及器械制造	5220	24	45
环保、邮政、社会公共服务及其他专用设备制造	218	2	128
汽车制造业	78109	10874	1294
汽车整车制造	54057	3968	295
汽车用发动机制造			
改装汽车制造	723		259
低速汽车制造			
电车制造			
汽车车身、挂车制造	1336	26	357
汽车零部件及配件制造	21993	6879	384
铁路、船舶、航空航天和其他运输设备制造业	32367	17600	7031
铁路运输设备制造	2545	499	691
城市轨道交通设备制造	32		32
船舶及相关装置制造	14474	6285	5670
航空、航天器及设备制造	15316	10816	639
摩托车制造			
自行车和残疾人座车制造			
助动车制造			
非公路休闲车及零配件制造			
潜水救捞及其他未列明运输设备制造			
电气机械和器材制造业	26459	16507	1364
电机制造	219	213	
输配电及控制设备制造	415	118	173
电线、电缆、光缆及电工器材制造	1014	738	146

1-D-2.2　续表4

行　业	R&D经费外部支出	#对境内研究机构支出	#对境内高等学校支出
电池制造	4503	361	837
家用电力器具制造	20068	15075	
非电力家用器具制造	10	2	2
照明器具制造	206		206
其他电气机械及器材制造	24		
计算机、通信和其他电子设备制造业	97012	569	559
计算机制造	151		56
通信设备制造	1583	404	
广播电视设备制造			
雷达及配套设备制造	29		29
非专业视听设备制造	154		
智能消费设备制造	497	84	49
电子器件制造	92601	7	380
电子元件及电子专用材料制造	561	73	45
其他电子设备制造	1436	2	0
仪器仪表制造业	364		108
通用仪器仪表制造	346		105
专用仪器仪表制造	4		2
钟表与计时仪器制造			
光学仪器制造	14		
衡器制造			
其他仪器仪表制造业			
其他制造业	184	11	36
日用杂品制造	11	11	
核辐射加工	36		36
其他未列明制造业	137		
废弃资源综合利用业	229	32	197
金属废料和碎屑加工处理			
非金属废料和碎屑加工处理	229	32	197
金属制品、机械和设备修理业	349	161	83
金属制品修理			
通用设备修理			
专用设备修理			
铁路、船舶、航空航天等运输设备修理	161	161	
电气设备修理	188		83
仪器仪表修理			
其他机械和设备修理业			
电力、热力、燃气及水生产和供应业	**16531**	**3132**	**741**
电力、热力生产和供应业	16442	3132	651
电力生产	13716	1533	65
电力供应	2726	1599	587
热力生产和供应			
燃气生产和供应业	80		80
燃气生产和供应业	80		80
生物质燃气生产和供应业			
水的生产和供应业	10		10
自来水生产和供应			
污水处理及其再生利用	10		10
海水淡化处理			
其他水的处理、利用与分配			

1-D-2.3 各地区企业R&D经费外部支出情况

单位：万元

地　区	R&D经费外部支出	#对境内研究机构支出	#对境内高等学校支出
全　省	**343467**	**68367**	**29261**
武汉市	231246	47215	14933
黄石市	4422	2199	1431
十堰市	27504	880	1092
宜昌市	22921	4722	2066
襄阳市	22068	2325	3515
鄂州市	8175	1180	142
荆门市	6356	2488	1974
孝感市	4440	2238	1269
荆州市	6933	3050	1479
黄冈市	5473	631	726
咸宁市	1376	464	251
随州市	172	57	77
恩施州	151		149
仙桃市	464	34	1
潜江市	1404	842	135
天门市	351	42	14
神农架	10		10

E.企业R&D项目情况

1-E-1　分登记注册类型企业全部R&D项目情况

登记注册类型	项目数(项)	参加项目人员(人)	项目人员折合全时当量(人年)	项目经费内部支出(万元)
总　计	**13574**	**152390**	**96696**	**4804150**
内资企业	**12183**	**134327**	**86535**	**4225902**
国有企业	171	3761	1090	55295
集体企业	3	55	28	1620
股份合作企业	8	42	26	309
联营企业				
国有联营企业				
集体联营企业				
国有与集体联营企业				
其他联营企业				
有限责任公司	4814	52305	35007	1810217
国有独资公司	788	8406	6023	232937
其他有限责任公司	4026	43899	28984	1577280
股份有限公司	2453	30353	20159	1048345
私营企业	4734	47811	30224	1310116
私营独资企业	37	371	136	20033
私营合伙企业	1	8	5	199
私营有限责任公司	4039	40324	25758	1136156
私营股份有限公司	657	7108	4324	153730
其他企业				
港、澳、台商投资企业	**415**	**7583**	**3197**	**252632**
合资经营企业	271	5858	1971	173033
合作经营企业				
港、澳、台商独资经营企业	119	1489	1056	72206
港、澳、台商投资股份有限公司	5	59	34	2867
其他港、澳、台投资企业	20	177	136	4527
外商投资企业	**976**	**10480**	**6964**	**325617**
中外合资经营企业	700	6436	4255	228912
中外合作经营企业				
外资企业	209	3375	2396	61167
外商投资股份有限公司	44	361	220	33520
其他外商投资企业	23	308	93	2017

E. 企业R&D项目情况

1-E-2 分行业企业全部R&D项目情况

行业	项目数(项)	参加项目人员(人)	项目人员折合全时当量(人年)	项目经费内部支出(万元)
总计	**13574**	**152390**	**96696**	**4804150**
采矿业	**155**	**1737**	**702**	**36129**
煤炭开采和洗选业				
烟煤和无烟煤开采洗选				
褐煤开采洗选				
其他煤炭采选				
石油和天然气开采业	49	740	41	4130
石油开采	49	740	41	4130
天然气开采				
黑色金属矿采选业	14	151	104	4487
铁矿采选	13	123	83	3113
锰矿、铬矿采选	1	28	21	1374
其他黑色金属矿采选				
有色金属矿采选业	7	112	106	2030
常用有色金属矿采选	7	112	106	2030
贵金属矿采选				
稀有稀土金属矿采选				
非金属矿采选业	52	489	344	22367
土砂石开采	13	111	78	1420
化学矿开采	34	348	263	20450
采盐	5	30	3	497
石棉及其他非金属矿采选				
开采专业及辅助性活动	33	245	106	3116
煤炭开采和洗选专业及辅助性活动				
石油和天然气开采专业及辅助性活动	33	245	106	3116
其他开采专业及辅助性活动				
其他采矿业				
其他采矿业				
制造业	**13149**	**149476**	**95355**	**4737104**
农副食品加工业	514	6168	4334	187392
谷物磨制	87	1818	1227	37951
饲料加工	149	1004	705	38481
植物油加工	39	577	343	27572
制糖业	2	14	7	474
屠宰及肉类加工	35	342	200	19200
水产品加工	47	523	394	19324
蔬菜、菌类、水果和坚果加工	42	282	180	7190
其他农副食品加工	113	1608	1278	37200
食品制造业	268	2663	1688	80690
焙烤食品制造	24	605	536	15555
糖果、巧克力及蜜饯制造	7	63	62	1155
方便食品制造	16	96	66	1634
乳制品制造	2	207	8	9030
罐头食品制造	24	451	284	5071
调味品、发酵制品制造	75	549	405	25956
其他食品制造	120	692	328	22290
酒、饮料和精制茶制造业	205	2525	1602	82234
酒的制造	97	1125	685	53431
饮料制造	62	938	621	15163
精制茶加工	46	462	296	13640

1-E-2　续表1

行　业	项目数(项)	参加项目人员(人)	项目人员折合全时当量(人年)	项目经费内部支出(万元)
烟草制品业	196	658	498	17935
烟叶复烤	1	14	1	0
卷烟制造	187	582	454	17705
其他烟草制品制造	8	62	43	230
纺织业	258	5700	4186	82509
棉纺织及印染精加工	157	4526	3353	55783
毛纺织及染整精加工	7	62	46	877
麻纺织及染整精加工	9	48	38	622
丝绢纺织及印染精加工	1	6	3	1034
化纤织造及印染精加工	4	27	13	129
针织或钩针编织物及其制品制造	2	12	4	116
家用纺织制成品制造	19	146	119	6637
产业用纺织制成品制造	59	873	610	17310
纺织服装、服饰业	61	1291	740	19123
机织服装制造	52	1121	666	16301
针织或钩针编织服装制造	2	84	9	2264
服饰制造	7	86	66	558
皮革、毛皮、羽毛及其制品和制鞋业	31	869	536	14908
皮革鞣制加工				
皮革制品制造	5	62	39	1064
毛皮鞣制及制品加工	16	199	90	8536
羽毛(绒)加工及制品制造				
制鞋业	10	608	407	5309
木材加工和木、竹、藤、棕、草制品业	104	1250	631	29720
木材加工	12	77	59	1945
人造板制造	56	753	369	15830
木质制品制造	35	416	199	11834
竹、藤、棕、草等制品制造	1	4	4	111
家具制造业	26	331	219	6205
木质家具制造	21	261	149	5891
竹、藤家具制造				
金属家具制造	5	70	70	314
塑料家具制造				
其他家具制造				
造纸和纸制品业	105	1364	826	44949
纸浆制造				
造纸	52	779	426	19421
纸制品制造	53	585	400	25528
印刷和记录媒介复制业	157	1857	1138	38462
印刷	145	1725	1034	36393
装订及印刷相关服务	11	127	99	1946
记录媒介复制	1	5	5	123
文教、工美、体育和娱乐用品制造业	96	1212	825	29556
文教办公用品制造	3	16	15	741
乐器制造	4	64	5	2413
工艺美术及礼仪用品制造	70	887	633	19923
体育用品制造	2	14	13	1649
玩具制造	10	144	97	3939
游艺器材及娱乐用品制造	7	87	62	891
石油、煤炭及其他燃料加工业	55	458	204	6392

1-E-2 续表2

行业	项目数(项)	参加项目人员(人)	项目人员折合全时当量(人年)	项目经费内部支出(万元)
精炼石油产品制造	54	450	196	4612
煤炭加工	1	8	8	1779
核燃料加工				
生物质燃料加工				
化学原料和化学制品制造业	1172	14243	8743	470479
基础化学原料制造	204	3382	1659	95993
肥料制造	282	4912	3261	220801
农药制造	52	465	358	16401
涂料、油墨、颜料及类似产品制造	146	680	499	16111
合成材料制造	87	594	479	15803
专用化学产品制造	316	2942	1685	89348
炸药、火工及焰火产品制造	50	1104	696	11390
日用化学产品制造	35	164	107	4632
医药制造业	1281	9882	6061	315321
化学药品原料药制造	245	2215	1383	42577
化学药品制剂制造	504	2825	1485	143134
中药饮片加工	34	297	171	6348
中成药生产	226	2661	1780	49976
兽用药品制造	63	394	185	7830
生物药品制品制造	141	902	650	57340
卫生材料及医药用品制造	55	525	368	7219
药用辅料及包装材料	13	63	40	897
化学纤维制造业	27	258	165	6897
纤维素纤维原料及纤维制造	11	156	99	4721
合成纤维制造	16	102	66	2176
生物基材料制造				
橡胶和塑料制品业	292	2747	1742	71498
橡胶制品业	75	734	487	15883
塑料制品业	217	2013	1255	55615
非金属矿物制品业	631	7469	4755	201005
水泥、石灰和石膏制造	100	1604	979	54671
石膏、水泥制品及类似制品制造	100	960	619	27213
砖瓦、石材等建筑材料制造	140	937	644	34097
玻璃制造	27	313	163	8380
玻璃制品制造	97	1463	975	25194
玻璃纤维和玻璃纤维增强塑料制品制造	20	192	127	5579
陶瓷制品制造	48	830	539	21977
耐火材料制品制造	57	460	303	11247
石墨及其他非金属矿物制品制造	42	710	406	12649
黑色金属冶炼和压延加工业	251	3531	2754	198160
炼铁	1	61	33	6491
炼钢				
钢压延加工	239	3408	2700	179958
铁合金冶炼	11	62	21	11712
有色金属冶炼和压延加工业	160	2232	1322	82640
常用有色金属冶炼	61	884	432	34538
贵金属冶炼				
稀有稀土金属冶炼	1	5	3	236
有色金属合金制造	11	184	74	9819
有色金属压延加工	87	1159	814	38048
金属制品业	569	5214	3632	157503

1-E-2 续表3

行 业	项目数(项)	参加项目人员(人)	项目人员折合全时当量(人年)	项目经费内部支出(万元)
结构性金属制品制造	240	2075	1344	71306
金属工具制造	58	456	373	11051
集装箱及金属包装容器制造	41	353	292	15312
金属丝绳及其制品制造	9	111	48	7676
建筑、安全用金属制品制造	42	315	282	9262
金属表面处理及热处理加工	22	103	83	2873
搪瓷制品制造	8	16	11	1368
金属制日用品制造	17	302	216	9458
铸造及其他金属制品制造	132	1483	983	29196
通用设备制造业	852	6452	4526	161352
锅炉及原动设备制造	71	631	334	8489
金属加工机械制造	200	1290	914	35097
物料搬运设备制造	105	746	544	13697
泵、阀门、压缩机及类似机械制造	103	870	577	24103
轴承、齿轮和传动部件制造	54	522	387	20817
烘炉、风机、包装等设备制造	180	1472	1145	35830
文化、办公用机械制造	13	159	152	2984
通用零部件制造	64	444	241	10051
其他通用设备制造业	62	318	232	10284
专用设备制造业	747	6888	4250	145946
采矿、冶金、建筑专用设备制造	157	1469	990	42213
化工、木材、非金属加工专用设备制造	95	1378	1051	25431
食品、饮料、烟草及饲料生产专用设备制造	53	384	198	8069
印刷、制药、日化及日用品生产专用设备制造	21	137	118	2174
纺织、服装和皮革加工专用设备制造	7	79	48	1012
电子和电工机械专用设备制造	54	427	250	10706
农、林、牧、渔专用机械制造	50	242	147	6249
医疗仪器设备及器械制造	85	515	370	11140
环保、邮政、社会公共服务及其他专用设备制	225	2257	1077	38953
汽车制造业	2292	25349	17251	892945
汽车整车制造	337	7140	4955	379881
汽车用发动机制造	10	135	93	8769
改装汽车制造	126	968	685	40576
低速汽车制造				
电车制造	1	5	4	470
汽车车身、挂车制造	147	2398	1395	63025
汽车零部件及配件制造	1671	14703	10118	400225
铁路、船舶、航空航天和其他运输设备制造业	408	7760	3854	179269
铁路运输设备制造	144	1183	744	39168
城市轨道交通设备制造	14	142	79	3355
船舶及相关装置制造	118	4553	1807	63415
航空、航天器及设备制造	99	1319	885	65716
摩托车制造	17	416	311	4573
自行车和残疾人座车制造	1	4	4	496
助动车制造	7	126	8	2354
非公路休闲车及零配件制造				
潜水救捞及其他未列明运输设备制造	8	17	17	194
电气机械和器材制造业	1104	10948	6954	370056
电机制造	103	896	329	16420
输配电及控制设备制造	365	2164	1086	67139
电线、电缆、光缆及电工器材制造	171	1763	1036	111126

1-E-2 续表4

行　　业	项目数(项)	参加项目人员(人)	项目人员折合全时当量(人年)	项目经费内部支出(万元)
电池制造	307	4016	2820	98063
家用电力器具制造	49	1335	1052	40445
非电力家用器具制造	34	260	222	6824
照明器具制造	53	356	315	13826
其他电气机械及器材制造	22	158	93	16214
计算机、通信和其他电子设备制造业	821	16674	9695	746505
计算机制造	16	3020	139	57346
通信设备制造	153	2690	2109	92649
广播电视设备制造	46	260	142	6407
雷达及配套设备制造	18	164	164	5302
非专业视听设备制造	32	333	157	11502
智能消费设备制造	96	1267	970	12763
电子器件制造	292	6966	4835	519439
电子元件及电子专用材料制造	126	1123	746	23616
其他电子设备制造	42	851	433	17482
仪器仪表制造业	294	2004	1181	44457
通用仪器仪表制造	118	1139	661	25611
专用仪器仪表制造	118	535	297	12215
钟表与计时仪器制造	2	22	21	1303
光学仪器制造	43	260	177	4728
衡器制造	10	32	14	361
其他仪器仪表制造业	3	16	12	239
其他制造业	60	518	399	16657
日用杂品制造	7	151	142	905
核辐射加工	3	22	22	324
其他未列明制造业	50	345	235	15429
废弃资源综合利用业	63	582	430	24915
金属废料和碎屑加工处理	47	426	341	20355
非金属废料和碎屑加工处理	16	156	89	4560
金属制品、机械和设备修理业	49	379	216	11425
金属制品修理	4	9	9	244
通用设备修理				
专用设备修理				
铁路、船舶、航空航天等运输设备修理	31	261	127	8776
电气设备修理	7	47	42	2095
仪器仪表修理	5	20	10	113
其他机械和设备修理业	2	42	29	196
电力、热力、燃气及水生产和供应业	**270**	**1177**	**639**	**30917**
电力、热力生产和供应业	263	1095	606	28870
电力生产	140	869	566	18876
电力供应	118	181	30	9463
热力生产和供应	5	45	9	531
燃气生产和供应业	1	25		909
燃气生产和供应业	1	25		909
生物质燃气生产和供应业				
水的生产和供应业	6	57	33	1139
自来水生产和供应	1	12	1	179
污水处理及其再生利用	3	27	14	776
海水淡化处理				
其他水的处理、利用与分配	2	18	18	184

1-E-3　各地区企业全部R&D项目情况

地　区	项目数(项)	参加项目人员(人)	项目人员折合全时当量(人年)	项目经费内部支出(万元)
全　省	**13574**	**152390**	**96696**	**4804150**
武汉市	4190	43778	26879	1633971
黄石市	677	7446	4811	252933
十堰市	967	9005	5251	273842
宜昌市	1805	18412	12705	677483
襄阳市	1674	22068	15337	690242
鄂州市	382	2963	1749	104866
荆门市	885	12828	8290	315166
孝感市	787	14136	8758	299758
荆州市	515	5215	3497	143472
黄冈市	750	5777	3142	118818
咸宁市	365	4863	3263	92750
随州市	191	1414	746	81491
恩施州	49	274	198	8909
仙桃市	118	1953	1416	31605
潜江市	147	1552	327	66867
天门市	70	701	326	11957
神农架	2	5	2	22

F. 企业办研发机构情况

1–F–1 分登记注册类型企业办研发机构情况

登记注册类型	机构数(个)	机构人员数(人)	#博士	#硕士	机构经费支出(万元)	仪器和设备原价(万元)
总　计	**1550**	**77792**	**1481**	**12732**	**2670039**	**2214958**
内资企业	1453	67640	1392	11461	2255493	1997431
国有企业	9	2500	115	558	45287	110883
集体企业	2	23		1	789	1418
股份合作企业						
联营企业						
国有联营企业						
集体联营企业						
国有与集体联营企业						
其他联营企业						
有限责任公司	476	25575	497	4904	957630	764427
国有独资公司	44	4934	138	1201	153307	268183
其他有限责任公司	432	20641	359	3703	804323	496244
股份有限公司	228	23281	393	4693	831072	711475
私营企业	738	16261	387	1305	420716	409229
私营独资企业	1	163		6	24138	1150
私营合伙企业	2	12	5	3	53	137
私营有限责任公司	625	13625	296	1149	330044	346714
私营股份有限公司	110	2461	86	147	66482	61228
其他企业						
港、澳、台商投资企业	36	2805	30	385	87570	58154
合资经营企业	22	1856	26	343	61475	45615
合作经营企业						
港、澳、台商独资经营企业	13	779	4	41	20266	10020
港、澳、台商投资股份有限公司						
其他港、澳、台投资企业	1	170		1	5830	2519
外商投资企业	61	7347	59	886	326976	159372
中外合资经营企业	37	5560	48	816	295887	143655
中外合作经营企业						
外资企业	21	1408	11	57	30118	8788
外商投资股份有限公司	1	84		3	832	65
其他外商投资企业	2	295		10	139	6864

1-F-2　分行业企业办研发机构情况

行　业	机构数(个)	机构人员数(人)	#博士	#硕士	机构经费支出(万元)	仪器和设备原价(万元)
总　计	**1550**	**77792**	**1481**	**12732**	**2670039**	**2214958**
采矿业	**17**	**1145**	**10**	**181**	**9773**	**7701**
煤炭开采和洗选业						
烟煤和无烟煤开采洗选						
褐煤开采洗选						
其他煤炭采选						
石油和天然气开采业	3	800	10	150	1000	500
石油开采	3	800	10	150	1000	500
天然气开采						
黑色金属矿采选业	3	73		10	638	327
铁矿采选	2	65		8	494	92
锰矿、铬矿采选	1	8		2	144	235
其他黑色金属矿采选						
有色金属矿采选业	1	162		9	2129	3064
常用有色金属矿采选	1	162		9	2129	3064
贵金属矿采选						
稀有稀土金属矿采选						
非金属矿采选业	10	110		12	6007	3810
土砂石开采	1	5		4	62	58
化学矿开采	9	105		8	5945	3752
采盐						
石棉及其他非金属矿采选						
开采专业及辅助性活动						
煤炭开采和洗选专业及辅助性活动						
石油和天然气开采专业及辅助性活动						
其他开采专业及辅助性活动						
其他采矿业						
其他采矿业						
制造业	**1526**	**76080**	**1394**	**12293**	**2653961**	**2162524**
农副食品加工业	92	1383	68	211	36796	27825
谷物磨制	22	317	28	55	9036	11042
饲料加工	16	263	9	20	6201	1708
植物油加工	11	149	6	17	6972	1241
制糖业	1	6			202	59
屠宰及肉类加工	6	69	6	25	770	3794
水产品加工	10	194	14	43	5350	5972
蔬菜、菌类、水果和坚果加工	8	43	1	5	488	332
其他农副食品加工	18	342	4	46	7777	3678
食品制造业	34	1088	31	205	44205	12078
焙烤食品制造	4	102	6	5	3151	1697
糖果、巧克力及蜜饯制造	1	16			683	168
方便食品制造	5	25	1	4	139	457
乳制品制造	1	3			1487	1241
罐头食品制造	4	107	7	18	886	1078
调味品、发酵制品制造	1	539	4	143	31850	3002
其他食品制造	18	296	13	35	6008	4435
酒、饮料和精制茶制造业	56	2088	63	240	78448	41304
酒的制造	22	1460	17	176	70533	32938
饮料制造	7	150	4	11	2798	1601
精制茶加工	27	478	42	53	5117	6765

1-F-2 续表1

行 业	机构数(个)	机构人员数(人)	#博士	#硕士	机构经费支出(万元)	仪器和设备原价(万元)
烟草制品业	2	278	21	85	16791	19332
烟叶复烤						
卷烟制造	1	242	19	81	16550	19257
其他烟草制品制造	1	36	2	4	240	74
纺织业	60	1449	30	71	28917	19544
棉纺织及印染精加工	29	899	17	48	19518	14612
毛纺织及染整精加工						
麻纺织及染整精加工	2	10			204	48
丝绢纺织及印染精加工						
化纤织造及印染精加工	2	16	1	2	696	672
针织或钩针编织物及其制品制造	1	16			213	23
家用纺织制成品制造	4	74	1	5	1766	1397
产业用纺织制成品制造	22	434	11	16	6520	2791
纺织服装、服饰业	22	866	9	15	12326	9095
机织服装制造	12	565	9	15	6631	7459
针织或钩针编织服装制造	4	295			5645	1586
服饰制造	6	6			50	50
皮革、毛皮、羽毛及其制品和制鞋业	2	6			76	24
皮革鞣制加工						
皮革制品制造						
毛皮鞣制及制品加工						
羽毛(绒)加工及制品制造						
制鞋业	2	6			76	24
木材加工和木、竹、藤、棕、草制品业	20	589	18	44	13739	86875
木材加工	2	19			215	535
人造板制造	9	234	14	30	6430	83754
木质制品制造	7	312	4	13	5304	1711
竹、藤、棕、草等制品制造	2	24		1	1790	874
家具制造业	4	35	1	2	1000	526
木质家具制造	4	35	1	2	1000	526
竹、藤家具制造						
金属家具制造						
塑料家具制造						
其他家具制造						
造纸和纸制品业	10	307	2	10	6936	4546
纸浆制造						
造纸	7	118	2	9	353	1912
纸制品制造	3	189		1	6583	2634
印刷和记录媒介复制业	15	392	9	35	9196	14025
印刷	15	392	9	35	9196	14025
装订及印刷相关服务						
记录媒介复制						
文教、工美、体育和娱乐用品制造业	16	366	8	26	8025	3272
文教办公用品制造						
乐器制造	1	56		3	72	45
工艺美术及礼仪用品制造	11	237	8	22	6932	2761
体育用品制造	1	11			97	19
玩具制造	2	5			61	8
游艺器材及娱乐用品制造	1	57		1	864	439
石油、煤炭及其他燃料加工业	3	313	1	4	61899	5740

1-1-2　续表2

行　业	机构数(个)	机构人员数(人)	#博士	#硕士	机构经费支出(万元)	仪器和设备原价(万元)
精炼石油产品制造	3	313	1	4	61899	5740
煤炭加工						
核燃料加工						
生物质燃料加工						
化学原料和化学制品制造业	141	5275	96	467	150314	126637
基础化学原料制造	28	1045	17	111	23349	35243
肥料制造	32	1885	27	131	49158	35296
农药制造	6	374	2	10	10711	10013
涂料、油墨、颜料及类似产品制造	12	155	7	32	6539	1987
合成材料制造	13	228	1	35	5134	4385
专用化学产品制造	37	1171	39	100	44288	32706
炸药、火工及焰火产品制造	7	270		20	6915	5086
日用化学产品制造	6	147	3	28	4220	1921
医药制造业	112	5476	213	1418	171817	139289
化学药品原料药制造	30	924	19	69	21292	33115
化学药品制剂制造	21	2599	118	945	88942	78548
中药饮片加工	8	178	10	66	5264	3774
中成药生产	29	1060	33	138	19638	14734
兽用药品制造	6	179	12	39	986	4172
生物药品制品制造	9	289	16	146	32265	3803
卫生材料及医药用品制造	9	247	5	15	3431	1142
药用辅料及包装材料						
化学纤维制造业	3	226	1	5	789	9805
纤维素纤维原料及纤维制造	3	226	1	5	789	9805
合成纤维制造						
生物基材料制造						
橡胶和塑料制品业	43	1124	22	114	29336	21571
橡胶制品业	16	514	10	41	9750	10372
塑料制品业	27	610	12	73	19586	11199
非金属矿物制品业	101	3563	58	220	83257	64043
水泥、石灰和石膏制造	11	1222	15	75	24540	21839
石膏、水泥制品及类似制品制造	11	125	3	7	4065	2084
砖瓦、石材等建筑材料制造	24	307	6	24	8125	5090
玻璃制造	5	273	1	6	9618	1173
玻璃制品制造	13	716	4	60	22938	21959
玻璃纤维和玻璃纤维增强塑料制品制造	4	61	2	1	1080	315
陶瓷制品制造	18	504	22	38	8351	6878
耐火材料制品制造	5	81	1	5	391	724
石墨及其他非金属矿物制品制造	10	274	4	4	4150	3981
黑色金属冶炼和压延加工业	29	1416	102	251	59500	117081
炼铁						
炼钢						
钢压延加工	26	1377	93	242	58663	115107
铁合金冶炼	3	39	9	9	837	1974
有色金属冶炼和压延加工业	16	1753	4	184	81135	36585
常用有色金属冶炼	6	1174	3	172	69943	22458
贵金属冶炼						
稀有稀土金属冶炼						
有色金属合金制造	1	95			149	286
有色金属压延加工	9	484	1	12	11043	13841
金属制品业	93	3600	56	398	104743	306251

1-F-2 续表3

行　业	机构数（个）	机构人员数（人）	#博士	#硕士	机构经费支出（万元）	仪器和设备原价（万元）
结构性金属制品制造	32	1182	21	209	32850	22815
金属工具制造	18	294	7	26	8923	5790
集装箱及金属包装容器制造	3	79	4	15	7621	2648
金属丝绳及其制品制造	4	334		1	2162	199109
建筑、安全用金属制品制造	3	311		2	12446	6379
金属表面处理及热处理加工	3	22			135	34
搪瓷制品制造						
金属制日用品制造	6	85		2	1122	1842
铸造及其他金属制品制造	24	1293	24	143	39486	67635
通用设备制造业	86	2725	30	350	57457	46859
锅炉及原动设备制造	3	58	1	2	421	540
金属加工机械制造	22	890	10	211	22859	17385
物料搬运设备制造	10	188	2	20	3846	2236
泵、阀门、压缩机及类似机械制造	16	398	8	37	7676	6450
轴承、齿轮和传动部件制造	4	90	1	3	1062	4044
烘炉、风机、包装等设备制造	21	714	5	47	16270	13702
文化、办公用机械制造						
通用零部件制造	4	109	2	6	927	600
其他通用设备制造业	6	278	1	24	4395	1901
专用设备制造业	101	3416	85	581	69304	76249
采矿、冶金、建筑专用设备制造	27	1444	36	280	26599	29899
化工、木材、非金属加工专用设备制造	18	391	25	57	8125	24778
食品、饮料、烟草及饲料生产专用设备制造	7	113	2	9	6984	868
印刷、制药、日化及日用品生产专用设备制造	2	59	1	6	1509	624
纺织、服装和皮革加工专用设备制造	1	1		1	243	427
电子和电工机械专用设备制造	11	321	5	70	9942	4343
农、林、牧、渔专用机械制造	5	39	1	4	667	2141
医疗仪器设备及器械制造	11	171		27	2893	1532
环保、邮政、社会公共服务及其他专用设备制造	19	877	15	127	12343	11637
汽车制造业	199	14257	171	2252	721959	333710
汽车整车制造	11	7216	51	1642	469278	120752
汽车用发动机制造	1	34		4	2662	193
改装汽车制造	21	999	16	55	46601	17057
低速汽车制造						
电车制造						
汽车车身、挂车制造	22	1068	11	91	39446	19347
汽车零部件及配件制造	144	4940	93	460	163972	176362
铁路、船舶、航空航天和其他运输设备制造业	31	4896	38	1135	91191	118090
铁路运输设备制造	6	1018	3	184	16053	11691
城市轨道交通设备制造	1	11		4	209	176
船舶及相关装置制造	10	1853	18	527	27828	45729
航空、航天器及设备制造	14	2014	17	420	47101	60494
摩托车制造						
自行车和残疾人座车制造						
助动车制造						
非公路休闲车及零配件制造						
潜水救捞及其他未列明运输设备制造						
电气机械和器材制造业	95	6226	93	548	213823	238144
电机制造	11	765	5	105	13623	109189
输配电及控制设备制造	24	732	36	142	27876	14226
电线、电缆、光缆及电工器材制造	19	576	17	70	24196	37564

1-F-2　续表4

行　　业	机构数(个)	机构人员数(人)	#博士	#硕士	机构经费支出(万元)	仪器和设备原价(万元)
电池制造	21	2875	33	190	72647	49222
家用电力器具制造	4	785		16	55200	22622
非电力家用器具制造	5	50		9	692	529
照明器具制造	4	87	2	2	4328	1899
其他电气机械及器材制造	7	356		14	15262	2893
计算机、通信和其他电子设备制造业	97	11351	141	3053	427448	221436
计算机制造	3	22	3	1	393	511
通信设备制造	13	1687	28	840	58268	18122
广播电视设备制造	5	82		15	1849	2253
雷达及配套设备制造	1	183	2	49	4481	4030
非专业视听设备制造	4	155		8	3714	582
智能消费设备制造	9	419	6	65	6759	1692
电子器件制造	37	7396	78	1851	331360	173689
电子元件及电子专用材料制造	23	1027	23	98	14803	18166
其他电子设备制造	2	380	1	126	5822	2393
仪器仪表制造业	19	566	4	91	15264	18639
通用仪器仪表制造	8	285	4	35	9685	1023
专用仪器仪表制造	7	249		51	5281	17385
钟表与计时仪器制造						
光学仪器制造	2	6			152	113
衡器制造	1	6			122	59
其他仪器仪表制造业	1	20		5	24	60
其他制造业	7	496	10	137	20667	11034
日用杂品制造	2	118			543	77
核辐射加工	1	10			15	6
其他未列明制造业	4	368	10	137	20108	10951
废弃资源综合利用业	7	313	9	80	32574	11447
金属废料和碎屑加工处理	2	257	7	67	30260	7090
非金属废料和碎屑加工处理	5	56	2	13	2314	4356
金属制品、机械和设备修理业	10	241		61	5032	21471
金属制品修理						
通用设备修理						
专用设备修理						
铁路、船舶、航空航天等运输设备修理	10	241		61	5032	21471
电气设备修理						
仪器仪表修理						
其他机械和设备修理业						
电力、热力、燃气及水生产和供应业	**7**	**567**	**77**	**258**	**6305**	**44733**
电力、热力生产和供应业	5	541	76	257	6039	44690
电力生产	2	38	1	8	1983	3823
电力供应	2	465	75	233	3210	40112
热力生产和供应	1	38		16	847	755
燃气生产和供应业						
燃气生产和供应业						
生物质燃气生产和供应业						
水的生产和供应业	2	26	1	1	266	43
自来水生产和供应						
污水处理及其再生利用	1	8	1		84	40
海水淡化处理						
其他水的处理、利用与分配	1	18		1	182	3

1-F-3 各地区企业办研发机构情况

地区	机构数(个)	机构人员数(人)	#博士	#硕士	机构经费支出(万元)	仪器和设备原价(万元)
全省	**1550**	**77792**	**1481**	**12732**	**2670039**	**2214958**
武汉市	251	26950	558	7598	1056832	744298
黄石市	141	6735	89	590	220951	121102
十堰市	162	7022	74	711	294890	159874
宜昌市	191	6974	135	764	261623	245134
襄阳市	152	9738	170	1114	310987	236209
鄂州市	42	716	24	93	21536	37090
荆门市	101	3337	71	373	90659	60644
孝感市	88	3452	51	516	89940	247069
荆州市	62	3188	58	218	89089	186200
黄冈市	121	2098	65	147	38110	35011
咸宁市	76	2117	47	134	38574	79395
随州市	47	1726	64	146	38136	25995
恩施州	13	114	3	2	1444	2177
仙桃市	80	2033	29	94	41477	21357
潜江市	18	1422	32	186	73178	12832
天门市	5	170	11	46	2615	571
神农架						

G. 企业新产品开发及销售情况

1-G-1　分登记注册类型企业新产品开发及销售情况

单位：万元

登记注册类型	新产品开发项目数(项)	新产品开发经费支出	新产品销售收入	#出口
总　计	**15372**	**5854098**	**88629723**	**4368604**
内资企业	**13543**	**4990161**	**75682411**	**3745981**
国有企业	105	84565	334063	
集体企业	4	712	270	
股份合作企业			4424	
联营企业				
国有联营企业				
集体联营企业				
国有与集体联营企业				
其他联营企业				
有限责任公司	5532	2119383	29344947	1409747
国有独资公司	949	375038	3693282	109745
其他有限责任公司	4583	1744345	25651665	1300002
股份有限公司	2431	1175647	14989289	1057505
私营企业	5471	1609855	31009419	1278729
私营独资企业	57	29094	332158	
私营合伙企业	1	264	6955	
私营有限责任公司	4675	1404135	26955551	891097
私营股份有限公司	738	176361	3714755	387633
其他企业				
港、澳、台商投资企业	**512**	**312238**	**3404677**	**276636**
合资经营企业	307	212885	2252771	110515
合作经营企业				
港、澳、台商独资经营企业	164	85464	953111	160462
港、澳、台商投资股份有限公司	11	6997	54923	5659
其他港、澳、台投资企业	30	6893	143872	
外商投资企业	**1317**	**551698**	**9542635**	**345988**
中外合资经营企业	1025	412470	7530086	113032
中外合作经营企业				
外资企业	221	78965	1308047	191612
外商投资股份有限公司	56	56004	575569	37553
其他外商投资企业	15	4259	128932	3791

1–G–2　分行业企业新产品开发及销售情况

单位：万元

行　业	新产品开发项目数(项)	新产品开发经费支出	新产品销售收入	#出口
总　计	**15372**	**5854098**	**88629723**	**4368604**
采矿业	**93**	**10381**	**248539**	
煤炭开采和洗选业				
烟煤和无烟煤开采洗选				
褐煤开采洗选				
其他煤炭采选				
石油和天然气开采业	44	4070	100	
石油开采	44	4070	100	
天然气开采				
黑色金属矿采选业	3	430	7915	
铁矿采选	3	430	7915	
锰矿、铬矿采选				
其他黑色金属矿采选				
有色金属矿采选业			96437	
常用有色金属矿采选			96437	
贵金属矿采选				
稀有稀土金属矿采选				
非金属矿采选业	19	3493	144087	
土砂石开采	11	2764	41207	
化学矿开采	1	27	97262	
采盐	5	536	95	
石棉及其他非金属矿采选	2	167	5523	
开采专业及辅助性活动	26	2157		
煤炭开采和洗选专业及辅助性活动				
石油和天然气开采专业及辅助性活动	24	1908		
其他开采专业及辅助性活动	2	249		
其他采矿业	1	232		
其他采矿业	1	232		
制造业	**15129**	**5815464**	**88146353**	**4368604**
农副食品加工业	536	205551	5527756	144391
谷物磨制	81	29221	1793989	2413
饲料加工	170	47871	1301707	124
植物油加工	41	31041	907731	
制糖业	1	330	1012	
屠宰及肉类加工	30	21598	195622	
水产品加工	43	18329	437506	45408
蔬菜、菌类、水果和坚果加工	50	11254	245117	87460
其他农副食品加工	120	45907	645072	8986
食品制造业	325	107205	1615248	138546
焙烤食品制造	34	25512	605738	55025
糖果、巧克力及蜜饯制造	11	2396	74968	
方便食品制造	29	5280	40615	146
乳制品制造	7	12533	319436	
罐头食品制造	34	9981	111535	15911
调味品、发酵制品制造	80	32921	169291	31888
其他食品制造	130	18583	293666	35575
酒、饮料和精制茶制造业	248	119521	1327423	23749
酒的制造	110	67451	768931	
饮料制造	53	26418	226124	
精制茶加工	85	25651	332369	23749

1-G-2　续表1

行　业	新产品开发项目数(项)	新产品开发经费支出	新产品销售收入	#出口
烟草制品业	193	23011	495498	2398
烟叶复烤	2	3		
卷烟制造	182	21770	491609	2165
其他烟草制品制造	9	1238	3889	233
纺织业	292	113427	3209930	225829
棉纺织及印染精加工	173	72562	2471427	108808
毛纺织及染整精加工	6	555	12633	4799
麻纺织及染整精加工	13	2787	107105	
丝绢纺织及印染精加工			25599	
化纤织造及印染精加工	7	2712	73515	16093
针织或钩针编织物及其制品制造	5	354	2088	
家用纺织制成品制造	11	7104	150034	69307
产业用纺织制成品制造	77	27353	367528	26822
纺织服装、服饰业	115	34985	682209	63921
机织服装制造	102	24294	579708	35723
针织或钩针编织服装制造	7	7682	68415	22106
服饰制造	6	3009	34086	6093
皮革、毛皮、羽毛及其制品和制鞋业	35	18977	615813	1000
皮革鞣制加工				
皮革制品制造	4	1360	8248	
毛皮鞣制及制品加工	18	9533	457049	
羽毛(绒)加工及制品制造	1	126	2491	
制鞋业	12	7959	148025	1000
木材加工和木、竹、藤、棕、草制品业	105	29292	670027	575
木材加工	9	1838	48878	
人造板制造	52	12896	315508	365
木质制品制造	40	13849	273370	210
竹、藤、棕、草等制品制造	4	710	32271	
家具制造业	56	18166	270168	265
木质家具制造	51	17775	238577	265
竹、藤家具制造				
金属家具制造	3	118	14567	
塑料家具制造				
其他家具制造	2	274	17024	
造纸和纸制品业	94	39861	791168	
纸浆制造				
造纸	40	20037	226420	
纸制品制造	54	19824	564749	
印刷和记录媒介复制业	207	52218	644025	
印刷	165	45784	639257	
装订及印刷相关服务	16	2490	200	
记录媒介复制	26	3944	4569	
文教、工美、体育和娱乐用品制造业	136	40245	757971	5636
文教办公用品制造	12	507	5357	
乐器制造	14	8203	5303	
工艺美术及礼仪用品制造	59	20747	372963	431
体育用品制造	3	1754	4860	2969
玩具制造	15	6941	357209	1577
游艺器材及娱乐用品制造	33	2094	12280	660
石油、煤炭及其他燃料加工业	47	36259	736359	1866

1-G-2 续表2

行 业	新产品开发项目数(项)	新产品开发经费支出	新产品销售收入	#出口
精炼石油产品制造	45	34398	736359	1866
煤炭加工	1	1779		
核燃料加工				
生物质燃料加工	1	82		
化学原料和化学制品制造业	1081	347504	8266304	775100
基础化学原料制造	142	52715	1388177	177827
肥料制造	178	127430	3653658	149570
农药制造	43	11050	143557	6204
涂料、油墨、颜料及类似产品制造	195	24462	315342	173
合成材料制造	103	14684	333413	124
专用化学产品制造	321	93740	2129317	418510
炸药、火工及焰火产品制造	43	9976	240552	7653
日用化学产品制造	56	13446	62288	15040
医药制造业	1379	366892	3328940	286889
化学药品原料药制造	216	49834	515808	160796
化学药品制剂制造	561	156331	1227228	50277
中药饮片加工	30	5646	100198	
中成药生产	252	63124	1008921	39343
兽用药品制造	65	9361	61977	5470
生物药品制品制造	168	64860	119728	12580
卫生材料及医药用品制造	70	16481	294315	18423
药用辅料及包装材料	17	1254	766	
化学纤维制造业	26	5628	310725	36390
纤维素纤维原料及纤维制造	13	2527	194075	28518
合成纤维制造	13	3101	116650	7872
生物基材料制造				
橡胶和塑料制品业	414	106047	1862433	11657
橡胶制品业	112	23767	402569	5788
塑料制品业	302	82280	1459864	5870
非金属矿物制品业	613	216035	3778816	90492
水泥、石灰和石膏制造	57	37548	1383042	
石膏、水泥制品及类似制品制造	93	27994	295657	129
砖瓦、石材等建筑材料制造	157	43605	527323	737
玻璃制造	29	8228	138419	
玻璃制品制造	95	33045	612851	56582
玻璃纤维和玻璃纤维增强塑料制品制造	25	5630	106954	3807
陶瓷制品制造	41	22667	249168	3255
耐火材料制品制造	66	12706	246920	14454
石墨及其他非金属矿物制品制造	50	24612	218483	11529
黑色金属冶炼和压延加工业	287	314152	3609651	11762
炼铁			5216	
炼钢				
钢压延加工	277	302988	3538706	11762
铁合金冶炼	10	11164	65729	
有色金属冶炼和压延加工业	142	60642	2941161	185470
常用有色金属冶炼	22	9995	1964721	177571
贵金属冶炼				
稀有稀土金属冶炼	3	563	356	
有色金属合金制造	21	12523	241055	
有色金属压延加工	96	37561	735029	7900
金属制品业	582	195183	3231712	185194

1-G-2　续表3

行　业	新产品开发项目数(项)	新产品开发经费支出	新产品销售收入	#出口
结构性金属制品制造	212	80701	1054202	3403
金属工具制造	76	19523	323832	9315
集装箱及金属包装容器制造	37	17185	154237	5714
金属丝绳及其制品制造	3	352	305139	10700
建筑、安全用金属制品制造	27	6771	267202	40090
金属表面处理及热处理加工	18	3152	4585	
搪瓷制品制造	6	1481	58639	
金属制日用品制造	31	16562	317849	8022
铸造及其他金属制品制造	172	49456	746029	107952
通用设备制造业	986	199210	2679605	105434
锅炉及原动设备制造	71	15194	299106	7602
金属加工机械制造	248	42426	478152	12525
物料搬运设备制造	138	16721	210049	2540
泵、阀门、压缩机及类似机械制造	150	32733	411964	17407
轴承、齿轮和传动部件制造	50	24196	398960	24838
烘炉、风机、包装等设备制造	175	39889	369711	40050
文化、办公用机械制造	14	1767	91208	473
通用零部件制造	60	13333	279619	
其他通用设备制造业	80	12951	140836	
专用设备制造业	969	205439	2768871	97996
采矿、冶金、建筑专用设备制造	216	55763	595016	33571
化工、木材、非金属加工专用设备制造	138	41438	533452	13880
食品、饮料、烟草及饲料生产专用设备制造	50	7142	199367	
印刷、制药、日化及日用品生产专用设备制造	28	4244	151263	4649
纺织、服装和皮革加工专用设备制造	14	2460	40949	18289
电子和电工机械专用设备制造	63	15558	172649	
农、林、牧、渔专用机械制造	70	11052	182838	
医疗仪器设备及器械制造	134	18237	64581	1500
环保、邮政、社会公共服务及其他专用设备制造	256	49546	828754	26107
汽车制造业	2891	1196371	17457803	425699
汽车整车制造	374	546702	7106775	125256
汽车用发动机制造	7	7526	262672	
改装汽车制造	263	84791	2052303	28121
低速汽车制造				
电车制造				
汽车车身、挂车制造	177	58079	1257404	7200
汽车零部件及配件制造	2070	499274	6778649	265123
铁路、船舶、航空航天和其他运输设备制造业	477	209748	1313464	172071
铁路运输设备制造	175	42703	380315	74042
城市轨道交通设备制造	13	4653	39145	
船舶及相关装置制造	135	93436	362492	92383
航空、航天器及设备制造	113	61291	340810	5535
摩托车制造	17	4574	106080	112
自行车和残疾人座车制造			7565	
助动车制造	6	2232	73243	
非公路休闲车及零配件制造				
潜水救捞及其他未列明运输设备制造	18	861	3814	
电气机械和器材制造业	1301	466175	7590112	157425
电机制造	138	24406	447794	15177
输配电及控制设备制造	420	71332	1079589	23556
电线、电缆、光缆及电工器材制造	256	140814	1663001	75075

1-G-2 续表4

行业	新产品开发项目数(项)	新产品开发经费支出	新产品销售收入	#出口
电池制造	273	102806	1529331	41516
家用电力器具制造	54	77242	2502960	
非电力家用器具制造	31	7274	89660	
照明器具制造	58	16225	92493	2101
其他电气机械及器材制造	71	26076	185284	
计算机、通信和其他电子设备制造业	1047	947351	9668669	858397
计算机制造	14	63810	48041	2366
通信设备制造	219	147451	3752145	105833
广播电视设备制造	65	7436	159172	14775
雷达及配套设备制造	20	7862	61244	
非专业视听设备制造	40	15957	129209	33320
智能消费设备制造	110	22622	300783	2838
电子器件制造	342	626465	4449404	653240
电子元件及电子专用材料制造	165	32729	671696	29089
其他电子设备制造	72	23019	96976	16936
仪器仪表制造业	353	57273	566502	20672
通用仪器仪表制造	134	29862	392900	6443
专用仪器仪表制造	160	18259	75026	3350
钟表与计时仪器制造	1	1208		
光学仪器制造	49	7273	92938	10679
衡器制造	4	381		
其他仪器仪表制造业	5	288	5638	200
其他制造业	64	25772	227118	7139
日用杂品制造	9	1907	18638	2120
核辐射加工	3	349	1004	
其他未列明制造业	52	23517	207477	5019
废弃资源综合利用业	78	48391	1051612	310865
金属废料和碎屑加工处理	69	43175	985255	310865
非金属废料和碎屑加工处理	9	5216	66357	
金属制品、机械和设备修理业	50	8935	149261	21778
金属制品修理	9	288		
通用设备修理				
专用设备修理				
铁路、船舶、航空航天等运输设备修理	18	5824	133796	21664
电气设备修理	7	2430	9643	114
仪器仪表修理	15	302	2479	
其他机械和设备修理业	1	91	3342	
电力、热力、燃气及水生产和供应业	**150**	**28253**	**234831**	
电力、热力生产和供应业	140	23938	120267	
电力生产	122	22614	60284	
电力供应	17	1309		
热力生产和供应	1	15.3	59983.5	
燃气生产和供应业	4	1969	41060	
燃气生产和供应业	4	1969	41060	
生物质燃气生产和供应业				
水的生产和供应业	6	2346	73504	
自来水生产和供应	3	1570	8111	
污水处理及其再生利用	1	592	63604	
海水淡化处理				
其他水的处理、利用与分配	2	184	1789	

1-G-3　各地区企业新产品开发及销售情况

单位：万元

地　区	新产品开发项目数(项)	新产品开发经费支出	新产品销售收入	#出口
全　省	**15372**	**5854098**	**88629723**	**4368604**
武汉市	5398	2230435	19882672	1282297
黄石市	702	266216	5726243	204985
十堰市	1290	436239	7455010	140322
宜昌市	1721	605733	8013036	750923
襄阳市	1373	699469	14283360	487337
鄂州市	359	101790	661472	38204
荆门市	808	363140	8312430	451897
孝感市	815	354875	8098394	129326
荆州市	638	157292	4988571	285477
黄冈市	778	143719	3010987	229848
咸宁市	579	160923	3582385	93735
随州市	367	136206	1942844	39496
恩施州	71	5495	44722	2229
仙桃市	252	90085	1478907	137405
潜江市	139	79688	873116	90264
天门市	81	22778	275574	4862
神农架	1	15		

H.企业自主知识产权及相关情况

1-H-1 分登记注册类型企业自主知识产权及相关情况

登记注册类型	专利申请数(件)	#发明专利	有效发明专利数(件)	拥有注册商标数(件)	形成国家或行业标准数(项)
总 计	**28003**	**12858**	**32421**	**16864**	**684**
内资企业	25479	12098	29285	15094	633
国有企业	930	284	521	49	5
集体企业			1		3
股份合作企业					
联营企业					
国有联营企业					
集体联营企业					
国有与集体联营企业					
其他联营企业					
有限责任公司	12417	6739	15040	6778	214
国有独资公司	2568	1445	4444	1101	53
其他有限责任公司	9849	5294	10596	5677	161
股份有限公司	4595	2030	6321	4549	198
私营企业	7537	3045	7402	3718	213
私营独资企业	1	1	63	483	
私营合伙企业	2	2		1	
私营有限责任公司	6480	2663	5896	2738	198
私营股份有限公司	1054	379	1443	496	15
其他企业					
港、澳、台商投资企业	717	270	972	301	5
合资经营企业	507	189	707	227	5
合作经营企业					
港、澳、台商独资经营企业	177	70	119	47	
港、澳、台商投资股份有限公司	23	11	141	27	
其他港、澳、台投资企业	10		5		
外商投资企业	1807	490	2164	1469	46
中外合资经营企业	1465	309	1582	1263	21
中外合作经营企业					
外资企业	185	60	172	46	16
外商投资股份有限公司	138	103	404	159	9
其他外商投资企业	19	18	6	1	

1-H-2　分行业企业自主知识产权及相关情况

行　业	专利申请数(件)	#发明专利	有效发明专利数(件)	拥有注册商标数(件)	形成国家或行业标准数(项)
总　计	**28003**	**12858**	**32421**	**16864**	**684**
采矿业	**148**	**40**	**107**		**16**
煤炭开采和洗选业					
烟煤和无烟煤开采洗选					
褐煤开采洗选					
其他煤炭采选					
石油和天然气开采业	46	5	30		14
石油开采	46	5	30		14
天然气开采					
黑色金属矿采选业	14	1	29		
铁矿采选	14	1	29		
锰矿、铬矿采选					
其他黑色金属矿采选					
有色金属矿采选业	8	2	4		
常用有色金属矿采选	8	2	4		
贵金属矿采选					
稀有稀土金属矿采选					
非金属矿采选业	43	10	13		
土砂石开采	9		1		
化学矿开采	34	10	4		
采盐					
石棉及其他非金属矿采选			8		
开采专业及辅助性活动	36	21	10		2
煤炭开采和洗选专业及辅助性活动					
石油和天然气开采专业及辅助性活动	36	21	10		2
其他开采专业及辅助性活动					
其他采矿业	1	1	21		
其他采矿业	1	1	21		
制造业	**26719**	**12516**	**31910**	**16864**	**649**
农副食品加工业	463	237	423	613	8
谷物磨制	65	25	65	50	1
饲料加工	115	65	119	62	2
植物油加工	25	16	30	236	
制糖业	1	1	1		
屠宰及肉类加工	15	10	13	10	
水产品加工	45	34	43	42	2
蔬菜、菌类、水果和坚果加工	80	34	39	77	1
其他农副食品加工	117	52	113	136	2
食品制造业	253	183	913	2420	9
焙烤食品制造	45	19	84	352	2
糖果、巧克力及蜜饯制造	6	6	23		
方便食品制造	20	14	72	70	1
乳制品制造					
罐头食品制造	21	14	58	14	
调味品、发酵制品制造	40	27	532	1709	
其他食品制造	121	103	144	275	6
酒、饮料和精制茶制造业	396	163	279	1776	7
酒的制造	140	72	170	1285	6
饮料制造	44	30	38	77	
精制茶加工	212	61	71	414	1

1–H–2 续表1

行 业	专利申请数(件)	#发明专利	有效发明专利数(件)	拥有注册商标数(件)	形成国家或行业标准数(项)
烟草制品业	486	218	681	972	2
烟叶复烤	1		23		
卷烟制造	450	195	628	972	2
其他烟草制品制造	35	23	30		
纺织业	511	193	304	55	13
棉纺织及印染精加工	319	116	171	38	11
毛纺织及染整精加工	6		25		
麻纺织及染整精加工	16	10	11		
丝绢纺织及印染精加工	2	2	6		
化纤织造及印染精加工	5	5	4		1
针织或钩针编织物及其制品制造	4		2		
家用纺织制成品制造	49	37	14	11	
产业用纺织制成品制造	110	23	71	6	1
纺织服装、服饰业	92	13	23	275	
机织服装制造	58	6	17	98	
针织或钩针编织服装制造	30	7	6	177	
服饰制造	4				
皮革、毛皮、羽毛及其制品和制鞋业	27			4	
皮革鞣制加工					
皮革制品制造					
毛皮鞣制及制品加工				2	
羽毛(绒)加工及制品制造					
制鞋业	27			2	
木材加工和木、竹、藤、棕、草制品业	133	34	185	55	5
木材加工	8		7	3	
人造板制造	92	20	71	30	4
木质制品制造	33	14	99	20	1
竹、藤、棕、草等制品制造			8	2	
家具制造业	67	12	18	35	
木质家具制造	59	12	17	35	
竹、藤家具制造					
金属家具制造	8		1		
塑料家具制造					
其他家具制造					
造纸和纸制品业	132	36	80	19	
纸浆制造					
造纸	111	23	66	8	
纸制品制造	21	13	14	11	
印刷和记录媒介复制业	510	112	358	24	
印刷	331	101	270	21	
装订及印刷相关服务	21	11	84	3	
记录媒介复制	158		4		
文教、工美、体育和娱乐用品制造业	246	79	151	49	33
文教办公用品制造					
乐器制造	31	4	17		2
工艺美术及礼仪用品制造	184	72	132	18	1
体育用品制造				21	
玩具制造					
游艺器材及娱乐用品制造	31	3	2	10	30
石油、煤炭及其他燃料加工业	30	17	65	6	

1-H-2　续表2

行　业	专利申请数(件)	#发明专利	有效发明专利数(件)	拥有注册商标数(件)	形成国家或行业标准数(项)
精炼石油产品制造	30	17	65	6	
煤炭加工					
核燃料加工					
生物质燃料加工					
化学原料和化学制品制造业	1694	822	2030	1204	43
基础化学原料制造	287	124	322	70	17
肥料制造	424	162	357	162	5
农药制造	77	44	109	148	4
涂料、油墨、颜料及类似产品制造	186	128	222	567	4
合成材料制造	171	79	166	39	2
专用化学产品制造	402	215	737	209	5
炸药、火工及焰火产品制造	74	12	39	7	4
日用化学产品制造	73	58	78	2	2
医药制造业	912	509	1403	2951	68
化学药品原料药制造	207	135	287	156	2
化学药品制剂制造	265	153	477	1143	23
中药饮片加工	36	29	26	55	
中成药生产	221	105	287	1297	17
兽用药品制造	28	11	69	49	
生物药品制品制造	62	41	173	113	25
卫生材料及医药用品制造	82	28	84	138	1
药用辅料及包装材料	11	7			
化学纤维制造业	47	13	32	3	1
纤维素纤维原料及纤维制造	40	12	27	2	
合成纤维制造	7	1	5	1	1
生物基材料制造					
橡胶和塑料制品业	591	267	544	176	27
橡胶制品业	97	36	167	10	13
塑料制品业	494	231	377	166	14
非金属矿物制品业	956	410	930	258	36
水泥、石灰和石膏制造	65	23	104	16	13
石膏、水泥制品及类似制品制造	173	55	79	9	3
砖瓦、石材等建筑材料制造	174	42	182	123	1
玻璃制造	62	15	40	7	1
玻璃制品制造	173	97	256	6	2
玻璃纤维和玻璃纤维增强塑料制品制造	29	20	38	6	
陶瓷制品制造	128	75	84	42	4
耐火材料制品制造	45	22	108	30	11
石墨及其他非金属矿物制品制造	107	61	39	19	1
黑色金属冶炼和压延加工业	536	397	1409	28	6
炼铁					
炼钢					
钢压延加工	519	387	1403	27	6
铁合金冶炼	17	10	6	1	
有色金属冶炼和压延加工业	223	90	404	62	9
常用有色金属冶炼	137	55	121	22	5
贵金属冶炼					
稀有稀土金属冶炼	2	2	1		
有色金属合金制造	25	3	23	3	
有色金属压延加工	59	30	259	37	4
金属制品业	1311	509	1218	362	27

1-H-2 续表3

行　业	专　利 申请数 (件)	#发明专利	有　效 发　明 专利数 (件)	拥　有 注　册 商标数 (件)	形成国家 或行业 标准数 (项)
结构性金属制品制造	410	205	373	135	1
金属工具制造	145	60	306	65	11
集装箱及金属包装容器制造	84	19	77	38	2
金属丝绳及其制品制造	28	6	14	3	
建筑、安全用金属制品制造	181	83	59	10	
金属表面处理及热处理加工	35	20	46	1	
搪瓷制品制造	6	2	6		
金属制日用品制造	276	45	80	58	3
铸造及其他金属制品制造	146	69	257	52	10
通用设备制造业	1533	565	1828	381	51
锅炉及原动设备制造	64	24	158	15	
金属加工机械制造	391	127	503	130	31
物料搬运设备制造	207	55	202	9	1
泵、阀门、压缩机及类似机械制造	228	85	163	27	2
轴承、齿轮和传动部件制造	67	42	205	30	7
烘炉、风机、包装等设备制造	339	93	232	129	4
文化、办公用机械制造	4	3	69	19	
通用零部件制造	136	81	208	15	
其他通用设备制造业	97	55	88	7	6
专用设备制造业	2010	798	2217	551	28
采矿、冶金、建筑专用设备制造	576	218	562	271	8
化工、木材、非金属加工专用设备制造	245	94	383	84	9
食品、饮料、烟草及饲料生产专用设备制造	137	45	143	12	
印刷、制药、日化及日用品生产专用设备制造	37	10	40	20	1
纺织、服装和皮革加工专用设备制造	27	12	71		
电子和电工机械专用设备制造	130	71	146	17	
农、林、牧、渔专用机械制造	160	62	125	25	1
医疗仪器设备及器械制造	204	96	284	82	1
环保、邮政、社会公共服务及其他专用设备制造	494	190	463	40	8
汽车制造业	4246	989	4087	1043	35
汽车整车制造	1625	255	1404	822	15
汽车用发动机制造	33	19	49	1	
改装汽车制造	322	55	357	27	3
低速汽车制造					
电车制造					
汽车车身、挂车制造	193	44	181	49	
汽车零部件及配件制造	2073	616	2096	144	17
铁路、船舶、航空航天和其他运输设备制造业	1336	847	1608	166	39
铁路运输设备制造	339	150	358	6	10
城市轨道交通设备制造	28	10	49		
船舶及相关装置制造	463	369	646	17	8
航空、航天器及设备制造	471	309	528	141	21
摩托车制造	12	8	12	1	
自行车和残疾人座车制造					
助动车制造					
非公路休闲车及零配件制造					
潜水救捞及其他未列明运输设备制造	23	1	15	1	
电气机械和器材制造业	1986	831	2801	567	31
电机制造	162	48	219	19	3
输配电及控制设备制造	528	244	1106	57	2
电线、电缆、光缆及电工器材制造	347	168	621	373	19

1-H-2　续表4

行　　业	专　利申请数(件)	#发明专利	有　效发　明专利数(件)	拥　有注　册商标数(件)	形成国家或行业标准数(项)
电池制造	426	135	261	88	4
家用电力器具制造	356	169	313	1	
非电力家用器具制造	49	21	33	3	
照明器具制造	40	15	57	24	1
其他电气机械及器材制造	78	31	191	2	2
计算机、通信和其他电子设备制造业	4937	3656	6392	2525	108
计算机制造	174	46	260	53	1
通信设备制造	394	244	403	1759	
广播电视设备制造	22	2	56	3	
雷达及配套设备制造	43	26	28		
非专业视听设备制造	57	25	50	4	
智能消费设备制造	345	250	672	117	6
电子器件制造	3492	2866	4312	414	94
电子元件及电子专用材料制造	240	76	241	92	7
其他电子设备制造	170	121	370	83	
仪器仪表制造业	437	151	662	209	18
通用仪器仪表制造	176	51	251	146	12
专用仪器仪表制造	142	60	185	47	6
钟表与计时仪器制造					
光学仪器制造	93	34	182	9	
衡器制造	8				
其他仪器仪表制造业	18	6	44	7	
其他制造业	184	135	255	66	2
日用杂品制造	43	35	16	2	
核辐射加工				15	
其他未列明制造业	141	100	239	49	2
废弃资源综合利用业	349	200	513	7	43
金属废料和碎屑加工处理	299	186	471	4	43
非金属废料和碎屑加工处理	50	14	42	3	
金属制品、机械和设备修理业	85	30	97	2	
金属制品修理			1	2	
通用设备修理					
专用设备修理					
铁路、船舶、航空航天等运输设备修理	46	7	57		
电气设备修理	30	16	6		
仪器仪表修理	9	7	26		
其他机械和设备修理业			7		
电力、热力、燃气及水生产和供应业	**1136**	**302**	**404**		**19**
电力、热力生产和供应业	1118	296	397		19
电力生产	272	50	40		14
电力供应	839	246	357		5
热力生产和供应	7				
燃气生产和供应业	6	2	3		
燃气生产和供应业	6	2	3		
生物质燃气生产和供应业					
水的生产和供应业	12	4	4		
自来水生产和供应					
污水处理及其再生利用	12	4	4		
海水淡化处理					
其他水的处理、利用与分配					

1-H-3 各地区企业自主知识产权及相关情况

地 区	专利申请数(件)	#发明专利	有效发明专利数(件)	拥有注册商标数(件)	形成国家或行业标准数(项)
全 省	**28003**	**12858**	**32421**	**16864**	**684**
武汉市	12553	6954	17242	8214	337
黄石市	1344	581	1185	792	38
十堰市	2299	488	1051	462	16
宜昌市	2431	792	2616	3554	83
襄阳市	2917	1327	3032	529	46
鄂州市	370	168	689	295	23
荆门市	1415	593	1566	275	63
孝感市	1015	528	1371	482	16
荆州市	925	342	849	428	16
黄冈市	819	315	847	1151	13
咸宁市	715	297	666	168	3
随州市	392	102	419	137	8
恩施州	219	119	249	242	
仙桃市	286	133	379	113	1
潜江市	185	80	167	21	21
天门市	116	37	93	1	
神农架	2	2			

I. 企业政府相关政策落实情况

1–I–1　分登记注册类型企业政府相关政策落实情况

单位：万元

登记注册类型	来自政府部门的研究开发经费	研究开发费用加计扣除减免税	高新技术企业减免税
总　计	**160296**	**320278**	**249707**
内资企业	**156061**	**291986**	**218622**
国有企业	70	2410	1141
集体企业	10		
股份合作企业	23		
联营企业			
国有联营企业			
集体联营企业			
国有与集体联营企业			
其他联营企业			
有限责任公司	100386	82947	79709
国有独资公司	29986	15495	19504
其他有限责任公司	70399	67452	60204
股份有限公司	40247	162575	93530
私营企业	15325	44054	44243
私营独资企业	210		
私营合伙企业	10		
私营有限责任公司	13545	33975	30482
私营股份有限公司	1560	10079	13761
其他企业			
港、澳、台商投资企业	**786**	**7988**	**15861**
合资经营企业	333	3355	12078
合作经营企业			
港、澳、台商独资经营企业	453	4572	3783
港、澳、台商投资股份有限公司		62	
其他港、澳、台投资企业			
外商投资企业	**3449**	**20304**	**15224**
中外合资经营企业	1572	18227	10733
中外合作经营企业			
外资企业	129	1066	4404
外商投资股份有限公司	1749		
其他外商投资企业		1011	87

1-I-2 分行业企业政府相关政策落实情况

单位：万元

行　业	来自政府部门的研究开发经费	研究开发费用加计扣除减免税	高新技术企业减免税
总　计	**160296**	**320278**	**249707**
采矿业	**820**	**814**	**4637**
煤炭开采和洗选业			
烟煤和无烟煤开采洗选			
褐煤开采洗选			
其他煤炭采选			
石油和天然气开采业			
石油开采			
天然气开采			
黑色金属矿采选业			
铁矿采选			
锰矿、铬矿采选			
其他黑色金属矿采选			
有色金属矿采选业	80	211	4625
常用有色金属矿采选	80	211	4625
贵金属矿采选			
稀有稀土金属矿采选			
非金属矿采选业		603	12
土砂石开采		269	
化学矿开采		334	
采盐			
石棉及其他非金属矿采选			12
开采专业及辅助性活动	740		
煤炭开采和洗选专业及辅助性活动			
石油和天然气开采专业及辅助性活动	740		
其他开采专业及辅助性活动			
其他采矿业			
其他采矿业			
制造业	**159055**	**318624**	**245002**
农副食品加工业	5499	1564	2221
谷物磨制	4448	412	
饲料加工	196	682	1834
植物油加工	9	16	
制糖业	18		
屠宰及肉类加工	217	162	162
水产品加工	111	0	
蔬菜、菌类、水果和坚果加工	188	66	47
其他农副食品加工	313	226	179
食品制造业	1150	1839	5705
焙烤食品制造	16		30
糖果、巧克力及蜜饯制造			
方便食品制造	15	15	6
乳制品制造			
罐头食品制造	13	87	
调味品、发酵制品制造	435	748	4090
其他食品制造	671	989	1580
酒、饮料和精制茶制造业	3921	1928	142
酒的制造	2107	1812	
饮料制造	1	44	38
精制茶加工	1814	72	103

1–I–2　续表1

行　　业	来自政府部门的研究开发经费	研究开发费用加计扣除减免税	高新技术企业减免税
烟草制品业	88		
烟叶复烤			
卷烟制造	55		
其他烟草制品制造	33		
纺织业	531	5635	1467
棉纺织及印染精加工	434	5338	1224
毛纺织及染整精加工	7		
麻纺织及染整精加工	9	38	
丝绢纺织及印染精加工			
化纤织造及印染精加工			
针织或钩针编织物及其制品制造			
家用纺织制成品制造			
产业用纺织制成品制造	81	259	243
纺织服装、服饰业	58	88	31
机织服装制造	58	88	31
针织或钩针编织服装制造			
服饰制造			
皮革、毛皮、羽毛及其制品和制鞋业	24	160	244
皮革鞣制加工			
皮革制品制造	24	31	23
毛皮鞣制及制品加工			
羽毛(绒)加工及制品制造			
制鞋业	1	129	221
木材加工和木、竹、藤、棕、草制品业	345	58	364
木材加工	32	23	32
人造板制造	260	16	326
木质制品制造		20	6
竹、藤、棕、草等制品制造	53		
家具制造业		292	45
木质家具制造		247	
竹、藤家具制造			
金属家具制造		45	45
塑料家具制造			
其他家具制造			
造纸和纸制品业	87	1316	174
纸浆制造			
造纸	77	1042	159
纸制品制造	10	274	15
印刷和记录媒介复制业	170	2363	1783
印刷	150	2359	1783
装订及印刷相关服务	20	4	
记录媒介复制			
文教、工美、体育和娱乐用品制造业	232	2389	713
文教办公用品制造			
乐器制造		78	271
工艺美术及礼仪用品制造	172	2224	442
体育用品制造			
玩具制造			
游艺器材及娱乐用品制造	60	87	
石油、煤炭及其他燃料加工业		637	300

1-I-2 续表2

行业	来自政府部门的研究开发经费	研究开发费用加计扣除减免税	高新技术企业减免税
精炼石油产品制造		637	300
煤炭加工			
核燃料加工			
生物质燃料加工			
化学原料和化学制品制造业	2143	27153	40538
基础化学原料制造	485	5644	3930
肥料制造	523	8426	20887
农药制造	64	1524	823
涂料、油墨、颜料及类似产品制造	109	2239	1564
合成材料制造	71	236	686
专用化学产品制造	700	7336	11262
炸药、火工及焰火产品制造	14	1456	1076
日用化学产品制造	177	294	310
医药制造业	7796	16854	35501
化学药品原料药制造	855	7175	8157
化学药品制剂制造	3714	6517	20216
中药饮片加工	244	427	79
中成药生产	1137	1485	4844
兽用药品制造	132	41	172
生物药品制品制造	1661	986	1677
卫生材料及医药用品制造	54	209	355
药用辅料及包装材料		14	1
化学纤维制造业	13	714	211
纤维素纤维原料及纤维制造	13	574	27
合成纤维制造		141	184
生物基材料制造			
橡胶和塑料制品业	564	4162	6389
橡胶制品业	210	495	1119
塑料制品业	354	3666	5270
非金属矿物制品业	2844	4361	6939
水泥、石灰和石膏制造	154	799	2741
石膏、水泥制品及类似制品制造	248	88	150
砖瓦、石材等建筑材料制造	135	274	943
玻璃制造	61	4	5
玻璃制品制造	1329	1445	1276
玻璃纤维和玻璃纤维增强塑料制品制造	10	217	173
陶瓷制品制造	329	545	77
耐火材料制品制造	308	372	722
石墨及其他非金属矿物制品制造	269	618	852
黑色金属冶炼和压延加工业	2059	8519	5393
炼铁			
炼钢			
钢压延加工	1958	8519	5393
铁合金冶炼	101		
有色金属冶炼和压延加工业	691	1752	649
常用有色金属冶炼	341	930	8
贵金属冶炼			
稀有稀土金属冶炼			
有色金属合金制造	277	758	597
有色金属压延加工	73	64	44
金属制品业	4383	10028	2651

1–I–2　续表3

行　　业	来自政府部门的研究开发经费	研究开发费用加计扣除减免税	高新技术企业减免税
结构性金属制品制造	3116	4121	488
金属工具制造	389	1826	1050
集装箱及金属包装容器制造	34		7
金属丝绳及其制品制造	20	2	18
建筑、安全用金属制品制造		326	437
金属表面处理及热处理加工	496	397	90
搪瓷制品制造			
金属制日用品制造	110	257	115
铸造及其他金属制品制造	218	3098	446
通用设备制造业	2237	12092	6544
锅炉及原动设备制造	23	1975	56
金属加工机械制造	168	1577	410
物料搬运设备制造	422	1082	321
泵、阀门、压缩机及类似机械制造	1021	3073	1201
轴承、齿轮和传动部件制造	323	213	520
烘炉、风机、包装等设备制造	146	3343	3990
文化、办公用机械制造			
通用零部件制造	133	420	14
其他通用设备制造业	1	410	31
专用设备制造业	3421	6897	7907
采矿、冶金、建筑专用设备制造	292	1787	1155
化工、木材、非金属加工专用设备制造	271	535	838
食品、饮料、烟草及饲料生产专用设备制造	30	65	99
印刷、制药、日化及日用品生产专用设备制造	93	115	57
纺织、服装和皮革加工专用设备制造	80	270	61
电子和电工机械专用设备制造	1253	86	1040
农、林、牧、渔专用机械制造	234	497	154
医疗仪器设备及器械制造	739	987	719
环保、邮政、社会公共服务及其他专用设备制造	428	2555	3785
汽车制造业	3944	141338	39766
汽车整车制造	959	113624	12884
汽车用发动机制造		659	1949
改装汽车制造	344	1332	780
低速汽车制造			
电车制造			
汽车车身、挂车制造	344	2204	2661
汽车零部件及配件制造	2297	23520	21492
铁路、船舶、航空航天和其他运输设备制造业	31524	7477	7422
铁路运输设备制造	683	2953	1793
城市轨道交通设备制造		135	170
船舶及相关装置制造	5681	2037	1764
航空、航天器及设备制造	25160	1747	3649
摩托车制造		607	45
自行车和残疾人座车制造			
助动车制造			
非公路休闲车及零配件制造			
潜水救捞及其他未列明运输设备制造			
电气机械和器材制造业	3944	22654	40822
电机制造	428	2061	370
输配电及控制设备制造	427	6067	3666
电线、电缆、光缆及电工器材制造	2296	1890	5971

1-I-2 续表4

行业	来自政府部门的研究开发经费	研究开发费用加计扣除减免税	高新技术企业减免税
电池制造	705	4887	6298
家用电力器具制造		4396	22636
非电力家用器具制造	27	60	
照明器具制造	62	49	5
其他电气机械及器材制造		3245	1877
计算机、通信和其他电子设备制造业	76519	30383	22170
计算机制造	186	427	507
通信设备制造	1027	2218	1102
广播电视设备制造	1	38	87
雷达及配套设备制造	650	495	291
非专业视听设备制造	116	986	758
智能消费设备制造	857	364	1272
电子器件制造	72082	17743	15437
电子元件及电子专用材料制造	1549	2872	2167
其他电子设备制造	52	5242	550
仪器仪表制造业	4019	2129	1814
通用仪器仪表制造	155	1476	801
专用仪器仪表制造	1527	596	795
钟表与计时仪器制造			
光学仪器制造	2253		
衡器制造			
其他仪器仪表制造业	84	57	218
其他制造业	582	718	1162
日用杂品制造		43	
核辐射加工			
其他未列明制造业	582	675	1162
废弃资源综合利用业	92	1473	5724
金属废料和碎屑加工处理	83	314	5666
非金属废料和碎屑加工处理	9	1158	58
金属制品、机械和设备修理业	180	1652	211
金属制品修理			
通用设备修理			
专用设备修理			
铁路、船舶、航空航天等运输设备修理	150	1624	188
电气设备修理	5		
仪器仪表修理	25	28	23
其他机械和设备修理业			
电力、热力、燃气及水生产和供应业	**420**	**840**	**68**
电力、热力生产和供应业	420	840	
电力生产	350	51	
电力供应	70	790	
热力生产和供应			
燃气生产和供应业			
燃气生产和供应业			
生物质燃气生产和供应业			
水的生产和供应业			68
自来水生产和供应			
污水处理及其再生利用			68
海水淡化处理			
其他水的处理、利用与分配			

1-I-3 各地区企业政府相关政策落实情况

单位：万元

地 区	来自政府部门的研究开发经费	研究开发费用加计扣除减免税	高新技术企业减免税
全 省	**160296**	**320278**	**249707**
武汉市	98125	165972	80575
黄石市	5712	12617	12857
十堰市	2615	22245	8835
宜昌市	10497	22453	37844
襄阳市	25556	35601	38824
鄂州市	798	3477	1204
荆门市	7536	8978	16649
孝感市	1583	10010	3950
荆州市	1145	17795	29969
黄冈市	824	7254	5517
咸宁市	3197	8540	3857
随州市	832	2030	2178
恩施州	1005	576	426
仙桃市	29	1696	3826
潜江市	821	529	3127
天门市	16	505	70
神农架	5		

J. 企业技术获取和技术改造情况

1–J–1 分登记注册类型企业技术获取和技术改造情况

单位：万元

登记注册类型	引进技术经费支出	消化吸收经费支出	购买国内技术经费支出	技术改造经费支出
总　计	**98206**	**11390**	**35915**	**876807**
内资企业	**9084**	**10982**	**35104**	**840775**
国有企业			5	136155
集体企业				813
股份合作企业				
联营企业				
国有联营企业				
集体联营企业				
国有与集体联营企业				
其他联营企业				
有限责任公司	1003	225	16788	241510
国有独资公司	54		20	34891
其他有限责任公司	949	225	16768	206619
股份有限公司	8042	10263	7105	343033
私营企业	40	494	11206	119265
私营独资企业			116	116
私营合伙企业				1040
私营有限责任公司	40	488	10979	111925
私营股份有限公司		6	111	6184
其他企业				
港、澳、台商投资企业			**6**	**6605**
合资经营企业			6	5840
合作经营企业				
港、澳、台商独资经营企业				765
港、澳、台商投资股份有限公司				
其他港、澳、台投资企业				
外商投资企业	**89122**	**408**	**806**	**29426**
中外合资经营企业	74131	378	806	24043
中外合作经营企业				
外资企业	56	30		1955
外商投资股份有限公司	14935			3419
其他外商投资企业				9

1-J-2　分行业企业技术获取和技术改造情况

单位：万元

行　业	引进技术经费支出	消化吸收经费支出	购买国内技术经费支出	技术改造经费支出
总　计	**98206**	**11390**	**35915**	**876807**
采矿业				**2190**
煤炭开采和洗选业				
烟煤和无烟煤开采洗选				
褐煤开采洗选				
其他煤炭采选				
石油和天然气开采业				
石油开采				
天然气开采				
黑色金属矿采选业				1200
铁矿采选				1200
锰矿、铬矿采选				
其他黑色金属矿采选				
有色金属矿采选业				
常用有色金属矿采选				
贵金属矿采选				
稀有稀土金属矿采选				
非金属矿采选业				990
土砂石开采				990
化学矿开采				
采盐				
石棉及其他非金属矿采选				
开采专业及辅助性活动				
煤炭开采和洗选专业及辅助性活动				
石油和天然气开采专业及辅助性活动				
其他开采专业及辅助性活动				
其他采矿业				
其他采矿业				
制造业	**98206**	**11390**	**29970**	**649601**
农副食品加工业			385	7455
谷物磨制				2730
饲料加工			7	1044
植物油加工			42	73
制糖业				
屠宰及肉类加工				65
水产品加工			20	949
蔬菜、菌类、水果和坚果加工				916
其他农副食品加工			316	1679
食品制造业			36	5681
焙烤食品制造				375
糖果、巧克力及蜜饯制造				50
方便食品制造				16
乳制品制造				
罐头食品制造				490
调味品、发酵制品制造				3855
其他食品制造			36	895
酒、饮料和精制茶制造业			189	9333
酒的制造			150	4471
饮料制造				178
精制茶加工			39	4684

1-J-2 续表1

行 业	引进技术经费支出	消化吸收经费支出	购买国内技术经费支出	技术改造经费支出
烟草制品业				8276
烟叶复烤				
卷烟制造				8211
其他烟草制品制造				65
纺织业	30	100	888	17258
棉纺织及印染精加工	30	100	863	14163
毛纺织及染整精加工				
麻纺织及染整精加工				80
丝绢纺织及印染精加工				
化纤织造及印染精加工				1767
针织或钩针编织物及其制品制造				
家用纺织制成品制造				
产业用纺织制成品制造			25	1249
纺织服装、服饰业	30	20	285	2361
机织服装制造	30	20	285	2361
针织或钩针编织服装制造				
服饰制造				
皮革、毛皮、羽毛及其制品和制鞋业				11
皮革鞣制加工				
皮革制品制造				
毛皮鞣制及制品加工				
羽毛(绒)加工及制品制造				
制鞋业				11
木材加工和木、竹、藤、棕、草制品业	5	2	74	4423
木材加工				
人造板制造			73	4009
木质制品制造	5	2	1	56
竹、藤、棕、草等制品制造				358
家具制造业			8	10923
木质家具制造			8	10923
竹、藤家具制造				
金属家具制造				
塑料家具制造				
其他家具制造				
造纸和纸制品业				68
纸浆制造				
造纸				67
纸制品制造				1
印刷和记录媒介复制业			471	5331
印刷			471	5331
装订及印刷相关服务				
记录媒介复制				
文教、工美、体育和娱乐用品制造业		27		30
文教办公用品制造				
乐器制造				
工艺美术及礼仪用品制造		27		30
体育用品制造				
玩具制造				
游艺器材及娱乐用品制造				
石油、煤炭及其他燃料加工业				141120

1–J–2　续表2

行　业	引进技术经费支出	消化吸收经费支出	购买国内技术经费支出	技术改造经费支出
精炼石油产品制造				141120
煤炭加工				
核燃料加工				
生物质燃料加工				
化学原料和化学制品制造业	698	40	8243	95580
基础化学原料制造	688	30	8031	22164
肥料制造	10	10	113	66722
农药制造				
涂料、油墨、颜料及类似产品制造			19	2283
合成材料制造				1232
专用化学产品制造			80	977
炸药、火工及焰火产品制造				283
日用化学产品制造				1920
医药制造业	2015	1126	4603	22736
化学药品原料药制造				16093
化学药品制剂制造	2015	1126	3165	3872
中药饮片加工			26	90
中成药生产			453	2138
兽用药品制造			79	
生物药品制品制造			880	
卫生材料及医药用品制造				543
药用辅料及包装材料				
化学纤维制造业				1265
纤维素纤维原料及纤维制造				1265
合成纤维制造				
生物基材料制造				
橡胶和塑料制品业			267	8454
橡胶制品业				348
塑料制品业			267	8106
非金属矿物制品业	8	9143	3102	75274
水泥、石灰和石膏制造	8	9137	953	7380
石膏、水泥制品及类似制品制造			1721	2039
砖瓦、石材等建筑材料制造				2003
玻璃制造			401	18752
玻璃制品制造		6	27	11003
玻璃纤维和玻璃纤维增强塑料制品制造				24
陶瓷制品制造				33577
耐火材料制品制造				222
石墨及其他非金属矿物制品制造				275
黑色金属冶炼和压延加工业				18443
炼铁				
炼钢				
钢压延加工				17498
铁合金冶炼				945
有色金属冶炼和压延加工业		60	140	46236
常用有色金属冶炼				46107
贵金属冶炼				
稀有稀土金属冶炼				
有色金属合金制造				
有色金属压延加工		60	140	130
金属制品业			0	9038

1-J-2 续表3

行 业	引进技术经费支出	消化吸收经费支出	购买国内技术经费支出	技术改造经费支出
结构性金属制品制造				3381
金属工具制造				162
集装箱及金属包装容器制造				
金属丝绳及其制品制造				40
建筑、安全用金属制品制造				
金属表面处理及热处理加工				
搪瓷制品制造				1327
金属制日用品制造				775
铸造及其他金属制品制造			0	3353
通用设备制造业	120	1	1327	15308
锅炉及原动设备制造				
金属加工机械制造				2874
物料搬运设备制造			12	996
泵、阀门、压缩机及类似机械制造		1	1	754
轴承、齿轮和传动部件制造				9020
烘炉、风机、包装等设备制造	120		1314	1635
文化、办公用机械制造				
通用零部件制造				29
其他通用设备制造业				
专用设备制造业	282	60	205	5548
采矿、冶金、建筑专用设备制造			110	143
化工、木材、非金属加工专用设备制造			5	778
食品、饮料、烟草及饲料生产专用设备制造				
印刷、制药、日化及日用品生产专用设备制造		60		72
纺织、服装和皮革加工专用设备制造			35	756
电子和电工机械专用设备制造			35	1719
农、林、牧、渔专用机械制造			10	236
医疗仪器设备及器械制造				1264
环保、邮政、社会公共服务及其他专用设备制造	282		10	579
汽车制造业	77089	811	1861	30424
汽车整车制造	74759			11224
汽车用发动机制造				
改装汽车制造				1607
低速汽车制造				
电车制造				
汽车车身、挂车制造	335		221	1808
汽车零部件及配件制造	1996	811	1639	15786
铁路、船舶、航空航天和其他运输设备制造业			2303	29613
铁路运输设备制造			67	4434
城市轨道交通设备制造			20	683
船舶及相关装置制造			2216	12582
航空、航天器及设备制造				11831
摩托车制造				83
自行车和残疾人座车制造				
助动车制造				
非公路休闲车及零配件制造				
潜水救捞及其他未列明运输设备制造				
电气机械和器材制造业	14935		4189	37447
电机制造			46	1424
输配电及控制设备制造			340	1862
电线、电缆、光缆及电工器材制造	14935			5976

1-J-2　续表4

行　　业	引进技术经费支出	消化吸收经费支出	购买国内技术经费支出	技术改造经费支出
电池制造				27883
家用电力器具制造			3800	243
非电力家用器具制造			3	18
照明器具制造				
其他电气机械及器材制造				42
计算机、通信和其他电子设备制造业	2994		1383	33670
计算机制造				
通信设备制造			86	19604
广播电视设备制造				6126
雷达及配套设备制造				
非专业视听设备制造			60	2365
智能消费设备制造			40	473
电子器件制造	2994		1167	3665
电子元件及电子专用材料制造			31	1437
其他电子设备制造				
仪器仪表制造业				2845
通用仪器仪表制造				1839
专用仪器仪表制造				965
钟表与计时仪器制造				
光学仪器制造				42
衡器制造				
其他仪器仪表制造业				
其他制造业			13	23
日用杂品制造			13	23
核辐射加工				
其他未列明制造业				
废弃资源综合利用业				5429
金属废料和碎屑加工处理				
非金属废料和碎屑加工处理				5429
金属制品、机械和设备修理业				
金属制品修理				
通用设备修理				
专用设备修理				
铁路、船舶、航空航天等运输设备修理				
电气设备修理				
仪器仪表修理				
其他机械和设备修理业				
电力、热力、燃气及水生产和供应业			**5945**	**225016**
电力、热力生产和供应业			5939	225010
电力生产			5939	89810
电力供应				135200
热力生产和供应				
燃气生产和供应业				
燃气生产和供应业				
生物质燃气生产和供应业				
水的生产和供应业			6	6
自来水生产和供应				
污水处理及其再生利用			6	6
海水淡化处理				
其他水的处理、利用与分配				

1-J-3 各地区企业技术获取和技术改造情况

单位：万元

地　区	引进技术经费支出	消化吸收经费支出	购买国内技术经费支出	技术改造经费支出
全　省	**98206**	**11390**	**35915**	**876807**
武汉市	93963	1166	12802	248546
黄石市	158	9217	2173	62233
十堰市	179	756	236	18906
宜昌市	637	29	8647	229061
襄阳市	3269	155	1212	56450
鄂州市			715	9451
荆门市			435	157976
孝感市			134	11924
荆州市		7	292	7112
黄冈市		60	895	30592
咸宁市			1819	21609
随州市			117	1241
恩施州			6222	6489
仙桃市			67	749
潜江市			89	13675
天门市			61	791
神农架				

第2篇

建筑业企业生产经营及财务状况篇

A.全社会建筑企业

2-A-1　各地区全社会建筑业企业个数

单位：个

地　区	合　计	总承包和专业承包企业	劳务分包企业	资质以外企业
全　省	**57256**	**4420**	**299**	**52537**
武汉市	23783	1552	141	22090
黄石市	2397	174	7	2216
十堰市	2698	267	29	2402
宜昌市	4534	381	33	4120
襄阳市	6138	360	16	5762
鄂州市	1627	94	1	1532
荆门市	1470	147		1323
孝感市	896	188	11	697
荆州市	2844	305	30	2509
黄冈市	3060	396	6	2658
咸宁市	2209	149	5	2055
随州市	1353	120	17	1216
恩施州	2434	141	1	2292
仙桃市	602	40		562
潜江市	649	51		598
天门市	387	39	2	346
神农架	175	16		159

2-A-2 各地区全社会建筑业企业期末人数

单位：万人

地　　区	合　计	总承包和专业承包企业	劳务分包企业	资质以外企业
全　省	**276.0**	**219.7**	**6.3**	**50.0**
武汉市	118.2	97.1	1.5	19.6
黄石市	13.6	10.6	0.4	2.6
十堰市	11.1	8.3	0.5	2.2
宜昌市	18.0	13.6	0.9	3.5
襄阳市	24.1	18.5		5.6
鄂州市	7.1	4.8		2.3
荆门市	5.8	4.9		0.9
孝感市	16.4	12.6	2.2	1.7
荆州市	9.9	7.1	0.5	2.4
黄冈市	27.0	24.3		2.7
咸宁市	5.9	4.0		1.8
随州市	4.4	3.2	0.2	1.0
恩施州	5.0	3.3		1.7
仙桃市	3.4	2.1		1.2
潜江市	3.2	2.7		0.5
天门市	2.6	2.2		0.4
神农架	0.4	0.3		0.1

2-A-3　各地区全社会建筑业企业资产总计

单位：亿元

地　区	合　计	总承包和专业承包企业	劳务分包企业	资质以外企业
全　省	**16368.28**	**13032.66**	**37.89**	**3297.73**
武汉市	11134.81	9244.85	19.09	1870.86
黄石市	418.90	338.12	0.81	79.98
十堰市	429.95	327.21	4.19	98.54
宜昌市	1130.94	936.26	4.43	190.24
襄阳市	695.95	491.61	0.97	203.37
鄂州市	148.58	88.29	0.10	60.19
荆门市	266.08	166.52		99.57
孝感市	312.72	253.88	3.08	55.76
荆州市	299.29	210.99	1.99	86.31
黄冈市	517.77	419.28	1.01	97.48
咸宁市	200.12	104.56	0.29	95.27
随州市	126.33	64.89	1.58	59.86
恩施州	330.58	96.92	0.01	233.66
仙桃市	127.12	99.90		27.22
潜江市	153.89	133.59		20.30
天门市	55.10	43.89	0.33	10.88
神农架	20.14	11.91		8.23

2-A-4 各地区全社会建筑业企业负债合计

单位：亿元

地 区	合 计	总承包和专业承包企业	劳务分包企业	资质以外企业
全 省	**10647.43**	**9023.67**	**18.08**	**1605.68**
武汉市	7773.47	6812.14	8.04	953.29
黄石市	213.93	187.46	0.24	26.23
十堰市	233.15	194.49	2.16	36.50
宜昌市	766.95	670.25	2.78	93.92
襄阳市	366.36	306.62	0.53	59.21
鄂州市	65.29	42.43	0.03	22.83
荆门市	164.67	94.39		70.28
孝感市	150.10	127.15	2.24	20.71
荆州市	138.76	109.38	1.02	28.36
黄冈市	195.47	160.99	0.69	33.80
咸宁市	104.57	54.28	0.18	50.11
随州市	48.47	21.16	0.13	27.18
恩施州	206.46	53.51		152.94
仙桃市	76.72	64.36		12.36
潜江市	108.93	99.71		9.22
天门市	19.33	16.49	0.04	2.80
神农架	14.80	8.87		5.93

2-A-5　各行业全社会建筑业企业个数

单位：个

行　业	合　计	总承包和专业承包企业	劳务分包企业	资质以外企业
总　计	**57256**	**4420**	**299**	**52537**
房屋建筑业	14001	2242	84	11675
土木工程建筑业	12504	954	18	11532
铁路、道路、隧道和桥梁工程建筑	4802	521	6	4275
水利和水运工程建筑	618	136		482
海洋工程建筑				
工矿工程建筑	232	37		195
架线和管道工程建筑	854	86	1	767
建筑安装业	8260	495	33	7732
建筑装饰、装修业和其他建筑业	22491	729	164	21598

2-A-6　各行业全社会建筑业企业期末人数

单位：万人

行　业	合　计	总承包和专业承包企业	劳务分包企业	资质以外企业
总　计	**276.0**	**219.7**	**6.3**	**50.0**
房屋建筑业	168.9	153.6	2.0	13.3
土木工程建筑业	62.3	49.6	0.4	12.3
铁路、道路、隧道和桥梁工程建筑	38.2	33.1	0.1	5.0
水利和水运工程建筑	9.0	8.4		0.6
海洋工程建筑				
工矿工程建筑	1.6	1.3		0.3
架线和管道工程建筑	3.3	2.4		0.9
建筑安装业	16.2	9.3	0.4	6.6
建筑装饰、装修业和其他建筑业	28.6	7.3	3.5	17.8

2-A-7 各行业全社会建筑业企业资产总计

单位：亿元

行 业	合 计	总承包和专业承包企业	劳务分包企业	资质以外企业
总 计	**16368.28**	**13032.66**	**37.89**	**3297.73**
房屋建筑业	6034.51	5152.94	15.12	866.45
土木工程建筑业	8522.24	6967.36	1.89	1552.98
铁路、道路、隧道和桥梁工程建筑	4951.11	3833.85	0.21	1117.05
水利和水运工程建筑	2717.31	2650.36		66.94
海洋工程建筑	0.15			0.15
工矿工程建筑	51.41	40.28		11.12
架线和管道工程建筑	267.36	223.63	0.03	43.69
建筑安装业	885.29	589.53	2.33	293.42
建筑装饰、装修业和其他建筑业	926.25	322.83	18.54	584.88

2-A-8 各行业全社会建筑业企业负债合计

单位：亿元

行 业	合 计	总承包和专业承包企业	劳务分包企业	资质以外企业
总 计	**10647.43**	**9023.67**	**18.08**	**1605.68**
房屋建筑业	3586.59	3211.24	5.10	370.24
土木工程建筑业	6120.93	5229.57	1.17	890.19
铁路、道路、隧道和桥梁工程建筑	3570.74	2937.70	0.10	632.94
水利和水运工程建筑	2001.51	1979.93		21.58
海洋工程建筑				
工矿工程建筑	24.92	20.90		4.01
架线和管道工程建筑	191.92	166.55		25.37
建筑安装业	528.43	405.02	1.23	122.18
建筑装饰、装修业和其他建筑业	411.48	177.83	10.58	223.07

B.总承包和专业承包建筑业企业

1.综合

2-B-1.1　按经济类型划分的总承包和专业承包企业主要经济指标

指　标	单　位	合　计	内资企业	#国有	#集体	港澳台商投资企业	#港澳台商独资企业	外商投资企业	#外商独资企业
企业个数	个	4240	4228	194	70	8	2	4	
期末人数	万人	219.7	218.9	17.8	2.8	0.1		0.7	
自有固定资产原价	亿元	1573.79	1572.08	463.51	11.26	0.16	0.02	1.55	
自有固定资产净价	亿元	857.35	856.29	268.29	6.04	0.05	0.01	1.01	
自有施工机械设备总台数	万台	77.6	77.4	11.9	0.9			0.1	
自有施工机械设备净值	亿元	323.92	323.25	47.72	3.37	0.03		0.65	
自有施工机械设备总功率	万千瓦	1575.5	1573.4	181.3	12.0	0.3		1.9	
建筑业总产值	亿元	15175.75	15119.04	3037.88	78.46	1.93	0.01	54.78	
#本年固定资产折旧	亿元	159.20	159.04	34.71	1.06	0.01		0.15	
#应付职工薪酬	亿元	1562.63	1551.63	224.08	13.24	0.56		10.44	
房屋施工面积	万平方米	88243.2	87976.7	17429.4	533.7	13.8		252.7	
房屋竣工面积	万平方米	32837.5	32773.4	2962.0	349.3	1.5		62.6	
利润总额	亿元	733.91	731.33	138.62	5.87	0.13		2.44	
税金总额	亿元	593.73	591.26	99.57	4.47	0.05		2.42	
按总产值计算劳动生产率	元/人	677281.5	676676.2	1717063.1	299561.3	272209.9	38931.0	966690.5	
技术装备率	元/人	14744.7	14763.9	26816.8	11963.1	3136.4		9872.7	
动力装备率	千瓦/人	7.2	7.2	10.2	4.3	3.3		2.8	
房屋竣工率	%	37.2	37.3	17.0	65.5	10.6		24.8	
产值利润率	%	4.8	4.8	4.6	7.5	6.9	–2.5	4.5	
产值利税率	%	8.7	8.7	7.8	13.2	9.6	–1.7	8.9	

2–B–1.2 总承包和专业承包企业主要经济指标完成情况

指 标	单位	2018年	2017年	2018年比2017年增减(%)
建筑业企业个数	个	4240.00	3873.00	9.48
其中：大型企业	个	125.00		
中型企业	个	1294.00		
小微型企业	个	2821.00		
从事建筑业活动的平均人数	万人	224.10	254.74	-12.00
签订合同额	亿元	33725.71	30255.40	11.47
#本年新签合同额	亿元	18277.62	17075.78	7.04
建筑业总产值	亿元	15175.75	13391.23	13.33
建筑工程产值	亿元	13500.80	11879.49	13.65
安装工程产值	亿元	1232.63	1110.46	11.00
其他产值	亿元	442.33	401.28	10.23
竣工产值	亿元	9098.99	6875.73	32.33
房屋施工面积	万平方米	88243.20	79257.69	11.34
房屋竣工面积	万平方米	32837.50	30836.86	6.49
年末自有施工机械设备净值	亿元	323.92	278.87	16.15
年末自有施工机械设备总功率	万千瓦	1575.50	1479.45	6.49
实收资本	亿元	1790.67	1573.12	13.83
资产合计	亿元	13032.66	11477.23	13.55
负债合计	亿元	9023.67	7946.57	13.55
营业收入	亿元	14357.36	12492.54	14.93
其中：大型企业	亿元	9152.30		
中型企业	亿元	4273.91		
小微型企业	亿元	931.15		
利润总额	亿元	733.91	515.02	42.50
其中：大型企业	亿元	388.42		
中型企业	亿元	274.18		
小微型企业	亿元	71.31		
税金总额	亿元	593.73	535.34	10.90

2-B-1.3　各地区总承包和专业承包企业签订合同情况

单位：万元

地　　区	签订合同额	上年结转合同额	本年新签合同额
全　省	**337257092.5**	**154480867.2**	**182776225.3**
武汉市	238757884.7	112398082.1	126359802.6
黄石市	5577639.4	1731609.8	3846029.6
十堰市	8023052.4	4138864.2	3884188.2
宜昌市	29440922.7	18795207.4	10645715.3
襄阳市	15000427.9	6124053.9	8876374.0
鄂州市	2229373.1	802007.1	1427366.0
荆门市	2231658.1	611254.0	1620404.1
孝感市	6467548.3	1257072.6	5210475.7
荆州市	4081840.0	1688316.7	2393523.3
黄冈市	13500412.3	3177566.6	10322845.7
咸宁市	2719876.1	924046.9	1795829.2
随州市	1915303.9	706232.3	1209071.6
恩施州	1581595.2	525484.8	1056110.4
仙桃市	1329708.8	376845.4	952863.4
潜江市	2920841.2	877395.3	2043445.9
天门市	1375199.3	297833.7	1077365.6
神农架	103809.1	48994.4	54814.7

2-B-1.4 各地区总承包和专业承包企业承包工程完成情况

单位：万元

地区	直接从建设单位承揽工程完成的产值			从建设单位以外承揽工程完成的产值
		自行完成施工产值	分包出去工程的产值	
全省	**150769731.4**	**148957690.3**	**1812041.1**	**2794810.0**
武汉市	92287460.8	91306251.3	981209.5	1110078.3
黄石市	4341737.0	4306658.3	35078.7	141301.5
十堰市	4812378.8	4786876.5	25502.3	35418.7
宜昌市	10389017.3	10360963.7	28053.6	252127.4
襄阳市	9761092.9	9607083.7	154009.2	215070.8
鄂州市	1861948.6	1847629.5	14319.1	43865.0
荆门市	1716214.3	1703066.8	13147.5	39614.8
孝感市	4426061.5	4380661.2	45400.3	215260.2
荆州市	2759260.6	2745066.8	14193.8	41686.3
黄冈市	10667413.9	10319274.9	348139.0	461063.0
咸宁市	1843127.6	1814834.5	28293.1	74097.1
随州市	1220145.0	1214098.6	6046.4	6491.2
恩施州	1149890.3	1135782.4	14107.9	34403.2
仙桃市	1235486.0	1200024.9	35461.1	32543.0
潜江市	1078203.4	1013585.7	64617.7	27371.7
天门市	1150105.9	1145644.0	4461.9	64417.8
神农架	70187.5	70187.5		

2-B-1.5　各地区总承包和专业承包总产值和竣工产值

单位：万元

地　区	建筑业总产值	#装饰装修产　值	#在外省完成的产值	按构成分组 建筑工程产　值	安装工程产　值	其他产值	竣工产值
全　省	**151757524.9**	**5568242.1**	**56103265.9**	**135008002.3**	**12326257.1**	**4423265.5**	**90989949.7**
武汉市	92416329.6	3207082.5	43534965.0	81671741.0	8085594.9	2658993.7	57287245.6
黄石市	4452984.4	229746.8	416830.7	4104349.3	264489.1	84146.0	3179154.0
十堰市	4822295.2	60496.4	1781550.9	4589490.2	155911.1	76893.9	1777977.8
宜昌市	10613091.1	197499.8	3262357.2	9702327.9	689570.0	221193.2	3757690.2
襄阳市	9822154.5	202424.8	1894903.5	8633297.1	812211.1	376646.3	4875731.0
鄂州市	1891494.5	67133.1	188218.1	1482684.5	296509.6	112300.4	957260.6
荆门市	1742681.6	33062.2	21954.9	1590239.2	102725.1	49717.3	1274369.2
孝感市	4595921.4	428797.5	878244.0	3900877.8	580254.4	114789.2	3321300.4
荆州市	2786753.1	221633.4	221976.8	2537484.7	133015.3	116253.1	1724890.1
黄冈市	10780337.9	539884.3	3388833.6	9885399.1	649322.2	245616.6	7604947.2
咸宁市	1888931.6	66467.2	145723.1	1719936.2	123570.9	45424.5	1306132.0
随州市	1220589.8	23255.4	24455.7	1128889.7	41348.4	50351.7	931352.3
恩施州	1170185.6	34664.8	21043.9	1097689.6	44325.7	28170.3	801418.8
仙桃市	1232567.9	116078.1	31674.0	1069844.2	69619.5	93104.2	811583.9
潜江市	1040957.4	6443.8	216309.8	869428.9	128318.7	43209.8	606424.0
天门市	1210061.8	131191.2	74224.7	967200.7	146501.1	96360.0	713010.3
神农架	70187.5	2380.8		57122.2	2970.0	10095.3	59462.3

2-B-1.6 各地区总承包和专业承包企业房屋建筑面积

地　区	房屋施工面积(万平方米)	#本年新开工	房屋竣工面积(万平方米)	房屋竣工率(%)
全　省	**88243.2**	**39733.0**	**32837.5**	**37.2**
武汉市	56172.7	21667.2	15654.0	27.9
黄石市	2751.2	1630.0	1561.4	56.8
十堰市	1567.6	919.8	804.3	51.3
宜昌市	3767.1	1274.9	1434.6	38.1
襄阳市	5464.5	2170.6	1971.4	36.1
鄂州市	776.0	378.1	471.5	60.8
荆门市	931.6	592.3	548.6	58.9
孝感市	4076.8	3174.9	2678.1	65.7
荆州市	1337.8	547.7	676.5	50.6
黄冈市	6798.4	4664.3	4483.8	66.0
咸宁市	1013.1	650.4	702.9	69.4
随州市	1093.6	623.9	626.1	57.2
恩施州	674.1	312.5	320.9	47.6
仙桃市	535.7	367.7	384.0	71.7
潜江市	646.8	345.4	171.7	26.5
天门市	613.1	402.4	338.2	55.2
神农架	23.0	11.0	9.6	41.7

2-B-1.7　各地区按主要用途分的总承包和专业承包企业房屋竣工面积

单位：万平方米

地　区	合　计	住宅房屋	商业及服务用房屋						办公用房屋
				商厦房屋(批发和零售用房)	宾　馆用房屋(住宿用房)	餐　饮用房屋(餐饮用房)	商务会展用房屋	其他商业及服务用房屋(居民服务业用房)	
全　省	**32837.5**	**22817.8**	**3039.3**	**1657.0**	**365.0**	**35.1**	**45.3**	**936.9**	**1533.6**
武汉市	15654.0	10334.4	2095.4	1344.5	308.2	2.6	26.7	413.5	723.6
黄石市	1561.4	1075.6	162.4	31.4	1.6	1.2	5.8	122.5	60.4
十堰市	804.3	607.7	65.3	2.3				63.0	6.9
宜昌市	1434.6	1132.4	73.0	4.3	4.4	0.4	0.4	63.4	32.2
襄阳市	1971.4	1435.1	58.5	22.7	13.4	0.1	0.4	21.9	62.5
鄂州市	471.5	332.6	28.6	24.4		0.5		3.6	4.8
荆门市	548.6	369.8	34.1	17.0	2.3	6.1		8.7	37.1
孝感市	2678.1	2051.3	83.2	16.5	0.8	0.1		65.7	108.0
荆州市	676.5	445.3	93.3	43.5	4.5	0.5	0.7	44.1	24.4
黄冈市	4483.8	3186.5	164.4	86.3	26.4	18.5	9.9	23.2	329.8
咸宁市	702.9	514.5	56.3	22.6	2.2	0.7	1.0	29.9	41.5
随州市	626.1	478.5	24.6	16.6	0.3	0.2	0.1	7.5	35.3
恩施州	320.9	223.4	12.4	3.8	0.5	3.8		4.3	19.4
仙桃市	384.0	299.5	14.1	0.8			0.3	13.0	20.0
潜江市	171.7	92.5	52.1	6.4		0.1		45.6	6.7
天门市	338.2	235.2	19.5	13.8	0.5	0.3		4.8	19.0
神农架	9.6	3.4	2.0					2.0	2.1

2-B-1.7 续表

地　区	科研、教育和医疗用房屋	科学研究用房屋	教育用房屋	医疗用房屋(卫生医疗用房)	文化、体育和娱乐用房屋	厂房及建筑物	#厂房	仓库	其他未列明的房屋建筑物
全　省	**1261.8**	**166.7**	**618.7**	**476.4**	**304.3**	**3184.0**	**1768.4**	**202.3**	**494.3**
武汉市	769.6	131.5	349.5	288.6	213.0	1313.1	858.0	130.0	74.8
黄石市	22.2	0.2	11.2	10.8	16.6	147.2	98.1	1.6	75.4
十堰市	9.3	0.1	1.9	7.3	6.0	53.9	11.7	0.1	55.2
宜昌市	28.6	3.5	18.3	6.8	9.8	135.0	59.7	1.9	21.8
襄阳市	62.3	0.7	56.0	5.6	3.6	302.8	104.1	5.2	41.4
鄂州市	40.3		0.4	39.9		55.6	34.6	2.1	7.5
荆门市	10.5	1.4	9.1		5.9	78.0	54.6	6.0	7.2
孝感市	92.1	2.1	47.8	42.1	0.1	320.8	268.7	0.6	22.0
荆州市	11.4	1.1	4.8	5.5	0.7	77.6	41.2	2.3	21.6
黄冈市	139.6	23.0	75.7	41.0	33.9	498.8	151.8	38.5	92.3
咸宁市	11.8	0.8	10.3	0.6	6.2	44.6	3.9	5.7	22.4
随州市	4.4		3.7	0.7		65.1	21.6	7.0	11.2
恩施州	19.8	2.4	14.4	3.1	2.5	23.4	18.0	0.6	19.4
仙桃市	4.8		4.3	0.5	1.0	43.0	37.3	0.5	1.1
潜江市	6.1		2.1	4.0	0.1	4.4		0.2	9.5
天门市	29.1		9.3	19.8	4.9	20.1	5.2	0.2	10.2
神农架						0.7			1.4

2-B-1.8　各地区按主要用途分的总承包和专业承包企业房屋竣工价值

单位：万元

地　区	合　计	住宅房屋	商业及服务用房屋						办公用房屋
				商厦房屋(批发和零售用房)	宾　馆用房屋(住宿用房)	餐　饮用房屋(餐饮用房)	商务会展用房屋	其他商业及服务用房屋(居民服务业用房)	
全　省	**52449219.3**	**34286739.5**	**6189017.3**	**3430826.9**	**499725.6**	**40432.7**	**76057.3**	**2141974.8**	**3235832.4**
武汉市	28569383.3	17242349.9	4605996.6	2994133.4	412553.1	2973.5	51292.5	1145044.1	2088306.4
黄石市	2638937.0	1665552.6	361523.1	59000.2	2233.0	1617.9	7656.0	291016.0	111391.6
十堰市	1102843.8	835851.2	109584.0	4020.2	32.0	21.0	26.0	105484.8	11077.2
宜昌市	2407406.7	1862096.9	218402.3	10710.5	9962.5	493.4	534.2	196701.7	56129.2
襄阳市	2920269.6	2236436.9	97086.6	42664.4	21896.7	138.3	415.3	31971.9	67115.5
鄂州市	605784.9	407442.3	40195.8	34196.4		609.0		5390.4	6003.7
荆门市	713380.7	475596.6	45615.3	19722.0	3420.4	2867.4		19605.5	46996.2
孝感市	2477289.9	1685315.7	114426.9	22209.1	897.0	144.0	103.5	91073.3	131079.2
荆州市	946846.4	631145.0	142819.7	59561.1	7163.6	1260.0	1245.3	73589.7	34177.5
黄冈市	6595547.3	4842515.0	206006.2	101069.7	35854.8	23031.0	11573.8	34476.9	501375.5
咸宁市	889520.8	647065.8	76221.0	29121.7	3458.8	1400.9	2123.7	40115.9	52130.1
随州市	756728.1	591718.2	34726.8	19173.7	276.0	159.0	887.0	14231.1	30162.2
恩施州	434407.5	307238.4	18936.7	5043.5	714.2	4708.9		8470.1	24126.6
仙桃市	572835.0	448912.8	20103.3	1843.0	0.8	0.4	200.0	18059.1	32175.5
潜江市	282491.6	74153.3	65222.7	9000.0		145.7		56077.0	12520.9
天门市	522150.3	329005.3	28159.0	19358.0	1262.7	862.3		6676.0	29654.1
神农架	13396.4	4343.6	3991.3					3991.3	1411.0

2-B-1.8 续表

地　区	科研、教育和医疗用房屋	科学研究用房屋	教育用房　屋	医疗用房屋(卫生医疗用房)	文化、体育和娱乐用房屋	厂房及建筑物	#厂房	仓库	其他未列明的房屋建筑物
全　省	**2246753.3**	**402921.7**	**1043834.2**	**799997.4**	**527762.7**	**4691349.6**	**2677392.8**	**234169.5**	**1031277.2**
武汉市	1500129.5	347381.0	661547.9	491200.6	396967.0	2304910.4	1556350.0	135500.6	288905.1
黄石市	35060.8	2221.8	15010.7	17828.3	26425.2	240417.9	159681.3	3041.1	195524.7
十堰市	17128.9	65.1	2635.8	14428.0	8246.7	68262.5	12214.6	96.2	52597.1
宜昌市	43613.5	5144.2	28564.1	9905.2	15356.5	161119.4	63823.2	2465.1	48223.8
襄阳市	82454.8	6024.5	68355.4	8074.9	2634.2	324156.1	99144.3	6523.1	103862.4
鄂州市	52868.6		364.2	52504.4	2.0	89301.8	49771.6	2458.3	7512.4
荆门市	14082.9	1777.5	12262.9	42.5	7286.8	104240.0	76450.5	7757.4	11805.5
孝感市	134038.0	2660.6	79156.9	52220.5	1363.5	385317.3	298169.4	562.4	25186.9
荆州市	20220.0	1046.9	7972.6	11200.5	859.9	85527.6	45749.7	2764.7	29332.0
黄冈市	187444.5	30225.2	106402.7	50816.6	38354.3	694918.6	221645.0	56317.3	68615.9
咸宁市	19465.3	2868.3	16033.5	563.5	8168.5	53436.9	5510.0	8535.7	24497.5
随州市	7008.3	4.7	6026.4	977.2	7.0	68575.8	16461.1	5202.6	19327.2
恩施州	28120.2	3501.5	20308.2	4310.5	5820.2	23013.7	14705.0	2091.4	25060.3
仙桃市	8609.1	0.4	7175.6	1433.1	1170.9	60544.3	52230.3	303.1	1016.0
潜江市	17495.5		1789.5	15706.0	58.7	3671.0		318.5	109051.0
天门市	79013.4		10227.8	68785.6	15041.3	22976.3	5486.8	232.0	18068.9
神农架						960.0			2690.5

2-B-1.9　各地区总承包和专业承包企业施工机械设备情况

地　区	年末自有施工机械设备总台数(台)	年末自有施工机械设备总功率(千瓦)	年末自有施工机械设备净值(万元)	技术装备率(元/人)	动力装备率(千瓦/人)
全　省	**775683**	**15755360**	**3239231.5**	**14744.7**	**7.2**
武汉市	256036	6753506	1617779.4	16657.5	7.0
黄石市	26812	692586	86295.4	8143.8	6.5
十堰市	14206	514562	139090.3	16661.5	6.2
宜昌市	52686	1625168	201114.4	14742.3	11.9
襄阳市	256364	1386333	188964.9	10240.3	7.5
鄂州市	9583	123654	40943.5	8617.1	2.6
荆门市	19520	428583	77019.9	15617.6	8.7
孝感市	22943	1364211	155192.0	12335.7	10.8
荆州市	14789	295840	258760.3	36636.6	4.2
黄冈市	41561	1492880	212875.2	10013.2	6.2
咸宁市	8447	132008	45858.8	11368.1	3.3
随州市	10060	137759	37214.6	11480.7	4.2
恩施州	7957	96985	51099.2	15405.2	2.9
仙桃市	5917	126019	24135.2	11276.0	5.9
潜江市	10823	495201	43039.3	15737.6	18.1
天门市	17163	63206	22156.3	10095.4	2.9
神农架	816	26859	7692.8	27106.4	9.5

2-B-1.10 各地区总承包和专业承包企业建筑材料消耗情况

地　区	钢材 (吨)	木材 (立方米)	水泥 (吨)	玻璃		铝材 (吨)
				重量箱	平方米	
全　省	**72007561**	**38955564**	**172082123**	**12683465**	**75822138**	**5042534**
武汉市	33933174	13912541	99450001	6391948	26229740	2109353
黄石市	5040898	1285513	4277923	314249	1937104	156959
十堰市	2401904	814143	5011924	111195	2162636	148096
宜昌市	3163604	6373409	11029212	396391	1396315	85152
襄阳市	5952054	2929375	10276678	860909	6998730	769390
鄂州市	424492	889152	1402177	50063	1088453	53368
荆门市	934347	1012395	3660333	240538	1658028	51965
孝感市	3685359	1810728	5193623	379726	2679648	83210
荆州市	885786	1510572	2880910	148213	761378	108514
黄冈市	6457926	4480468	18520784	3026875	24838281	698778
咸宁市	1225855	1161573	2163794	119512	2820530	406332
随州市	569547	404823	1342433	108703	957116	43602
恩施州	545838	1199616	1331605	50981	620624	19980
仙桃市	4826147	438369	2736185	35052	275201	47302
潜江市	251820	95920	806080	320533	454094	110925
天门市	1688495	625408	1914266	127500	926402	145747
神农架	20315	11559	84195	1077	17858	3861

2-B-1.11　各地区总承包和专业承包企业主要生产效益指标

地　区	建筑业企业个数(个)	从事建筑业活动的平均人数(人)	按总产值计算的劳动生产率(元/人)	人均竣工产值(元/人)	人均施工面积(平方米/人)	人均竣工面积(平方米/人)
全　省	**4240**	**2240686**	**677281.5**	**406080.8**	**393.8**	**146.6**
武汉市	1478	1007113	917636.2	568826.4	557.8	155.4
黄石市	168	104465	426265.7	304327.2	263.4	149.5
十堰市	263	81925	588623.2	217025.1	191.3	98.2
宜昌市	354	140116	757450.3	268184.2	268.9	102.4
襄阳市	337	184338	532834.0	264499.5	296.4	106.9
鄂州市	94	47926	394669.8	199737.2	161.9	98.4
荆门市	147	56200	310085.7	226756.1	165.8	97.6
孝感市	182	124491	369177.0	266790.4	327.5	215.1
荆州市	288	69251	402413.4	249078.0	193.2	97.7
黄冈市	386	243451	442813.5	312381.0	279.3	184.2
咸宁市	146	38764	487290.2	336944.6	261.4	181.3
随州市	115	32360	377190.9	287809.7	338.0	193.5
恩施州	137	34210	342059.5	234264.5	197.1	93.8
仙桃市	40	22949	537090.0	353646.7	233.4	167.3
潜江市	50	26966	386025.9	224884.7	239.9	63.7
天门市	39	23165	522366.4	307796.4	264.7	146.0
神农架	16	2996	234270.7	198472.3	76.7	32.0

2-B-1.12 各地区总承包和专业承包企业营业收入

单位：万人

地　区	营业收入	建筑业企业在境外完成的营业收入	企业总产值	建筑业总产值
全　省	**143573627.3**	**5361246.5**	**174126833.6**	**151757524.9**
武汉市	90555691.7	3653036.3	110664216.0	92416329.6
黄石市	4263172.3	350399.4	4788670.4	4452984.4
十堰市	4033869.8	40887.6	4850054.4	4822295.2
宜昌市	9577426.6	625561.6	10984918.0	10613091.1
襄阳市	8226307.0	308682.6	10248910.1	9822154.5
鄂州市	1416293.3	23750.2	2582545.5	1891494.5
荆门市	1588123.7	3461.5	1792059.3	1742681.6
孝感市	4103933.5	12464.5	5261198.0	4595921.4
荆州市	2517160.8	1940.3	2879025.9	2786753.1
黄冈市	9817786.2	319529.5	11583838.2	10780337.9
咸宁市	1593112.2	259.5	1924630.6	1888931.6
随州市	1186312.3	6354.5	1233673.2	1220589.8
恩施州	1062727.7	7793.7	1310938.1	1170185.6
仙桃市	1265179.9		1324646.9	1232567.9
潜江市	1287389.7	7125.3	1332695.5	1040957.4
天门市	1008200.6		1288780.2	1210061.8
神农架	70940.0		76033.3	70187.5

2-B-1.13　各地区总承包和专业承包企业资产构成

单位：万元

地　区	资产总计	流动资产总计	#存货
全　省	**130326577.2**	**99819526.6**	**25399529.1**
武汉市	92448544.1	69388777.5	18766216.7
黄石市	3381154.0	2727943.6	683751.2
十堰市	3272119.3	2552754.2	286072.1
宜昌市	9362617.2	7730891.3	2027582.2
襄阳市	4916099.4	4039358.5	529916.5
鄂州市	882853.7	728175.7	147404.5
荆门市	1665154.2	1302978.5	206215.5
孝感市	2538783.1	2030047.1	573482.0
荆州市	2109877.1	1615064.8	302375.3
黄冈市	4192808.9	3249614.5	947465.8
咸宁市	1045619.1	812880.3	154338.0
随州市	648904.3	479642.1	121982.8
恩施州	969168.0	756851.2	96898.9
仙桃市	998989.2	868274.9	132848.5
潜江市	1335912.9	1131896.9	319528.2
天门市	438915.1	305393.7	101223.8
神农架	119057.6	98981.8	2227.1

2-B-1.14 各地区总承包和专业承包企业固定资产情况

单位：万元

地 区	固定资产原价	固定资产折旧	#本年折旧	在建工程
全 省	**15737928.4**	**7119049.5**	**1591968.8**	**3862181.1**
武汉市	9259881.7	4042483.5	720078.4	2900394.3
黄石市	525465.1	255634.9	42038.7	52763.5
十堰市	1000677.4	595618.4	206514.0	66828.2
宜昌市	1201774.6	582671.1	126640.6	160990.8
襄阳市	790865.0	416841.6	178986.6	86811.7
鄂州市	161532.1	73417.2	14159.7	14979.5
荆门市	230506.1	100327.1	26133.3	34373.2
孝感市	457235.4	153432.2	41899.2	96932.6
荆州市	447666.7	171384.9	42242.5	38052.7
黄冈市	716350.9	297930.6	65150.8	227374.3
咸宁市	239744.1	125040.8	23048.7	28360.1
随州市	132612.8	52198.5	15823.1	17632.4
恩施州	173629.8	58981.5	11477.8	17945.3
仙桃市	77713.6	35122.7	13851.8	60721.3
潜江市	145632.8	77841.3	26057.6	4694.7
天门市	157933.6	74151.0	35566.4	48113.9
神农架	18706.7	5972.2	2299.6	5212.6

2-B-1.15　各地区总承包和专业承包企业负债及所有者权益

单位：万元

地　区	负债合计	#流动负债	#应付账款	所有者权益	#实收资本
全　省	**90236671.4**	**78147384.9**	**35133578.2**	**39821776.4**	**17906686.2**
武汉市	68121396.8	58477663.3	26704221.9	24059190.7	9671452.6
黄石市	1874559.1	1733281.5	792166.3	1503946.6	536848.6
十堰市	1944923.0	1730120.4	979272.2	1327196.3	712580.4
宜昌市	6702469.2	6032089.2	3201269.3	2660147.9	1338064.6
襄阳市	3066193.8	2705561.5	1277437.5	1849905.6	1125360.0
鄂州市	424267.1	408839.7	112880.1	458586.6	255966.1
荆门市	943930.3	855892.3	230460.6	721223.9	379264.3
孝感市	1271467.1	1015833.2	227318.9	1267316.0	614004.2
荆州市	1093783.5	999441.8	337854.6	1016093.6	692547.9
黄冈市	1609910.1	1376202.6	393843.0	2585374.4	1139334.6
咸宁市	542784.3	473579.9	105738.6	502834.8	312815.5
随州市	211586.4	189028.0	62218.7	437317.9	247125.9
恩施州	535136.1	494093.1	107276.8	434031.9	284223.9
仙桃市	643587.5	432054.0	66413.0	355401.7	240682.6
潜江市	997085.3	980454.1	461093.1	338827.6	227376.6
天门市	164897.1	157169.8	60587.1	274018.0	104538.4
神农架	88694.7	86080.5	13526.5	30362.9	24500.0

2-B-1.16 各地区总承包和专业承包企业实收资本

单位：万元

地　区	合　计	国家资本	集体资本	法人资本	个人资本	港澳台资本	外商资本
全　省	**17906686.2**	**5741096.7**	**500647.8**	**3630168.0**	**7981609.8**	**4961.3**	**46660.8**
武汉市	9671452.6	3902464.8	127852.5	1607286.8	4018945.0	4095.7	10266.0
黄石市	536848.6	99656.7	47642.4	144467.3	244882.2	200.0	
十堰市	712580.4	213782.5	16720.9	164122.3	317754.7	100.0	100.0
宜昌市	1338064.6	556567.6	7754.0	252608.2	519991.4	143.4	
襄阳市	1125360.0	379448.0	25955.7	290099.5	393820.8	1.2	36034.8
鄂州市	255966.1	13006.5	19288.8	56903.2	166767.6		
荆门市	379264.3	62663.6	32511.9	54477.6	229611.2		
孝感市	614004.2	31397.0	43542.4	202370.8	336694.0		
荆州市	692547.9	75872.4	72994.5	148986.2	394694.8		
黄冈市	1139334.6	67704.9	43229.8	380648.7	647070.2	421.0	260.0
咸宁市	312815.5	92905.1	27766.0	22068.3	170076.1		
随州市	247125.9	9190.0	11407.3	102282.9	124245.7		
恩施州	284223.9	16823.9	7448.9	95945.0	164006.1		
仙桃市	240682.6	102778.5	7056.0	9211.5	121636.6		
潜江市	227376.6	101757.0	1629.8	35224.5	88765.3		
天门市	104538.4	10626.7	4746.9	54354.2	34810.6		
神农架	24500.0	4451.5	3100.0	9111.0	7837.5		

2–B–1.17　各地区总承包和专业承包企业收入情况

单位：万元

地　区	主营业务收　入	#主营业务成　本	#主营业务税金及附加	其他业务收　入	#其他业务利　润
全　省	**142498707.2**	**126525418.3**	**1777557.5**	**1074920.1**	**77757.7**
武汉市	90251958.6	81643809.6	834602.9	303733.1	57636.3
黄石市	4183943.1	3440773.3	114823.8	79229.2	588.0
十堰市	3829836.4	3303219.1	41114.5	204033.4	4053.0
宜昌市	9484324.7	7791148.8	100949.1	93101.9	1698.4
襄阳市	7966949.3	6771454.1	171484.7	259357.7	1850.4
鄂州市	1414182.8	1248638.8	32553.8	2110.5	849.4
荆门市	1574340.7	1376535.6	35669.8	13783.0	1626.3
孝感市	4058814.2	3506990.7	101051.3	45119.3	1478.7
荆州市	2506538.7	2120826.2	44196.1	10622.1	3897.2
黄冈市	9775985.5	8917796.6	130157.8	41800.7	2899.8
咸宁市	1587734.1	1345808.7	25909.7	5378.1	334.9
随州市	1185710.0	986799.5	19846.8	602.3	4.2
恩施州	1057402.2	928978.3	23229.8	5325.5	–97.5
仙桃市	1259601.9	1044919.2	43914.8	5578.0	100.0
潜江市	1283853.4	1172013.8	16837.6	3536.3	238.6
天门市	1006591.6	864317.0	39813.5	1609.0	600.0
神农架	70940.0	61389.0	1401.5		

2-B-1.18 各地区总承包和专业承包企业费用情况

单位：万元

地区	管理费用	销售费用	财务费用	#利息收入	#利息支出
全 省	**4765648.0**	**694508.5**	**953069.4**	**186470.3**	**832811.8**
武汉市	3036289.3	372938.6	672295.4	152038.6	672654.6
黄石市	132217.6	26682.0	20729.5	14905.5	19036.3
十堰市	157297.5	16357.0	13830.9	775.8	7708.4
宜昌市	392123.4	34057.7	59800.1	9278.9	58548.3
襄阳市	321038.4	75887.2	44010.7	4507.7	19072.2
鄂州市	34134.7	4897.4	4417.2	416.8	3636.5
荆门市	50651.7	10488.9	6893.4	570.9	3299.3
孝感市	149144.2	40408.0	27942.0	735.1	5304.1
荆州市	91188.4	10870.0	13684.7	1751.3	6701.4
黄冈市	189378.7	32990.9	57287.0	284.0	13684.2
咸宁市	56280.0	19791.6	9470.4	672.5	5401.3
随州市	27186.8	5710.9	3521.1	285.7	1536.1
恩施州	35038.5	9903.7	5729.0	133.9	2768.4
仙桃市	37046.6	18271.5	5082.7	53.5	2070.3
潜江市	30246.6	3212.4	4424.6	-143.6	8371.7
天门市	22459.4	11431.6	3114.5	187.9	2323.3
神农架	3926.2	609.1	836.2	15.8	695.4

2-B-1.19　各地区总承包和专业承包企业利润及税金情况

单位：万元

地　区	利润总额	#应交所得税	税金总额	主营业务税金及附加	应交增值税
全　省	**7339060.4**	**1544908.4**	**5937276.6**	**1777557.5**	**4159719.1**
武汉市	3563300.7	878867.2	3195251.0	834602.9	2360648.1
黄石市	299266.6	54910.0	295732.5	114823.8	180908.7
十堰市	367910.9	40480.2	176762.4	41114.5	135647.9
宜昌市	872604.8	127427.4	366058.9	100949.1	265109.8
襄阳市	592995.8	99756.0	404323.1	171484.7	232838.4
鄂州市	91494.7	12844.8	84298.5	32553.8	51744.7
荆门市	95456.7	20781.9	96668.9	35669.8	60999.1
孝感市	252670.5	55093.2	254382.4	101051.3	153331.1
荆州市	226827.4	37566.8	150335.5	44196.1	106139.4
黄冈市	433343.6	101360.2	458010.1	130157.8	327852.3
咸宁市	132398.0	27559.9	80358.9	25909.7	54449.2
随州市	140484.2	21393.1	74785.6	19846.8	54938.8
恩施州	51730.3	16796.7	61148.3	23229.8	37918.5
仙桃市	102721.5	25944.3	86103.2	43914.8	42188.4
潜江市	62386.3	11506.4	52277.5	16837.6	35439.9
天门市	50686.2	11854.1	96447.1	39813.5	56633.6
神农架	2782.2	766.2	4332.7	1401.5	2931.2

2-B-1.20 各地区总承包和专业承包企业应收工程款及企业亏损情况

单位：万元

地 区	应收工程款(万元)	企业个数(个)	#亏损企业个数	亏损企业的比重(%)
全 省	**28509731.0**	**4240**	**302**	**7.1**
武汉市	18264424.7	1478	177	12.0
黄石市	988683.8	168	2	1.2
十堰市	1126970.1	263	3	1.1
宜昌市	2673368.5	354	16	4.5
襄阳市	1488626.0	337	4	1.2
鄂州市	302764.2	94	5	5.3
荆门市	351412.1	147	7	4.8
孝感市	493722.4	182	15	8.2
荆州市	637063.1	288	15	5.2
黄冈市	905036.4	386	25	6.5
咸宁市	279462.6	146	6	4.1
随州市	157213.5	115	6	5.2
恩施州	280990.7	137	12	8.8
仙桃市	158130.4	40		
潜江市	274898.2	50	9	18.0
天门市	114011.7	39		
神农架	12952.6	16		

2-B-1.21　各地区总承包和专业承包企业主要经济效益指标

地　区	产值利润率(%)	产值利税率(%)	资本利润率(%)	资本利税率(%)	人均利润(元/人)	人均利税(元/人)	资产负债率(%)
全　省	**4.8**	**8.7**	**41.0**	**74.1**	**32753.6**	**59251.2**	**69.2**
武汉市	3.9	7.3	36.8	69.9	35381.3	67108.2	73.7
黄石市	6.7	13.4	55.7	110.8	28647.5	56956.8	55.4
十堰市	7.6	11.3	51.6	76.4	44908.3	66484.4	59.4
宜昌市	8.2	11.7	65.2	92.6	62277.3	88402.7	71.6
襄阳市	6.0	10.2	52.7	88.6	32168.9	54102.7	62.4
鄂州市	4.8	9.3	35.7	68.7	19090.8	36680.1	48.1
荆门市	5.5	11.0	25.2	50.7	16985.2	34186.0	56.7
孝感市	5.5	11.0	41.2	82.6	20296.3	40730.1	50.1
荆州市	8.1	13.5	32.8	54.5	32754.4	54463.2	51.8
黄冈市	4.0	8.3	38.0	78.2	17800.0	36613.3	38.4
咸宁市	7.0	11.3	42.3	68.0	34154.9	54885.2	51.9
随州市	11.5	17.6	56.8	87.1	43412.9	66523.4	32.6
恩施州	4.4	9.6	18.2	39.7	15121.4	32995.8	55.2
仙桃市	8.3	15.3	42.7	78.5	44760.8	82280.1	64.4
潜江市	6.0	11.0	27.4	50.4	23135.2	42521.6	74.6
天门市	4.2	12.2	48.5	140.7	21880.5	63515.3	37.6
神农架	4.0	10.1	11.4	29.0	9286.4	23748.0	74.5

2.按经济类型分组

2-B-2.1 各地区国有总承包和专业承包企业签订合同情况

单位：万元

地　区	签订合同额	上年结转合同额	本年新签合同额
全　省	**108626888.5**	**57153947.5**	**51472941.0**
武汉市	101573658.1	53830798.1	47742860.0
黄石市	551610.3	278262.2	273348.1
十堰市	136935.3	11195.0	125740.3
宜昌市	2538045.1	1885601.0	652444.1
襄阳市	2056839.2	550420.9	1506418.3
鄂州市	128665.2	38033.2	90632.0
荆门市	77884.2	17274.9	60609.3
孝感市	128693.7	13605.5	115088.2
荆州市	153171.3	50554.1	102617.2
黄冈市	363151.1	50336.2	312814.9
咸宁市	613363.0	357055.1	256307.9
随州市	40631.8	12499.5	28132.3
恩施州	171748.2	46388.1	125360.1
仙桃市	36000.0	7000.0	29000.0
潜江市	26425.0		26425.0
天门市	24481.1	2149.1	22332.0
神农架	5585.9	2774.6	2811.3

2-B-2.2　各地区国有总承包和专业承包企业承包工程完成情况

单位：万元

地　区	直接从建设单位承揽工程完成的产值			从建设单位以外承揽工程完成的产值
		自行完成施工产值	分包出去工程的产值	
全　省	**30217434.0**	**30099002.7**	**118431.3**	**279793.6**
武汉市	26762699.8	26662993.4	99706.4	69835.5
黄石市	243868.3	243868.3		58835.7
十堰市	122175.0	122175.0		
宜昌市	640557.5	640557.5		
襄阳市	1447699.9	1447699.9		51162.4
鄂州市	112323.4	112323.4		
荆门市	66645.8	66645.8		
孝感市	49751.0	49751.0		633.9
荆州市	124489.2	124489.2		
黄冈市	132190.0	121397.0	10793.0	80891.7
咸宁市	297133.6	291133.6	6000.0	17199.1
随州市	32089.3	32089.3		110.0
恩施州	98286.1	96354.2	1931.9	
仙桃市	40063.5	40063.5		1125.3
潜江市	29430.6	29430.6		
天门市	13019.7	13019.7		
神农架	5011.3	5011.3		

2-B-2.3 各地区国有企业总承包和专业承包总产值和竣工产值

单位：万元

地区	建筑业总产值	#装饰装修产值	#在外省完成的产值	按构成分组			竣工产值
				建筑工程产值	安装工程产值	其他产值	
全　省	**30378796.3**	**176406.2**	**19002244.3**	**27082512.9**	**2477187.0**	**819096.4**	**15200818.5**
武汉市	26732828.9	163678.9	17700053.2	24284726.8	1914154.9	533947.2	13816939.8
黄石市	302704.0	6144.0	241641.7	245476.7	52182.1	5045.2	183806.8
十堰市	122175.0			121208.1	966.9		76065.0
宜昌市	640557.5		445448.8	632784.1	5928.4	1845.0	61772.3
襄阳市	1498862.3	3176.3	513077.0	801025.2	455186.7	242650.4	398323.4
鄂州市	112323.4	1036.8	6236.5	91052.6	4770.8	16500.0	11788.9
荆门市	66645.8			60079.3	6566.5		44565.5
孝感市	50384.9			40298.9	10086.0		101689.7
荆州市	124489.2	2120.0	2078.7	109529.6	9589.6	5370.0	99300.9
黄冈市	202288.7	250.2		201502.6	181.8	604.3	73053.1
咸宁市	308332.7		75751.8	288148.4	7160.0	13024.3	164392.5
随州市	32199.3			32089.3		110.0	28631.4
恩施州	96354.2			96354.2			83101.3
仙桃市	41188.8			41188.8			12997.6
潜江市	29430.6		17956.6	20601.4	8829.2		29430.6
天门市	13019.7			11435.6	1584.1		12148.4
神农架	5011.3			5011.3			2811.3

2-B-2.4　各地区国有总承包和专业承包企业房屋建筑面积

地　区	房屋施工面积(万平方米)	#本年新开工	房屋竣工面积(万平方米)	房屋竣工率(%)
全　省	**17429.4**	**4684.6**	**2962.0**	**17.0**
武汉市	16939.1	4454.7	2712.7	16.0
黄石市	265.7	59.2	129.8	48.9
十堰市	0.1		0.1	80.0
宜昌市	0.6	0.4	0.6	100.0
襄阳市	40.9	39.5	17.0	41.5
鄂州市	30.1	30.1	5.8	19.3
荆门市				
孝感市	28.5	28.5	21.1	74.0
荆州市	49.5	19.0	23.2	46.9
黄冈市	14.4	12.9	4.9	33.7
咸宁市	40.4	32.2	28.1	69.6
随州市	0.2	0.2	0.2	96.8
恩施州	20.0	7.9	18.6	93.0
仙桃市				
潜江市				
天门市				
神农架				

2-B-2.5 各地区按主要用途分的国有总承包和专业承包企业房屋竣工面积

单位：万平方米

地　区	合　计	住宅房屋	商业及服务用房屋	办公用房　屋	科研、教育和医疗用房屋	文化、体育和娱乐用房屋	厂房及建筑物	仓　库	其他未列明的房屋建筑物
全　省	**2962.0**	**1406.0**	**485.8**	**346.4**	**149.8**	**46.5**	**492.1**	**23.7**	**11.8**
武汉市	2712.7	1248.3	473.8	321.9	143.7	44.0	447.5	22.3	11.0
黄石市	129.8	92.4					37.4		
十堰市	0.1			0.1					
宜昌市	0.6				0.1		0.4		
襄阳市	17.0	9.1	0.8	1.1	1.6		3.0	1.4	0.1
鄂州市	5.8	4.1	1.7						
荆门市									
孝感市	21.1	17.1	0.1	1.1	0.1		2.7		
荆州市	23.2	15.8	6.6	0.6			0.3		
黄冈市	4.9	3.6		0.8			0.4		0.1
咸宁市	28.1	2.8	2.8	20.8	0.3	0.5	0.4		0.7
随州市	0.2	0.2							
恩施州	18.6	12.5			4.1	2.0			
仙桃市									
潜江市									
天门市									
神农架									

2-B-2.6　各地区按主要用途分的国有总承包和专业承包企业房屋竣工价值

单位：万元

地　区	合　计	住宅房屋	商业及服务用房屋	办公用房　屋	科研、教育和医疗用房屋	文化、体育和娱乐用房屋	厂房及建筑物	仓　库	其他未列明的房屋建筑物
全　省	**7471325.5**	**3279416.9**	**1487375.0**	**956100.4**	**501312.3**	**130230.9**	**997493.8**	**52424.9**	**66971.3**
武汉市	7111491.5	3033904.4	1470441.5	927508.0	493098.2	126152.5	943547.7	50912.8	65926.4
黄石市	155200.0	112126.7					43073.3		
十堰市	150.0			150.0					
宜昌市	667.7				150.0		517.7		
襄阳市	25253.4	14242.3	1814.0	1394.1	1823.2		4160.1	1512.1	307.6
鄂州市	7625.3	5638.6	1986.7						
荆门市									
孝感市	76732.6	70939.9	151.8	1133.2	53.3		4454.4		
荆州市	30706.8	18525.8	10081.0	1080.0			1020.0		
黄冈市	5862.5	4594.7		879.9			300.6		87.3
咸宁市	31645.2	3000.0	2900.0	23955.2	260.0	460.0	420.0		650.0
随州市	125.5	125.5							
恩施州	25865.0	16319.0			5927.6	3618.4			
仙桃市									
潜江市									
天门市									
神农架									

2-B-2.7 各地区国有总承包和专业承包企业施工机械设备情况

地　区	年末自有施工机械设备总台数(台)	年末自有施工机械设备总功率(千瓦)	年末自有施工机械设备净值(万元)	技术装备率(元/人)	动力装备率(千瓦/人)
全　省	**118994**	**1813177**	**477164.7**	**26816.8**	**10.2**
武汉市	97547	1241716	368458.3	34959.1	11.8
黄石市	4626	296806	4867.0	6389.7	39.0
十堰市	57	4645	715.0	2238.6	1.5
宜昌市	1637	36529	19159.3	16191.4	3.1
襄阳市	8610	126778	42975.6	17197.8	5.1
鄂州市	751	7846	9475.6	48295.6	4.0
荆门市	212	5546	1962.6	9672.7	2.7
孝感市	197	7341	2152.7	10662.2	3.6
荆州市	875	13217	1128.4	3172.3	3.7
黄冈市	2620	39687	4984.2	6765.6	5.4
咸宁市	346	9758	3658.1	10354.1	2.8
随州市	258	2178	1193.3	12534.7	2.3
恩施州	559	11556	8550.2	51725.3	7.0
仙桃市	417	2910	2663.2	38485.5	4.2
潜江市	95	2000	622.4	8549.5	2.7
天门市	157	2204	4397.0	142297.7	7.1
神农架	30	2460	201.8	19403.8	23.7

2-B-2.8　各地区国有总承包和专业承包企业主要生产效益指标

地　区	建筑业企业个数（个）	从事建筑业活动的平均人数（人）	按总产值计算的劳动生产率（元/人）	人均竣工产值（元/人）	人均施工面积（平方米/人）	人均竣工面积（平方米/人）
全　省	**194**	**176923**	**1717063.1**	**859177.1**	**985.1**	**167.4**
武汉市	65	102111	2618016.6	1353129.4	1658.9	265.7
黄石市	7	7636	396417.0	240710.8	347.9	170.0
十堰市	8	3231	378133.7	235422.5	0.3	0.2
宜昌市	12	11535	555316.4	53552.1	0.5	0.5
襄阳市	23	25534	587006.5	155997.3	16.0	6.7
鄂州市	5	2037	551415.8	57873.8	148.0	28.6
荆门市	8	2041	326535.0	218351.3		
孝感市	10	2036	247470.0	499458.3	139.9	103.6
荆州市	16	4321	288102.8	229810.0	114.6	53.8
黄冈市	12	7073	286001.3	103284.5	20.4	6.9
咸宁市	12	3569	863919.0	460612.2	113.1	78.8
随州市	4	1002	321350.3	285742.5	1.8	1.8
恩施州	7	2238	430537.1	371319.5	89.3	83.0
仙桃市	1	1231	334596.3	105585.7		
潜江市	1	720	408758.3	408758.3		
天门市	2	506	257306.3	240087.0		
神农架	1	102	491303.9	275617.6		

2-B-2.9 各地区国有总承包和专业承包企业营业收入

单位：万元

地 区	营业收入	在境外完成的营业收入	企业总产值	建筑业总产值
全 省	**32777930.5**	**3165122.3**	**45981943.0**	**30378796.3**
武汉市	29254437.7	2584825.9	41975899.2	26732828.9
黄石市	621197.9	328221.3	331663.5	302704.0
十堰市	91436.1		122175.0	122175.0
宜昌市	644243.9	77985.9	656626.3	640557.5
襄阳市	1250242.7		1501931.1	1498862.3
鄂州市	45637.0		116457.4	112323.4
荆门市	66800.2		66695.8	66645.8
孝感市	48783.1		143156.9	50384.9
荆州市	130133.8		124502.3	124489.2
黄冈市	164072.3	174089.2	341188.5	202288.7
咸宁市	236720.5		308332.7	308332.7
随州市	28139.9		32798.3	32199.3
恩施州	107427.2		99635.8	96354.2
仙桃市	41188.8		41188.8	41188.8
潜江市	29501.8		29430.6	29430.6
天门市	12956.3		85249.5	13019.7
神农架	5011.3		5011.3	5011.3

2-B-2.10　各地区国有总承包和专业承包企业资产构成

单位：万元

地　区	资产总计	流动资产总计	#存货
全　省	**46779785.9**	**32080136.8**	**9749268.3**
武汉市	43299909.5	29136044.0	9401989.4
黄石市	1040708.5	916556.9	101072.5
十堰市	137421.5	114780.4	26971.8
宜昌市	558957.1	493575.8	7900.9
襄阳市	715408.2	592080.8	66972.4
鄂州市	42747.3	34128.9	7730.2
荆门市	120687.5	94667.1	24886.5
孝感市	148408.5	129663.9	6382.9
荆州市	117328.6	83025.2	15772.8
黄冈市	113663.9	97049.7	30395.4
咸宁市	224326.3	174857.3	44014.1
随州市	36582.8	25384.1	3343.8
恩施州	79080.5	56479.9	11025.1
仙桃市	55512.7	51759.6	377.6
潜江市	24137.9	23549.0	
天门市	10334.3	2094.0	408.7
神农架	54570.8	54440.2	24.2

2-B-2.11 各地区国有总承包和专业承包企业固定资产情况

单位：万元

地　区	固定资产原价	固定资产折旧	#本年折旧	在建工程
全　省	**4635084.2**	**1950778.5**	**347087.1**	**2279289.5**
武汉市	4043896.0	1643248.4	301029.7	2210960.5
黄石市	207906.4	124131.4	14657.3	14536.2
十堰市	11527.7	3717.4	1204.5	10228.0
宜昌市	85681.8	39618.3	4946.7	1052.4
襄阳市	111228.4	54476.0	8647.3	23377.1
鄂州市	8795.8	5380.0	2570.0	548.4
荆门市	4894.6	1814.8	641.6	24.3
孝感市	18234.0	9332.5	1525.4	8848.5
荆州市	38302.3	18474.5	3096.7	1406.7
黄冈市	13087.5	3650.4	1355.4	91.8
咸宁市	51874.5	29072.2	3037.3	375.4
随州市	4881.5	1432.2	480.7	169.8
恩施州	18171.8	7143.0	674.6	761.8
仙桃市	7170.4	4507.2	1974.9	1874.6
潜江市	1382.5	794.4	83.7	
天门市	7521.8	3589.2	1102.5	5034.0
神农架	527.2	396.6	58.8	

2-B-2.12　各地区国有总承包和专业承包企业负债及所有者权益

单位：万元

地　区	负债合计	#流动负债	#应付账款	所有者权益	#实收资本
全　省	**36483468.4**	**29218095.0**	**12547052.7**	**10296317.5**	**2803343.8**
武汉市	33969858.8	26900956.5	11412991.0	9330050.7	2323073.4
黄石市	874915.2	869572.0	583797.7	165793.3	69856.6
十堰市	69325.3	48094.8	16271.8	68096.2	8683.0
宜昌市	414112.5	402869.7	226825.5	144844.6	73542.2
襄阳市	434772.2	419979.1	184730.8	280636.0	137067.8
鄂州市	35152.3	33160.3	923.8	7595.0	8729.6
荆门市	85798.7	80545.7	20105.0	34888.8	10318.3
孝感市	99797.5	25323.3	3631.5	48611.0	31532.1
荆州市	63723.1	58902.5	25475.3	53605.5	32423.8
黄冈市	78435.2	66671.1	15078.9	35228.7	22317.9
咸宁市	154660.5	131186.1	6956.7	69665.8	50303.4
随州市	22083.9	9648.5	3290.4	14498.9	9130.0
恩施州	55215.6	46432.8	12189.1	23864.9	15823.9
仙桃市	49626.3	49626.3	15118.2	5886.4	3077.0
潜江市	18945.3	18945.3	17909.3	5192.6	713.3
天门市	2654.9	1789.9	1613.3	7679.4	6700.0
神农架	54391.1	54391.1	144.4	179.7	51.5

2-B-2.13 各地区国有总承包和专业承包企业实收资本

单位：万元

地　区	合　计	国家资本	集体资本	法人资本	个人资本	港澳台资本	外商资本
全　省	**2803343.8**	**2438953.0**	**7207.7**	**356574.1**	**609.0**		
武汉市	2323073.4	1979542.5		343530.9			
黄石市	69856.6	69856.6					
十堰市	8683.0	8590.6	92.4				
宜昌市	73542.2	67933.2		5000.0	609.0		
襄阳市	137067.8	137005.6	50.0	12.2			
鄂州市	8729.6	8729.6					
荆门市	10318.3	10318.3					
孝感市	31532.1	27877.5		3654.6			
荆州市	32423.8	32336.4	87.4				
黄冈市	22317.9	13642.6	5799.9	2875.4			
咸宁市	50303.4	48802.4		1501.0			
随州市	9130.0	9130.0					
恩施州	15823.9	15823.9					
仙桃市	3077.0	3077.0					
潜江市	713.3	713.3					
天门市	6700.0	5522.0	1178.0				
神农架	51.5	51.5					

2-B-2.14　各地区国有总承包和专业承包企业收入情况

单位：万元

地　区	主营业务收　入	#主营业务成　本	#主营业务税金及附加	其他业务收　入	#其他业务利　润
全　省	**32608399.0**	**29421597.0**	**209188.7**	**169531.5**	**47869.9**
武汉市	29101391.8	26323174.3	158583.7	153045.9	44645.5
黄石市	620614.8	566607.5	2381.5	583.1	25.7
十堰市	90351.1	69141.8	3091.4	1085.0	113.0
宜昌市	638594.4	568444.6	4116.3	5649.5	100.0
襄阳市	1247897.8	1109643.0	17912.5	2344.9	442.9
鄂州市	44738.8	40188.3	862.3	898.2	49.4
荆门市	66712.6	57458.4	1260.8	87.6	29.7
孝感市	48651.6	38831.5	1143.8	131.5	97.2
荆州市	125378.3	101791.5	3238.4	4755.5	2445.7
黄冈市	164046.5	137726.8	5974.2	25.8	25.8
咸宁市	236096.8	213279.4	6584.6	623.7	69.7
随州市	27932.9	22033.9	108.3	207.0	
恩施州	107404.6	96807.9	1181.3	22.6	−174.7
仙桃市	41188.8	34453.4	2047.1		
潜江市	29430.6	27850.4	47.5	71.2	
天门市	12956.3	9730.9	638.3		
神农架	5011.3	4433.4	16.7		

2-B-2.15 各地区国有总承包和专业承包企业费用情况

单位：万元

地 区	管理费用	销售费用	财务费用	#利息收入	#利息支出
全 省	**1357426.3**	**170892.6**	**340795.6**	**94557.0**	**341854.2**
武汉市	1205577.7	154716.4	348724.2	78191.8	336341.8
黄石市	39445.5	3036.8	−12697.9	13227.6	1669.0
十堰市	4599.2	3025.3	1506.0	3.0	1449.5
宜昌市	18387.8	82.8	96.6	1500.5	786.3
襄阳市	53273.1	5856.3	383.1	1256.7	805.7
鄂州市	2345.5		−2.7	1.7	10.3
荆门市	3406.0	419.6	518.9	2.4	8.7
孝感市	1883.1	133.7	116.5	83.4	56.4
荆州市	11122.0	880.1	774.4	−8.3	322.9
黄冈市	3468.3	1408.2	313.4	44.0	61.5
咸宁市	8278.9	961.6	356.8	101.9	218.3
随州市	812.9		33.5		
恩施州	3055.5	171.3	571.9	2.5	74.9
仙桃市	1141.5	0.1	0.3	5.1	5.4
潜江市	83.8		−1.0	1.1	
天门市	335.0	30.0	51.5	140.0	43.5
神农架	210.5	170.4	50.1	3.6	

2-B-2.16 各地区国有总承包和专业承包企业利润及税金情况

单位：万元

地 区	利润总额	#应交所得税	税金总额	主营业务税金及附加	应交增值税
全 省	**1386171.9**	**262905.0**	**995661.4**	**209188.7**	**786472.7**
武汉市	1194011.2	226094.1	823477.9	158583.7	664894.2
黄石市	20682.4	2655.7	13862.9	2381.5	11481.4
十堰市	10087.5	1986.2	11751.8	3091.4	8660.4
宜昌市	47808.4	11924.3	20825.3	4116.3	16709.0
襄阳市	55267.9	7755.9	69817.0	17912.5	51904.5
鄂州市	1735.9	446.7	2165.5	862.3	1303.2
荆门市	2424.8	826.2	3719.1	1260.8	2458.3
孝感市	6778.1	417.2	3685.6	1143.8	2541.8
荆州市	9880.4	1786.4	8486.5	3238.4	5248.1
黄冈市	13022.1	2417.9	12570.9	5974.2	6596.7
咸宁市	6531.6	2056.4	14211.9	6584.6	7627.3
随州市	5156.4	230.9	1383.8	108.3	1275.5
恩施州	5458.9	2374.2	4189.5	1181.3	3008.2
仙桃市	3557.6	1406.2	2688.0	2047.1	640.9
潜江市	1470.6	367.1	1334.5	47.5	1287.0
天门市	2170.6	127.7	1415.7	638.3	777.4
神农架	127.5	31.9	75.5	16.7	58.8

2-B-2.17 各地区国有总承包和专业承包企业应收工程款及企业亏损情况

地 区	应收工程款(万元)	企业个数(个)	#亏损企业个数	亏损企业的比重(%)
全 省	**6537984.6**	**194**	**10**	**5.2**
武汉市	5533485.7	65	2	3.1
黄石市	357029.7	7		
十堰市	62635.4	8		
宜昌市	149427.6	12		
襄阳市	201350.6	23		
鄂州市	19485.9	5	2	40.0
荆门市	33176.4	8	1	12.5
孝感市	9533.6	10		
荆州市	33037.8	16	2	12.5
黄冈市	19647.9	12	1	8.3
咸宁市	36415.6	12	2	16.7
随州市	9421.3	4		
恩施州	27086.8	7		
仙桃市	44784.5	1		
潜江市	333.9	1		
天门市	785.4	2		
神农架	346.5	1		

2-B-2.18　各地区国有总承包和专业承包企业主要经济效益指标

地　区	产值利润率(%)	产值利税率(%)	资本利润率(%)	资本利税率(%)	人均利润(元/人)	人均利税(元/人)	资产负债率(%)
全　省	**4.6**	**7.8**	**49.4**	**85.0**	**78348.9**	**134625.4**	**78.0**
武汉市	4.5	7.5	51.4	86.8	116932.7	197578.0	78.5
黄石市	6.8	11.4	29.6	49.5	27085.4	45240.0	84.1
十堰市	8.3	17.9	116.2	251.5	31221.0	67593.0	50.4
宜昌市	7.5	10.7	65.0	93.3	41446.4	59500.4	74.1
襄阳市	3.7	8.3	40.3	91.3	21644.8	48987.6	60.8
鄂州市	1.5	3.5	19.9	44.7	8521.8	19152.7	82.2
荆门市	3.6	9.2	23.5	59.5	11880.5	30102.4	71.1
孝感市	13.5	20.8	21.5	33.2	33291.3	51393.4	67.2
荆州市	7.9	14.8	30.5	56.6	22866.0	42506.1	54.3
黄冈市	6.4	12.7	58.3	114.7	18411.0	36184.1	69.0
咸宁市	2.1	6.7	13.0	41.2	18300.9	58121.3	68.9
随州市	16.0	20.3	56.5	71.6	51461.1	65271.5	60.4
恩施州	5.7	10.0	34.5	61.0	24391.9	43111.7	69.8
仙桃市	8.6	15.2	115.6	203.0	28900.1	50736.0	89.4
潜江市	5.0	9.5	206.2	393.3	20425.0	38959.7	78.5
天门市	16.7	27.5	32.4	53.5	42897.2	70875.5	25.7
神农架	2.5	4.1	247.6	394.2	12500.0	19902.0	99.7

2-B-2.19　各地区集体总承包和专业承包企业签订合同情况

单位：万元

地　区	签订合同额	上年结转合同额	本年新签合同额
全　省	**1414325.9**	**122437.7**	**1291888.2**
武汉市	143431.4	21883.1	121548.3
黄石市	99025.2	8524.9	90500.3
十堰市	66042.0	13126.3	52915.7
宜昌市			
襄阳市	55115.3	3567.2	51548.1
鄂州市	14616.7	5892.6	8724.1
荆门市	34961.0	7587.0	27374.0
孝感市	501266.1	2444.5	498821.6
荆州市	184127.6	4094.8	180032.8
黄冈市	138691.3	20651.1	118040.2
咸宁市	176695.1	34666.2	142028.9
随州市			
恩施州			
仙桃市			
潜江市	354.2		354.2
天门市			
神农架			

2-B-2.20 各地区集体总承包和专业承包企业承包工程完成情况

单位：万元

地　区	直接从建设单位承揽工程完成的产值	自行完成施工产值	分包出去工程的产值	从建设单位以外承揽工程完成的产值
全　省	**769111.6**	**763241.3**	**5870.3**	**21339.8**
武汉市	86968.7	86968.7		7255.4
黄石市	49563.2	49563.2		6621.7
十堰市	64570.7	64570.7		
宜昌市				
襄阳市	54795.8	54795.8		5176.1
鄂州市	14616.7	14616.7		
荆门市	32883.0	32883.0		
孝感市	25372.2	25372.2		
荆州市	151595.7	151595.7		
黄冈市	123856.2	117985.9	5870.3	2286.6
咸宁市	164535.2	164535.2		
随州市				
恩施州				
仙桃市				
潜江市	354.2	354.2		
天门市				
神农架				

2–B–2.21 各地区集体企业总承包和专业承包总产值和竣工产值

单位：万元

地 区	建筑业总产值	#装饰装修产值	#在外省完成的产值	按构成分组			竣工产值
				建筑工程产值	安装工程产值	其他产值	
全 省	**784581.1**	**5045.7**	**7290.6**	**721971.2**	**60520.2**	**2089.7**	**515509.4**
武汉市	94224.1		3519.1	56528.1	37696.0		57522.8
黄石市	56184.9		771.5	56184.9			4819.1
十堰市	64570.7		3000.0	62697.7	1873.0		40881.3
宜昌市							
襄阳市	59971.9	900.4		53266.5	5477.8	1227.6	50011.8
鄂州市	14616.7			12241.7	2375.0		1973.7
荆门市	32883.0	497.0		32883.0			30116.0
孝感市	25372.2	1557.5		23883.4	1306.7	182.1	28834.9
荆州市	151595.7			150401.5	514.2	680.0	107177.5
黄冈市	120272.5	1736.6		119552.2	720.3		63424.8
咸宁市	164535.2			153978.0	10557.2		130393.3
随州市							
恩施州							
仙桃市							
潜江市	354.2	354.2		354.2			354.2
天门市							
神农架							

2-B-2.22　各地区集体总承包和专业承包企业房屋建筑面积

地　区	房屋施工面积(万平方米)	#本年新开工	房屋竣工面积(万平方米)	房屋竣工率(%)
全　省	**533.7**	**372.7**	**349.3**	**65.5**
武汉市	46.9	38.1	34.2	72.9
黄石市	58.8	35.5	0.5	0.8
十堰市	52.2	23.5	25.7	49.3
宜昌市				
襄阳市	26.2	21.4	19.6	74.8
鄂州市	0.9	0.9	0.9	99.2
荆门市	27.4	23.4	24.4	88.8
孝感市	28.7	24.0	26.6	92.8
荆州市	114.8	100.9	72.3	62.9
黄冈市	64.2	20.5	52.1	81.1
咸宁市	113.5	84.6	93.1	82.0
随州市				
恩施州				
仙桃市				
潜江市				
天门市				
神农架				

2-B-2.23 各地区按主要用途分的集体总承包和专业承包企业房屋竣工面积

单位：万平方米

地　区	合　计	住宅房屋	商业及服务用房屋	办公用房　屋	科研、教育和医疗用房屋	文化、体育和娱乐用房屋	厂房及建筑物	仓　库	其他未列明的房屋建筑物
全　省	**349.3**	**237.6**	**39.2**	**10.2**	**13.1**	**2.5**	**41.3**	**4.1**	**1.3**
武汉市	34.2	30.2					4.0		
黄石市	0.5	0.3	0.2						
十堰市	25.7	25.7							
宜昌市									
襄阳市	19.6	4.8		2.6	3.3	0.6	7.9		0.4
鄂州市	0.9			0.7					0.2
荆门市	24.4	15.3			1.2		7.6	0.4	
孝感市	26.6	22.4	1.1	1.5	0.4		0.7		0.5
荆州市	72.3	34.4	29.6	0.6	0.8		6.8		
黄冈市	52.1	32.3	7.8		6.3	1.9	3.6		0.2
咸宁市	93.1	72.1	0.4	4.9	1.1		10.8	3.7	
随州市									
恩施州									
仙桃市									
潜江市									
天门市									
神农架									

2-B-2.24　各地区按主要用途分的集体总承包和专业承包企业房屋竣工价值

单位：万元

地　区	合　计	住宅房屋	商业及服务用房屋	办公用房　屋	科研、教育和医疗用房屋	文化、体育和娱乐用房屋	厂房及建筑物	仓　库	其他未列明的房屋建筑物
全　省	**410321.7**	**275225.9**	**53885.9**	**11216.7**	**14592.9**	**2290.7**	**47387.7**	**4310.9**	**1411.0**
武汉市	44687.9	38384.9					6289.0	14.0	
黄石市	513.6	258.0	255.6						
十堰市	32838.1	32838.1							
宜昌市									
襄阳市	18685.5	5499.7		2567.1	3104.6	594.9	6504.3		414.9
鄂州市	841.2			643.3					197.9
荆门市	30116.0	18420.1			1281.5		9992.0	422.4	
孝感市	22820.3	17357.1	1593.6	1921.8	608.8		731.8		607.2
荆州市	97182.2	42906.5	43683.5	799.0	1375.0		8418.2		
黄冈市	57014.8	38040.7	7516.2		6123.0	1695.8	3448.1		191.0
咸宁市	105622.1	81520.8	837.0	5285.5	2100.0		12004.3	3874.5	
随州市									
恩施州									
仙桃市									
潜江市									
天门市									
神农架									

2-B-2.25 各地区集体总承包和专业承包企业施工机械设备情况

地　区	年末自有施工机械设备总台数(台)	年末自有施工机械设备总功率(千瓦)	年末自有施工机械设备净值(万元)	技术装备率(元/人)	动力装备率(千瓦/人)
全　省	**9342**	**120488**	**33746.8**	**11963.1**	**4.3**
武汉市	1010	7780	1864.8	7623.9	3.2
黄石市	277	3362	589.7	4017.0	2.3
十堰市	557	5801	1226.5	3534.6	1.7
宜昌市					
襄阳市	307	21375	1377.1	4859.2	7.5
鄂州市	126	303	591.6	8896.2	0.5
荆门市	472	10926	2818.4	23235.0	9.0
孝感市	653	14991	5295.2	30821.9	8.7
荆州市	995	19623	11215.0	20167.2	3.5
黄冈市	3161	25720	3550.4	9395.1	6.8
咸宁市	1781	10530	5212.5	10526.1	2.1
随州市					
恩施州					
仙桃市					
潜江市	3	77	5.6	543.7	0.7
天门市					
神农架					

2-B-2.26　各地区集体总承包和专业承包企业主要生产效益指标

地　区	建筑业企业个数(个)	从事建筑业活动的平均人数(人)	按总产值计算的劳动生产率(元/人)	人均竣工产值(元/人)	人均施工面积(平方米/人)	人均竣工面积(平方米/人)
全　省	**70**	**26191**	**299561.3**	**196826.9**	**203.8**	**133.4**
武汉市	13	2449	384745.2	234882.8	191.4	139.5
黄石市	4	1545	363656.3	31191.6	380.7	3.0
十堰市	5	2074	311334.1	197113.3	251.9	124.2
宜昌市						
襄阳市	7	2761	217210.8	181136.5	94.8	70.9
鄂州市	2	650	224872.3	30364.6	13.3	13.2
荆门市	4	1198	274482.5	251385.6	229.0	203.4
孝感市	3	1720	147512.8	167644.8	166.9	154.9
荆州市	13	5571	272115.8	192384.7	206.1	129.7
黄冈市	8	3917	307052.6	161921.9	164.0	133.1
咸宁市	9	4203	391470.9	310238.6	270.1	221.5
随州市						
恩施州						
仙桃市						
潜江市	2	103	34388.3	34388.3		
天门市						
神农架						

2-B-2.27 各地区集体总承包和专业承包企业营业收入

单位：万元

地 区	营业收入	在境外完成的营业收入	企业总产值	建筑业总产值
全 省	**667291.3**	**600.0**	**796528.9**	**784581.1**
武汉市	104714.4		94424.1	94224.1
黄石市	57240.6		56184.9	56184.9
十堰市	48701.9	600.0	64570.7	64570.7
宜昌市				
襄阳市	49507.0		59971.9	59971.9
鄂州市	14251.9		14616.7	14616.7
荆门市	27358.4		32883.0	32883.0
孝感市	17782.1		29712.3	25372.2
荆州市	132640.1		151614.1	151595.7
黄冈市	82311.4		124661.8	120272.5
咸宁市	132168.8		167535.2	164535.2
随州市				
恩施州				
仙桃市				
潜江市	614.7		354.2	354.2
天门市				
神农架				

2-B-2.28　各地区集体总承包和专业承包企业资产构成

单位：万元

地　区	资产总计	流动资产总计	#存货
全　省	**336553.6**	**219973.0**	**40147.0**
武汉市	75799.5	66394.1	17576.0
黄石市	31644.9	22028.2	1052.2
十堰市	11179.9	8926.6	1142.3
宜昌市			
襄阳市	33087.4	24446.1	1603.3
鄂州市	20015.5	9510.8	1424.6
荆门市	4054.7	2032.5	215.1
孝感市	8868.2	3110.6	555.0
荆州市	70265.2	36587.6	4397.0
黄冈市	26086.3	13348.7	1894.2
咸宁市	54364.0	32839.8	10165.3
随州市			
恩施州			
仙桃市			
潜江市	1188.0	748.0	122.0
天门市			
神农架			

2-B-2.29 各地区集体总承包和专业承包企业固定资产情况

单位：万元

地　区	固定资产原价	固定资产折旧	#本年折旧	在建工程
全　省	**112611.0**	**52249.4**	**10574.8**	**14288.9**
武汉市	12010.3	6153.4	437.6	138.4
黄石市	4868.5	2217.3	238.8	581.4
十堰市	4610.8	2805.6	353.4	440.3
宜昌市				
襄阳市	23505.6	17013.2	2253.4	
鄂州市	2363.6	1494.5	208.5	153.4
荆门市	2703.2	1352.5	291.7	
孝感市	7625.4	2820.9	961.2	139.8
荆州市	26779.3	8116.2	1453.8	5411.2
黄冈市	6004.9	1913.9	530.3	566.3
咸宁市	21314.4	7976.9	3818.1	6858.1
随州市				
恩施州				
仙桃市				
潜江市	825.0	385.0	28.0	
天门市				
神农架				

2-B-2.30　各地区集体总承包和专业承包企业负债及所有者权益

单位：万元

地　区	负债合计	#流动负债	#应付账款	所有者权益	#实收资本
全　省	**165518.3**	**148750.2**	**42307.9**	**171035.3**	**106530.0**
武汉市	45524.2	45171.7	18480.5	30275.3	18178.1
黄石市	14447.3	14447.3	6411.9	17197.6	7483.7
十堰市	4552.7	3916.5	2133.3	6627.2	4973.5
宜昌市					
襄阳市	23322.4	16947.6	2281.8	9765.0	6445.3
鄂州市	17308.3	17308.3	3665.6	2707.2	2600.0
荆门市	811.4	801.1	552.1	3243.3	2917.5
孝感市	3015.9	696.8	55.8	5852.3	3401.6
荆州市	23885.9	22390.5	1234.3	46379.3	31475.3
黄冈市	10274.5	7060.7	1078.1	15811.8	10967.0
咸宁市	22195.7	19869.7	6384.5	32168.3	17276.0
随州市					
恩施州					
仙桃市					
潜江市	180.0	140.0	30.0	1008.0	812.0
天门市					
神农架					

2-B-2.31 各地区集体总承包和专业承包企业实收资本

单位：万元

地区	合计	国家资本	集体资本	法人资本	个人资本	港澳台资本	外商资本
全省	**106530.0**		**92421.3**	**13308.7**	**800.0**		
武汉市	18178.1		18038.1	140.0			
黄石市	7483.7		4080.4	3403.3			
十堰市	4973.5		4973.5				
宜昌市							
襄阳市	6445.3		6435.3	10.0			
鄂州市	2600.0		2600.0				
荆门市	2917.5		2265.7	451.8	200.0		
孝感市	3401.6		1965.0	1436.6			
荆州市	31475.3		26799.0	4676.3			
黄冈市	10967.0		7176.3	3190.7	600.0		
咸宁市	17276.0		17276.0				
随州市							
恩施州							
仙桃市							
潜江市	812.0		812.0				
天门市							
神农架							

2-B-2.32　各地区集体总承包和专业承包企业收入情况

单位：万元

地　区	主营业务收　入	#主营业务成　本	#主营业务税金及附加	其他业务收　入	#其他业务利　润
全　省	**665315.5**	**553072.7**	**21252.3**	**1975.8**	**13.8**
武汉市	104433.9	93329.2	2405.1	280.5	
黄石市	57240.6	52221.1	978.2		
十堰市	48701.9	38111.7	613.8		
宜昌市					
襄阳市	48581.8	39621.0	2413.7	925.2	
鄂州市	14229.0	12687.3	334.0	22.9	
荆门市	27358.4	25085.6	310.7		
孝感市	17782.1	11300.5	1560.9		
荆州市	132030.9	108028.6	5285.6	609.2	
黄冈市	82173.4	67620.4	4321.9	138.0	13.8
咸宁市	132168.8	104457.2	3025.2		
随州市					
恩施州					
仙桃市					
潜江市	614.7	610.1	3.2		
天门市					
神农架					

2-B-2.33 各地区集体总承包和专业承包企业费用情况

单位：万元

地 区	管理费用	销售费用	财务费用		
				#利息收入	#利息支出
全省总计	**21357.0**	**7315.3**	**3347.9**	**191.4**	**1904.2**
武汉市	3422.1	1018.2	205.2	7.5	36.8
黄石市	837.2		367.5	1.1	38.6
十堰市	1999.3	404.9	2.6	2.0	
宜昌市					
襄阳市	1551.7	616.5	173.4	59.1	120.3
鄂州市	1061.6	11.2	117.1	0.8	113.1
荆门市	322.2	251.9	68.0		67.9
孝感市	789.3	83.1	112.8	30.3	35.0
荆州市	4478.0	1600.0	1121.4	90.6	788.5
黄冈市	1263.1	570.8	277.7		210.1
咸宁市	5606.8	2752.5	901.9		493.9
随州市					
恩施州					
仙桃市					
潜江市	25.7	6.2	0.3		
天门市					
神农架林区					

2-B-2.34　各地区集体总承包和专业承包企业利润及税金情况

单位：万元

地　区	利润总额	#应交所得税	税金总额	主营业务税金及附加	应交增值税
全　省	**58716.7**	**10365.4**	**44685.6**	**21252.3**	**23433.3**
武汉市	3992.1	1280.8	4973.2	2405.1	2568.1
黄石市	2583.3	217.1	1970.1	978.2	991.9
十堰市	7571.4	736.4	2622.1	613.8	2008.3
宜昌市					
襄阳市	4223.1	716.2	3877.7	2413.7	1464.0
鄂州市	9.9	1.2	992.5	334.0	658.5
荆门市	1320.0	387.2	1522.3	310.7	1211.6
孝感市	4050.9	232.4	2406.9	1560.9	846.0
荆州市	11459.4	2190.6	9055.6	5285.6	3770.0
黄冈市	8129.7	1178.0	8282.1	4321.9	3960.2
咸宁市	15407.8	3425.5	8951.9	3025.2	5926.7
随州市					
恩施州					
仙桃市					
潜江市	-30.9		31.2	3.2	28.0
天门市					
神农架					

2-B-2.35 各地区集体总承包和专业承包企业应收工程款及企业亏损情况

单位：万元

地 区	应收工程款(万元)	企业个数(个)	#亏损企业个数	亏损企业的比重(%)
全 省	**65936.7**	**70**	**2**	**2.9**
武汉市	24407.5	13		
黄石市	1562.2	4		
十堰市	5453.8	5		
宜昌市				
襄阳市	2008.3	7		
鄂州市	4348.5	2		
荆门市	847.5	4		
孝感市	1608.7	3		
荆州市	9371.3	13		
黄冈市	7433.0	8		
咸宁市	8515.9	9		
随州市				
恩施州				
仙桃市				
潜江市	380.0	2	2	100.0
天门市				
神农架				

2-B-2.36　各地区集体总承包和专业承包企业主要经济效益指标

地　区	产值利润率(%)	产值利税率(%)	资本利润率(%)	资本利税率(%)	人均利润(元/人)	人均利税(元/人)	资产负债率(%)
全　省	**7.5**	**13.2**	**55.1**	**97.1**	**22418.7**	**39480.1**	**49.2**
武汉市	4.2	9.5	22.0	49.3	16300.9	36608.0	60.1
黄石市	4.6	8.1	34.5	60.8	16720.4	29471.8	45.7
十堰市	11.7	15.8	152.2	205.0	36506.3	49149.0	40.7
宜昌市							
襄阳市	7.0	13.5	65.5	125.7	15295.5	29340.1	70.5
鄂州市	0.1	6.9	0.4	38.6	152.3	15421.5	86.5
荆门市	4.0	8.6	45.2	97.4	11018.4	23725.4	20.0
孝感市	16.0	25.5	119.1	189.8	23551.7	37545.3	34.0
荆州市	7.6	13.5	36.4	65.2	20569.7	36824.6	34.0
黄冈市	6.8	13.6	74.1	149.6	20754.9	41898.9	39.4
咸宁市	9.4	14.8	89.2	141.0	36659.1	57957.9	40.8
随州市							
恩施州							
仙桃市							
潜江市	-8.7	0.1	-3.8		-3000.0	29.1	15.2
天门市							
神农架							

2-B-2.37 各地区私营总承包和专业承包企业签订合同情况

单位：万元

地　区	签订合同额	上年结转合同额	本年新签合同额
全　省	**52224735.6**	**18352450.9**	**33872284.7**
武汉市	20970067.0	9055571.2	11914495.8
黄石市	2143851.5	610123.4	1533728.1
十堰市	2170797.2	819383.7	1351413.5
宜昌市	4660034.4	1867862.1	2792172.3
襄阳市	3699208.9	1187433.9	2511775.0
鄂州市	1333721.2	390357.6	943363.6
荆门市	888088.7	214094.3	673994.4
孝感市	1483708.6	350676.7	1133031.9
荆州市	1629619.4	896009.4	733610.0
黄冈市	8406606.3	1771334.3	6635272.0
咸宁市	982082.5	255667.3	726415.2
随州市	913316.2	166868.8	746447.4
恩施州	979247.8	321130.1	658117.7
仙桃市	938645.9	211765.2	726880.7
潜江市	290962.3	58747.1	232215.2
天门市	683726.2	161326.6	522399.6
神农架	51051.5	14099.2	36952.3

2-B-2.38　各地区私营总承包和专业承包企业承包工程完成情况

单位：万元

地　区	直接从建设单位承揽工程完成的产值	自行完成施工产值	分包出去工程的产值	从建设单位以外承揽工程完成的产值
全　省	**36942550.7**	**36379425.3**	**563125.4**	**985673.4**
武汉市	12720187.6	12451078.8	269108.8	250138.0
黄石市	1802278.0	1785674.3	16603.7	19765.3
十堰市	1416329.6	1401963.5	14366.1	13965.1
宜昌市	3339585.0	3323571.3	16013.7	144157.8
襄阳市	2943127.1	2857229.6	85897.5	72949.1
鄂州市	1047713.1	1042970.7	4742.4	40260.6
荆门市	722047.1	717892.1	4155.0	14470.0
孝感市	1160193.0	1135174.8	25018.2	35007.4
荆州市	1010886.2	1003279.3	7606.9	25301.3
黄冈市	6764455.4	6683552.0	80903.4	250533.0
咸宁市	752014.8	733821.8	18193.0	48277.8
随州市	667958.9	664219.4	3739.5	1276.4
恩施州	765618.0	762025.0	3593.0	5631.7
仙桃市	931454.0	918809.3	12644.7	8641.3
潜江市	277220.7	276761.2	459.5	3312.9
天门市	587142.1	587062.1	80.0	51985.7
神农架	34340.1	34340.1		

2-B-2.39 各地区私营企业总承包和专业承包总产值和竣工产值

单位：万元

地　区	建筑业总产值	#装饰装修产值	#在外省完成的产值	按构成分组			竣工产值
				建筑工程产值	安装工程产值	其他产值	
全　省	**37370123.3**	**2221464.0**	**5722072.5**	**33874038.0**	**2217757.1**	**1278328.2**	**35119872.1**
武汉市	12701216.8	1123623.1	1539120.6	11241509.7	860109.2	599597.9	18580043.5
黄石市	1810464.2	38475.5	125198.9	1680430.8	74873.5	55159.9	1352521.7
十堰市	1415928.6	44723.4	221106.7	1326974.9	49297.8	39655.9	886169.8
宜昌市	3467729.1	134128.3	93984.4	3169669.7	169780.6	128278.8	2168087.6
襄阳市	2930178.7	53931.4	254330.0	2795468.1	76630.8	58079.8	1433881.8
鄂州市	1083231.3	25020.2	101039.2	925339.7	118306.0	39585.6	717107.4
荆门市	732362.1	18942.1	10481.5	687700.0	31391.3	13270.8	552358.8
孝感市	1170182.2	137350.2	99634.6	935893.5	191667.5	42621.2	912413.8
荆州市	1028580.6	64511.8	172460.8	913788.8	59094.3	55697.5	607361.6
黄冈市	6934085.0	309221.3	2988204.9	6544137.3	307848.5	82099.2	5051825.7
咸宁市	782099.6	51805.4	29396.0	715376.6	54382.2	12340.8	572841.2
随州市	665495.8	6668.6	11483.6	621066.3	15572.3	28857.2	510029.4
恩施州	767656.7	8770.1	943.9	740435.0	12531.9	14689.8	532929.7
仙桃市	927450.6	110678.1	31674.0	796016.9	54639.5	76794.2	583933.2
潜江市	280074.1	4555.3	34314.2	223747.4	45486.5	10840.2	215333.3
天门市	639047.8	86686.1	8699.2	531125.5	93175.2	14747.1	416419.5
神农架	34340.1	2373.1		25357.8	2970.0	6012.3	26614.1

2-B-2.40　各地区私营总承包和专业承包企业房屋建筑面积

地　区	房屋施工面积(万平方米)	#本年新开工	房屋竣工面积(万平方米)	房屋竣工率(%)
全　省	**21906.5**	**11843.2**	**11715.3**	**53.5**
武汉市	6165.9	2974.1	2845.2	46.1
黄石市	1359.7	905.9	747.9	55.0
十堰市	1060.7	577.8	529.7	49.9
宜昌市	2226.6	623.9	859.5	38.6
襄阳市	1401.5	764.8	811.9	57.9
鄂州市	553.0	256.4	360.5	65.2
荆门市	462.7	260.4	268.8	58.1
孝感市	715.2	433.7	561.6	78.5
荆州市	489.5	175.7	251.7	51.4
黄冈市	4851.8	3241.9	2990.0	61.6
咸宁市	595.6	348.7	361.9	60.8
随州市	626.4	427.7	343.3	54.8
恩施州	524.0	260.2	236.6	45.1
仙桃市	423.4	324.5	290.5	68.6
潜江市	106.9	62.9	50.0	46.7
天门市	333.2	197.4	201.3	60.4
神农架	10.4	7.2	5.0	47.7

2-B-2.41 各地区按主要用途分的私营总承包和专业承包企业房屋竣工面积

单位：万平方米

地 区	合 计	住宅房屋	商业及服务用房屋	办公用房 屋	科研、教育和医疗用房屋	文化、体育和娱乐用房屋	厂房及建筑物	仓 库	其他未列明的房屋建筑物
全 省	**11715.3**	**8973.6**	**533.1**	**547.4**	**218.7**	**46.3**	**1191.6**	**40.0**	**164.6**
武汉市	2845.2	2378.7	90.9	102.0	66.6	3.0	178.4	10.5	15.1
黄石市	747.9	554.3	49.0	37.0	17.8	16.6	44.6	1.6	27.0
十堰市	529.7	379.0	60.3	3.8	8.0	6.0	34.9	0.1	37.7
宜昌市	859.5	717.7	17.9	24.9	17.7	7.6	65.4	1.1	7.3
襄阳市	811.9	543.0	33.0	31.6	8.9	2.0	179.6	0.6	13.2
鄂州市	360.5	274.6	26.9	4.1	0.5		45.0	2.1	7.3
荆门市	268.8	205.4	22.6	6.6	4.1	1.5	21.5	5.2	2.0
孝感市	561.6	334.3	60.0	52.2	12.0	0.1	96.5	0.2	6.2
荆州市	251.7	150.6	52.9	10.7	7.2	0.5	16.1	1.5	12.1
黄冈市	2990.0	2339.3	44.4	199.0	17.4	2.2	367.4	14.3	6.0
咸宁市	361.9	271.6	26.7	10.7	10.4	0.6	30.3	2.0	9.6
随州市	343.3	258.4	17.5	19.4	1.0		45.4	0.4	1.2
恩施州	236.6	165.0	8.3	14.4	13.5	0.2	19.4		15.7
仙桃市	290.5	215.5	12.3	18.4	3.2	1.0	38.5	0.5	1.1
潜江市	50.0	33.0	6.5	6.4	2.2	0.1			1.7
天门市	201.3	152.4	1.8	4.1	28.2	4.9	8.6		1.4
神农架	5.0	0.8	2.0	2.1					0.2

2-B-2.42　各地区按主要用途分的私营总承包和专业承包企业房屋竣工价值

单位：万元

地　区	合　计	住宅房屋	商业及服务用房屋	办公用房　屋	科研、教育和医疗用房屋	文化、体育和娱乐用房屋	厂房及建筑物	仓　库	其他未列明的房屋建筑物
全　省	**17283645.4**	**13318185.1**	**893369.8**	**810463.7**	**420657.5**	**80197.3**	**1468884.5**	**62027.3**	**223542.4**
武汉市	4346966.2	3698743.3	150886.2	134239.7	138198.4	4593.0	183984.1	9204.2	20799.5
黄石市	1129948.4	788438.0	76928.4	63879.4	28914.9	26425.2	81936.9	3041.1	60384.5
十堰市	640952.5	453839.2	100994.2	4939.8	15416.8	8246.7	37126.5	96.2	20293.1
宜昌市	1464566.0	1165234.8	123787.3	43615.3	25774.5	12706.0	81963.9	1935.4	9548.8
襄阳市	1125075.2	816972.3	59246.9	35856.5	17412.6	1371.9	177071.2	668.7	16475.1
鄂州市	463550.5	349593.8	38209.1	5360.4	542.4	2.0	60070.0	2458.3	7314.5
荆门市	338164.8	256720.3	24239.1	10461.2	6451.2	2439.9	26531.1	7034.5	4287.5
孝感市	656877.2	365299.1	80771.5	66540.7	21785.0	1363.5	114429.4	200.0	6488.0
荆州市	398960.1	240271.5	83097.8	19033.4	14007.8	559.9	22587.5	1939.7	17462.5
黄冈市	4627791.0	3666070.3	64040.1	316233.6	28724.3	2365.8	510696.7	28719.2	10941.0
咸宁市	456877.0	340334.7	26107.0	17261.0	17105.3	2010.9	37470.7	4661.2	11926.2
随州市	443188.1	333819.1	23068.2	25370.6	2693.0	7.0	52865.8	691.3	4673.1
恩施州	322133.6	233208.4	11646.8	16432.1	19441.9	1834.6	17226.5	1041.4	21301.9
仙桃市	435401.3	330137.8	14943.3	27588.0	4160.6	1170.9	56081.6	303.1	1016.0
潜江市	72934.9	48462.0	9340.0	11787.5	2052.0	58.7			1234.7
天门市	353176.5	229671.3	2072.6	10453.5	77976.8	15041.3	8842.6	33.0	9085.4
神农架	7082.1	1369.2	3991.3	1411.0					310.6

2-B-2.43 各地区私营总承包和专业承包企业施工机械设备情况

地 区	年末自有施工机械设备总台数(台)	年末自有施工机械设备总功率(千瓦)	年末自有施工机械设备净值(万元)	技术装备率(元/人)	动力装备率(千瓦/人)
全 省	**383738**	**4588866**	**1028220.0**	**12716.3**	**5.7**
武汉市	46071	948862	240978.2	9920.4	3.9
黄石市	13466	155125	39492.1	8081.2	3.2
十堰市	6007	190288	62039.0	16084.8	4.9
宜昌市	7302	236941	76280.5	12261.2	3.8
襄阳市	230029	793083	47525.3	7109.8	11.9
鄂州市	6942	76610	23650.1	7953.4	2.6
荆门市	8179	183400	41082.9	19637.2	8.8
孝感市	7829	173954	25402.9	7200.2	4.9
荆州市	4421	143941	203858.5	74862.7	5.3
黄冈市	19251	1094825	151651.1	10243.7	7.4
咸宁市	3834	38182	14904.2	8491.9	2.2
随州市	2138	37538	13750.1	10458.7	2.9
恩施州	6101	64098	34429.1	15470.3	2.9
仙桃市	4179	87076	16145.3	10562.1	5.7
潜江市	2351	308433	19721.2	29290.4	45.8
天门市	15348	42549	11741.8	10300.7	3.7
神农架	290	13961	5567.7	34995.0	8.8

2-B-2.44 各地区私营总承包和专业承包企业主要生产效益指标

地　区	建筑业企业个数(个)	从事建筑业活动的平均人数(人)	按总产值计算的劳动生产率(元/人)	人均竣工产值(元/人)	人均施工面积(平方米/人)	人均竣工面积(平方米/人)
全　省	**2300**	**825855**	**452502.2**	**425254.7**	**265.3**	**141.9**
武汉市	779	246249	515787.5	754522.6	250.4	115.5
黄石市	96	47875	378164.8	282511.1	284.0	156.2
十堰市	153	38556	367239.5	229839.7	275.1	137.4
宜昌市	207	67116	516677.0	323035.9	331.8	128.1
襄阳市	144	67962	431149.6	210982.9	206.2	119.5
鄂州市	71	30771	352029.9	233046.5	179.7	117.2
荆门市	83	26241	279090.8	210494.6	176.3	102.4
孝感市	94	37035	315966.6	246365.3	193.1	151.6
荆州市	122	26507	388041.1	229132.5	184.7	95.0
黄冈市	237	147026	471623.0	343600.8	330.0	203.4
咸宁市	84	18147	430980.1	315667.2	328.2	199.4
随州市	53	13298	500448.0	383538.4	471.1	258.1
恩施州	92	22353	343424.5	238415.3	234.4	105.8
仙桃市	29	16400	565518.7	356056.8	258.2	177.1
潜江市	23	6856	408509.5	314080.1	155.9	72.9
天门市	23	11719	545309.2	355337.1	284.3	171.8
神农架	10	1744	196904.2	152603.8	59.8	28.5

2-B-2.45 各地区私营总承包和专业承包企业营业收入

单位：万元

地区	营业收入	在境外完成的营业收入	企业总产值	建筑业总产值
全　省	**34264925.7**	**384565.7**	**40480303.2**	**37370123.3**
武汉市	11826481.7	220307.8	13633634.7	12701216.8
黄石市	1650953.9	22178.1	2070413.6	1810464.2
十堰市	1206460.2	200.0	1433903.6	1415928.6
宜昌市	3267671.9	5074.4	3530451.6	3467729.1
襄阳市	2490387.3	1403.7	3272323.7	2930178.7
鄂州市	735030.2	12219.6	1758154.0	1083231.3
荆门市	614920.0	3252.0	740288.7	732362.1
孝感市	1092485.3	2850.0	1193249.4	1170182.2
荆州市	847590.1	1125.3	1073948.8	1028580.6
黄冈市	6672582.3	112946.0	7524749.9	6934085.0
咸宁市	662590.8	259.5	803749.6	782099.6
随州市	656474.0	2749.3	669900.1	665495.8
恩施州	651822.7		844061.7	767656.7
仙桃市	980052.8		972062.9	927450.6
潜江市	263365.3		280174.1	280074.1
天门市	617436.7		639050.9	639047.8
神农架	28620.5		40185.9	34340.1

2-B-2.46 各地区私营总承包和专业承包企业资产构成

单位：万元

地 区	资产总计	流动资产总计	#存货
全 省	**21337313.8**	**17121173.6**	**3778125.0**
武汉市	9097257.1	7536380.7	1682095.5
黄石市	938862.3	762122.4	209894.9
十堰市	1029578.1	694053.1	147892.7
宜昌市	1742428.4	1415581.5	300231.3
襄阳市	1267642.5	1002434.5	220569.0
鄂州市	528139.7	442315.7	79437.5
荆门市	658330.9	516405.6	97550.6
孝感市	931652.9	733766.5	131474.9
荆州市	748525.6	572851.1	112318.7
黄冈市	2346267.0	1878486.5	474560.5
咸宁市	324312.9	237669.7	37469.0
随州市	279228.4	219327.5	63050.9
恩施州	584583.5	449003.4	58879.7
仙桃市	289568.5	229338.4	60370.7
潜江市	255797.5	214208.9	34435.6
天门市	272944.5	187675.6	66140.9
神农架	42194.0	29552.5	1752.6

2-B-2.47 各地区私营总承包和专业承包企业固定资产情况

单位：万元

地区	固定资产原价	固定资产折旧	#本年折旧	在建工程
全 省	**3307791.4**	**1384649.4**	**381306.1**	**360038.4**
武汉市	1137990.3	494637.0	99233.4	63197.3
黄石市	107157.8	51266.7	11201.9	13907.3
十堰市	288928.1	112908.4	49265.2	22795.5
宜昌市	293746.2	125518.8	44598.1	17759.6
襄阳市	157408.3	68389.4	17344.5	28769.5
鄂州市	82864.6	33088.0	6377.1	12160.5
荆门市	97625.9	41914.9	10462.9	17795.2
孝感市	145669.8	42298.1	12610.1	20944.8
荆州市	161967.5	68191.3	15742.5	9797.4
黄冈市	384237.4	154006.7	36188.0	61081.8
咸宁市	73978.3	33619.6	7052.6	19697.9
随州市	51917.3	23550.3	5748.8	11112.3
恩施州	105033.4	32337.1	6825.9	9802.0
仙桃市	50290.7	21825.1	8568.1	6398.8
潜江市	54644.6	29067.0	19112.5	3022.9
天门市	104794.3	48638.7	29871.6	36591.5
神农架	9536.9	3392.3	1102.9	5204.1

2-B-2.48　各地区私营总承包和专业承包企业负债及所有者权益

单位：万元

地　区	负债合计	#流动负债	#应付账款	所有者权益	#实收资本
全　省	**9925528.0**	**8423612.7**	**3228514.3**	**11408701.5**	**6034353.4**
武汉市	4640865.3	3833226.7	1544156.7	4453480.2	2599925.8
黄石市	387616.8	291721.9	74603.9	548597.2	227327.5
十堰市	446822.1	327452.4	129565.5	582756.0	276956.3
宜昌市	808036.3	745573.3	393834.8	934392.1	451224.2
襄阳市	734206.9	665467.9	287611.8	533435.6	337382.4
鄂州市	201789.0	191138.1	71648.9	326350.7	164131.9
荆门市	288613.5	268270.7	74702.3	369717.4	183164.7
孝感市	435589.1	393477.8	124337.2	496063.8	252097.1
荆州市	370610.2	310560.5	143240.7	377915.4	275580.8
黄冈市	748685.1	600171.7	144801.8	1600057.5	614314.5
咸宁市	120199.1	109499.2	49568.8	204113.8	120822.3
随州市	60896.4	58837.4	9576.5	218332.0	104534.6
恩施州	307992.1	287501.9	60864.6	276591.4	179853.8
仙桃市	136308.2	116579.3	36174.2	153260.3	109644.0
潜江市	148760.5	140525.5	41802.3	107037.0	72971.3
天门市	64216.4	60951.6	32858.5	208728.1	49879.7
神农架	24321.0	22656.8	9165.8	17873.0	14542.5

2-B-2.49 各地区私营总承包和专业承包企业实收资本

单位：万元

地区	合计	国家资本	集体资本	法人资本	个人资本	港澳台资本	外商资本
全 省	**6034353.4**	**4271.4**	**37700.0**	**1346667.2**	**4644914.0**	**107.8**	**100.0**
武汉市	2599925.8	20.0	270.6	250570.4	2348471.8		
黄石市	227327.5		21947.4	87656.2	117723.9		
十堰市	276956.3	332.6	1925.0	108936.8	165561.9	100.0	100.0
宜昌市	451224.2	11.0	62.0	114910.8	336233.8	6.6	
襄阳市	337382.4		916.2	147436.0	189029.0	1.2	
鄂州市	164131.9	56.3	2000.0	42314.3	119761.3		
荆门市	183164.7			39866.6	143298.1		
孝感市	252097.1	1500.0	3846.0	82898.0	163853.1		
荆州市	275580.8		824.6	64066.1	210690.1		
黄冈市	614314.5	1550.0	3771.2	228736.3	380257.0		
咸宁市	120822.3		400.0	12332.0	108090.3		
随州市	104534.6			54203.7	50330.9		
恩施州	179853.8		737.0	65284.0	113832.8		
仙桃市	109644.0	1.5		7002.5	102640.0		
潜江市	72971.3			9208.4	63762.9		
天门市	49879.7	800.0	1000.0	22740.1	25339.6		
神农架	14542.5			8505.0	6037.5		

2-B-2.50　各地区私营总承包和专业承包企业收入情况

单位：万元

地　　区	主营业务收　　入	#主营业务成　　本	#主营业务税金及附加	其他业务收　　入	#其他业务利　　润
全　省	**33989182.0**	**29482933.8**	**624127.2**	**275743.7**	**8725.7**
武汉市	11815860.3	10410981.1	186057.2	10621.4	1996.9
黄石市	1573510.3	1331766.1	66755.5	77443.6	149.4
十堰市	1179087.8	950396.0	19390.3	27372.4	81.9
宜昌市	3207232.3	2581584.0	59175.2	60439.6	1042.5
襄阳市	2462981.9	2035277.5	58611.0	27405.4	43.2
鄂州市	733840.8	624259.5	24958.6	1189.4	800.0
荆门市	610697.8	520460.6	16550.8	4222.2	1003.4
孝感市	1067177.3	911695.8	31058.0	25308.0	437.7
荆州市	843577.2	700267.9	14086.1	4012.9	1351.8
黄冈市	6646106.2	6127797.8	53691.8	26476.1	1606.7
咸宁市	661465.1	545726.6	11654.0	1125.7	123.0
随州市	656228.3	551619.9	7976.3	245.7	4.2
恩施州	646530.6	571433.2	13641.7	5292.1	77.2
仙桃市	975474.8	809636.3	35175.8	4578.0	
潜江市	263354.1	245024.3	5340.8	11.2	7.8
天门市	617436.7	540522.2	19072.3		
神农架	28620.5	24485.0	931.8		

2-B-2.51 各地区私营总承包和专业承包企业费用情况

单位：万元

地　区	管理费用	销售费用	财务费用	#利息收入	#利息支出
全　省	**981137.3**	**197296.1**	**232096.7**	**4002.5**	**112805.3**
武汉市	348860.3	55829.6	94453.3	2625.2	61958.6
黄石市	39110.4	11333.8	16174.1	111.9	4407.2
十堰市	43929.3	7536.0	8157.8	144.0	5856.1
宜昌市	121232.3	17465.4	11467.4	315.4	15225.9
襄阳市	102607.7	23798.2	20913.0	127.6	5154.1
鄂州市	18167.4	3946.3	1635.8	97.0	631.5
荆门市	19192.6	6753.3	4135.4	32.7	1772.4
孝感市	38542.9	13055.6	9479.6	82.1	1638.9
荆州市	31267.0	4208.2	5601.7	33.4	2538.7
黄冈市	120848.7	17326.4	43112.8	88.0	4161.8
咸宁市	19932.6	9214.0	5357.0	187.3	4118.1
随州市	14376.1	2162.7	1814.2	17.7	365.0
恩施州	17527.1	3532.9	3699.9	98.4	2285.3
仙桃市	27979.5	15073.0	3027.3	11.6	652.7
潜江市	5414.2	473.5	887.7	-0.5	379.5
天门市	10379.8	5502.0	1574.7	23.2	1147.9
神农架	1769.4	85.2	605.0	7.5	511.6

2-B-2.52　各地区私营总承包和专业承包企业利润及税金情况

单位：万元

地　区	利润总额	#应交所得税	税金总额	主营业务税金及附加	应交增值税
全　省	**2477652.8**	**499796.5**	**1845506.4**	**624127.2**	**1221379.2**
武汉市	681248.4	194256.2	590132.7	186057.2	404075.5
黄石市	120035.5	18568.1	144217.8	66755.5	77462.3
十堰市	170306.9	21250.8	68197.1	19390.3	48806.8
宜昌市	423544.8	60063.8	168430.0	59175.2	109254.8
襄阳市	223986.0	24681.0	125000.2	58611.0	66389.2
鄂州市	62834.3	9744.4	56030.7	24958.6	31072.1
荆门市	44831.5	7945.3	39399.6	16550.8	22848.8
孝感市	71665.4	13845.3	80964.6	31058.0	49906.6
荆州市	81388.7	15378.9	59102.2	14086.1	45016.1
黄冈市	291778.8	68599.8	257492.8	53691.8	203801.0
咸宁市	70809.4	13524.3	34874.2	11654.0	23220.2
随州市	76453.8	12545.7	40370.7	7976.3	32394.4
恩施州	34554.8	10895.4	37286.7	13641.7	23645.0
仙桃市	77686.4	17578.0	69606.3	35175.8	34430.5
潜江市	6201.3	1566.2	17131.6	5340.8	11790.8
天门市	39594.7	9142.6	55113.8	19072.3	36041.5
神农架	732.1	210.7	2155.4	931.8	1223.6

2-B-2.53 各地区私营总承包和专业承包企业应收工程款及企业亏损情况

地区	应收工程款(万元)	企业个数(个)	#亏损企业个数	亏损企业的比重(%)
全省	**5950832.7**	**2300**	**164**	**7.1**
武汉市	2528301.0	779	99	12.7
黄石市	288100.2	96	1	1.0
十堰市	268562.5	153	1	0.7
宜昌市	600498.8	207	10	4.8
襄阳市	363662.6	144	1	0.7
鄂州市	182221.3	71	2	2.8
荆门市	146165.6	83	4	4.8
孝感市	241753.6	94	8	8.5
荆州市	275456.7	122	6	4.9
黄冈市	497393.1	237	16	6.8
咸宁市	93783.6	84	1	1.2
随州市	69039.6	53	5	9.4
恩施州	166294.1	92	7	7.6
仙桃市	83589.0	29		
潜江市	70439.5	23	3	13.0
天门市	66274.0	23		
神农架	9297.5	10		

2-B-2.54　各地区私营总承包和专业承包企业主要经济效益指标

地　　区	产值利润率(%)	产值利税率(%)	资本利润率(%)	资本利税率(%)	人均利润(元/人)	人均利税(元/人)	资产负债率(%)
全　省	**6.6**	**11.6**	**41.1**	**71.6**	**30001.1**	**52347.7**	**46.5**
武汉市	5.4	10.0	26.2	48.9	27665.0	51629.9	51.0
黄石市	6.6	14.6	52.8	116.2	25072.7	55196.5	41.3
十堰市	12.0	16.8	61.5	86.1	44171.3	61859.1	43.4
宜昌市	12.2	17.1	93.9	131.2	63106.4	88201.7	46.4
襄阳市	7.6	11.9	66.4	103.4	32957.5	51350.2	57.9
鄂州市	5.8	11.0	38.3	72.4	20420.0	38628.9	38.2
荆门市	6.1	11.5	24.5	46.0	17084.5	32099.0	43.8
孝感市	6.1	13.0	28.4	60.5	19350.7	41212.4	46.8
荆州市	7.9	13.7	29.5	51.0	30704.6	53001.4	49.5
黄冈市	4.2	7.9	47.5	89.4	19845.4	37358.8	31.9
咸宁市	9.1	13.5	58.6	87.5	39019.9	58237.5	37.1
随州市	11.5	17.6	73.1	111.8	57492.7	87851.2	21.8
恩施州	4.5	9.4	19.2	39.9	15458.7	32139.5	52.7
仙桃市	8.4	15.9	70.9	134.3	47369.8	89812.6	47.1
潜江市	2.2	8.3	8.5	32.0	9045.1	34032.8	58.2
天门市	6.2	14.8	79.4	189.9	33786.8	80816.2	23.5
神农架	2.1	8.4	5.0	19.9	4197.8	16556.8	57.6

2-B-2.55 各地区股份制总承包和专业承包企业签订合同情况

单位：万元

地 区	签订合同额	上年结转合同额	本年新签合同额
全 省	**174123781.5**	**78548895.2**	**95574886.3**
武汉市	116067452.3	49489829.7	66577622.6
黄石市	2783152.4	834699.3	1948453.1
十堰市	5649277.9	3295159.2	2354118.7
宜昌市	22217230.3	15016244.3	7200986.0
襄阳市	8357535.4	4104996.0	4252539.4
鄂州市	746325.0	367723.7	378601.3
荆门市	1230724.2	372297.8	858426.4
孝感市	4353879.9	890345.9	3463534.0
荆州市	2114921.7	737658.4	1377263.3
黄冈市	4591265.5	1335245.0	3256020.5
咸宁市	947735.5	276658.3	671077.2
随州市	961355.9	526864.0	434491.9
恩施州	430599.2	157966.6	272632.6
仙桃市	355062.9	158080.2	196982.7
潜江市	2603099.7	818648.2	1784451.5
天门市	666992.0	134358.0	532634.0
神农架	47171.7	32120.6	15051.1

2-B-2.56　各地区股份制总承包和专业承包企业承包工程完成情况

单位：万元

地　区	直接从建设单位承揽工程完成的产值			从建设单位以外承揽工程完成的产值
		自行完成施工产值	分包出去工程的产值	
全　省	**82274184.7**	**81149570.6**	**1124614.1**	**1507303.2**
武汉市	52715028.8	52102634.5	612394.3	782149.4
黄石市	2246027.5	2227552.5	18475.0	56078.8
十堰市	3209303.5	3198167.3	11136.2	21453.6
宜昌市	6391880.6	6379840.7	12039.9	107969.6
襄阳市	4770467.8	4702356.1	68111.7	85783.2
鄂州市	686095.4	676518.7	9576.7	3604.4
荆门市	894638.4	885645.9	8992.5	25144.8
孝感市	3190745.3	3170363.2	20382.1	179618.9
荆州市	1472289.5	1465702.6	6586.9	16385.0
黄冈市	3646234.3	3395662.0	250572.3	127351.7
咸宁市	629444.0	625343.9	4100.1	8620.2
随州市	520096.8	517789.9	2306.9	5104.8
恩施州	285986.2	277403.2	8583.0	28771.5
仙桃市	263968.5	241152.1	22816.4	22776.4
潜江市	771197.9	707039.7	64158.2	24058.8
天门市	549944.1	545562.2	4381.9	12432.1
神农架	30836.1	30836.1		

2-B-2.57 各地区股份制总承包和专业承包企业总产值和竣工产值

单位：万元

地 区	建筑业总产值	#装饰装修产值	#在外省完成的产值	按构成分组			竣工产值
				建筑工程产值	安装工程产值	其他产值	
全 省	**82656873.8**	**3123818.7**	**31286874.2**	**72763383.5**	**7570092.8**	**2323397.5**	**40009986.9**
武汉市	52884783.9	1918826.8	24292272.1	46086754.2	5272934.8	1525094.9	24830518.3
黄石市	2283631.3	185127.3	49218.6	2122256.9	137433.5	23940.9	1638006.4
十堰市	3219620.9	15773.0	1557444.2	3078609.5	103773.4	37238.0	774861.7
宜昌市	6487810.3	63021.9	2722924.0	5882879.9	513861.0	91069.4	1525036.7
襄阳市	4788139.3	104212.5	1042712.2	4438535.0	274915.8	74688.5	2855444.0
鄂州市	680123.1	41076.1	80942.4	452850.5	171057.8	56214.8	226390.6
荆门市	910790.7	13623.1	11473.4	809576.9	64767.3	36446.5	647328.9
孝感市	3349982.1	289889.8	778609.4	2900802.0	377194.2	71985.9	2278362.0
荆州市	1482087.6	155001.6	47437.3	1363764.8	63817.2	54505.6	911050.1
黄冈市	3523013.7	228676.2	400628.7	3019529.0	340571.6	162913.1	2415965.6
咸宁市	633964.1	14661.8	40575.3	562433.2	51471.5	20059.4	438505.0
随州市	522894.7	16586.8	12972.1	475734.1	25776.1	21384.5	392691.5
恩施州	306174.7	25894.7	20100.0	260900.4	31793.8	13480.5	185387.8
仙桃市	263928.5	5400.0		232638.5	14980.0	16310.0	214653.1
潜江市	731098.5	1534.3	164039.0	624725.9	74003.0	32369.6	361305.9
天门市	557994.3	44505.1	65525.5	424639.6	51741.8	81612.9	284442.4
神农架	30836.1	7.7		26753.1		4083.0	30036.9

2-B-2.58　各地区股份制总承包和专业承包企业房屋建筑面积

地　区	房屋施工面积(万平方米)	#本年新开工	房屋竣工面积(万平方米)	房屋竣工率(%)
全　省	**48107.0**	**22639.3**	**17746.8**	**36.9**
武汉市	33020.8	14200.3	10062.0	30.5
黄石市	1067.1	629.4	683.2	64.0
十堰市	454.6	318.5	248.8	54.7
宜昌市	1526.3	650.4	573.1	37.5
襄阳市	3743.2	1151.9	1060.4	28.3
鄂州市	192.0	90.7	104.3	54.3
荆门市	441.5	308.5	255.4	57.9
孝感市	3304.4	2688.7	2068.7	62.6
荆州市	684.0	252.1	329.3	48.1
黄冈市	1867.8	1389.0	1436.7	76.9
咸宁市	263.6	184.9	219.8	83.4
随州市	467.0	196.1	282.7	60.5
恩施州	130.1	44.4	65.7	50.5
仙桃市	112.3	43.2	93.5	83.3
潜江市	540.0	282.5	121.7	22.5
天门市	279.9	205.0	136.9	48.9
神农架	12.5	3.8	4.6	36.8

2-B-2.59　各地区按主要用途分的股份制总承包和专业承包企业房屋竣工面积

单位：万平方米

地　区	合　计	住宅房屋	商业及服务用房屋	办公用房　屋	科研、教育和医疗用房屋	文化、体育和娱乐用房屋	厂房及建筑物	仓　库	其他未列明的房屋建筑物
全　省	**17746.8**	**12138.0**	**1981.2**	**629.6**	**880.2**	**208.9**	**1457.7**	**134.5**	**316.6**
武汉市	10062.0	6677.2	1530.7	299.7	559.3	166.0	683.2	97.2	48.8
黄石市	683.2	428.6	113.2	23.4	4.5		65.2		48.4
十堰市	248.8	202.9	5.1	3.0	1.3		19.0		17.5
宜昌市	573.1	414.7	55.1	7.3	10.8	2.2	67.8	0.8	14.5
襄阳市	1060.4	815.5	24.7	27.3	48.6	1.0	112.3	3.3	27.7
鄂州市	104.3	53.9			39.8		10.6		
荆门市	255.4	149.1	11.6	30.4	5.2	4.4	48.9	0.4	5.3
孝感市	2068.7	1677.5	21.9	53.2	79.6		220.9	0.3	15.3
荆州市	329.3	244.5	4.1	12.6	3.3	0.2	54.5	0.8	9.4
黄冈市	1436.7	811.3	112.1	130.1	115.9	29.8	127.4	24.2	86.0
咸宁市	219.8	167.9	26.4	5.1		5.2	3.1		12.1
随州市	282.7	219.9	7.1	15.9	3.4		19.7	6.6	10.1
恩施州	65.7	45.9	4.1	4.9	2.3	0.3	3.9	0.6	3.8
仙桃市	93.5	84.0	1.8	1.6	1.6		4.6		
潜江市	121.7	59.4	45.6	0.3	3.9		4.4	0.2	7.8
天门市	136.9	82.8	17.7	14.9	1.0		11.5	0.2	8.8
神农架	4.6	2.7					0.7		1.2

2-B-2.60 各地区按主要用途分的股份制总承包和专业承包企业房屋竣工价值

单位：万元

地 区	合 计	住宅房屋	商业及服务用房屋	办公用房 屋	科研、教育和医疗用房屋	文化、体育和娱乐用房屋	厂房及建筑物	仓 库	其他未列明的房屋建筑物
全 省	**27142991.1**	**17275841.6**	**3754314.6**	**1458051.6**	**1310190.6**	**315043.8**	**2174790.0**	**115406.4**	**739352.5**
武汉市	17066237.7	10471317.3	2984668.9	1026558.7	868832.9	266221.5	1171089.6	75369.6	202179.2
黄石市	1353275.0	764729.9	284339.1	47512.2	6145.9		115407.7		135140.2
十堰市	428903.2	349173.9	8589.8	5987.4	1712.1		31136.0		32304.0
宜昌市	939379.4	696862.1	94615.0	12513.9	17689.0	2650.5	75844.2	529.7	38675.0
襄阳市	1613185.5	1261652.6	36025.7	27297.8	60114.4	667.4	136420.5	4342.3	86664.8
鄂州市	133767.9	52209.9			52326.2		29231.8		
荆门市	345099.9	200456.2	21376.2	36535.0	6350.2	4846.9	67716.9	300.5	7518.0
孝感市	1720859.8	1231719.6	31910.0	61483.5	111590.9		265701.7	362.4	18091.7
荆州市	419997.3	329441.2	5957.4	13265.1	4837.2	300.0	53501.9	825.0	11869.5
黄冈市	1904807.0	1133809.3	134377.9	184262.0	152597.2	34292.7	180473.2	27598.1	57396.6
咸宁市	295376.5	222210.3	46377.0	5628.4		5697.6	3541.9		11921.3
随州市	313414.5	257773.6	11658.6	4791.6	4315.3		15710.0	4511.3	14654.1
恩施州	86408.9	57711.0	7289.9	7694.5	2750.7	367.2	5787.2	1050.0	3758.4
仙桃市	137433.7	118775.0	5160.0	4587.5	4448.5		4462.7		
潜江市	209556.7	25691.3	55882.7	733.4	15443.5		3671.0	318.5	107816.3
天门市	168973.8	99334.0	26086.4	19200.6	1036.6		14133.7	199.0	8983.5
神农架	6314.3	2974.4					960.0		2379.9

2-B-2.61 各地区股份制总承包和专业承包企业施工机械设备情况

地　区	年末自有施工机械设备总台数(台)	年末自有施工机械设备总功率(千瓦)	年末自有施工机械设备净值(万元)	技术装备率(元/人)	动力装备率(千瓦/人)
全　省	**262261**	**9211458**	**1693340.6**	**14414.9**	**7.8**
武汉市	111388	4553288	1006472.7	16226.3	7.3
黄石市	8443	237293	41346.6	8611.9	4.9
十堰市	7585	313828	75109.8	19638.6	8.2
宜昌市	43724	1350398	105407.7	17085.3	21.9
襄阳市	16113	426886	90599.8	10869.5	5.1
鄂州市	1764	38895	7226.2	4777.3	2.6
荆门市	10657	228711	31156.0	12386.6	9.1
孝感市	14264	1167925	122341.2	14096.4	13.5
荆州市	8498	119059	42558.4	12414.9	3.5
黄冈市	16529	332648	82689.5	9924.4	4.0
咸宁市	2486	73538	22084.0	15439.0	5.1
随州市	7664	98043	22271.2	12159.4	5.4
恩施州	1297	21331	8119.9	8766.9	2.3
仙桃市	1321	36033	5326.7	9817.0	6.6
潜江市	8374	184691	22690.1	11468.9	9.3
天门市	1658	18453	6017.5	5877.0	1.8
神农架	496	10438	1923.3	16826.8	9.1

2-B-2.62　各地区股份制总承包和专业承包企业主要生产效益指标

地　区	建筑业企业个数(个)	从事建筑业活动的平均人数(人)	按总产值计算的劳动生产率(元/人)	人均竣工产值(元/人)	人均施工面积(平方米/人)	人均竣工面积(平方米/人)
全　省	**1664**	**1205340**	**685755.7**	**331939.4**	**399.1**	**147.2**
武汉市	616	656197	805928.5	378400.4	503.2	153.3
黄石市	61	47409	481687.3	345505.4	225.1	144.1
十堰市	97	38064	845844.1	203568.1	119.4	65.4
宜昌市	132	60871	1065829.4	250535.8	250.7	94.2
襄阳市	161	82472	580577.6	346231.9	453.9	128.6
鄂州市	15	14443	470901.5	156747.6	133.0	72.2
荆门市	52	26720	340864.8	242263.8	165.2	95.6
孝感市	75	83700	400236.8	272205.7	394.8	247.2
荆州市	137	32852	451140.8	277319.5	208.2	100.2
黄冈市	128	85393	412564.7	282923.1	218.7	168.2
咸宁市	41	12845	493549.3	341381.9	205.2	171.1
随州市	58	18060	289531.9	217437.2	258.6	156.5
恩施州	38	9619	318302.0	192730.8	135.3	68.3
仙桃市	10	5318	496292.8	403635.0	211.2	175.9
潜江市	24	19287	379062.8	187331.3	280.0	63.1
天门市	14	10940	510049.6	260002.2	255.8	125.1
神农架	5	1150	268140.0	261190.4	109.0	40.1

2-B-2.63 各地区股份制总承包和专业承包企业营业收入

单位：万元

地 区	营业收入	在境外完成的营业收入	企业总产值	建筑业总产值
全 省	**75388048.3**	**1810958.5**	**86300884.1**	**82656873.8**
武汉市	49365888.5	847902.6	54956982.0	52884783.9
黄石市	1933779.9		2330408.4	2283631.3
十堰市	2687271.6	40087.6	3229405.1	3219620.9
宜昌市	5648699.6	542501.3	6780852.0	6487810.3
襄阳市	3984535.0	307278.9	4869651.1	4788139.3
鄂州市	619148.6	11530.6	692117.4	680123.1
荆门市	879045.1	209.5	952191.8	910790.7
孝感市	2944883.0	9614.5	3895079.4	3349982.1
荆州市	1406796.8	815.0	1528960.7	1482087.6
黄冈市	2898229.9	32494.3	3592560.0	3523013.7
咸宁市	561632.1		645013.1	633964.1
随州市	501698.4	3605.2	530974.8	522894.7
恩施州	303477.8	7793.7	367240.6	306174.7
仙桃市	243938.3		311395.2	263928.5
潜江市	993907.9	7125.3	1022736.6	731098.5
天门市	377807.6		564479.8	557994.3
神农架	37308.2		30836.1	30836.1

2-B-2.64　各地区股份制总承包和专业承包企业资产构成

单位：万元

地　区	资产合计	#流动资产合计	#存货
全　省	**61667542.2**	**50218744.9**	**11807537.0**
武汉市	39966137.1	32642141.9	7663303.5
黄石市	1369938.3	1027236.1	371731.6
十堰市	2093939.8	1734994.1	110065.3
宜昌市	7039917.4	5805860.9	1719409.5
襄阳市	2733306.9	2268506.9	219956.9
鄂州市	284607.9	238808.7	56468.1
荆门市	882081.1	689873.3	83563.3
孝感市	1449853.5	1163506.1	435069.2
荆州市	1173757.7	922600.9	169886.8
黄冈市	1706162.9	1260223.0	440615.7
咸宁市	442615.9	367513.5	62689.6
随州市	333093.1	234930.5	55588.1
恩施州	305504.0	251367.9	26994.1
仙桃市	653908.0	587176.9	72100.2
潜江市	1054789.5	893391.0	284970.6
天门市	155636.3	115624.1	34674.2
神农架	22292.8	14989.1	450.3

2-B-2.65 各地区股份制总承包和专业承包企业固定资产情况

单位：万元

地　区	固定资产原价	固定资产折旧	#本年折旧	在建工程
全　省	**7665313.0**	**3724867.2**	**851454.2**	**1187994.4**
武汉市	4065291.7	1897860.7	319360.1	626024.1
黄石市	205532.4	78019.5	15940.7	23738.6
十堰市	695610.8	476187.0	155690.9	33364.4
宜昌市	821325.6	416836.1	77041.9	142178.8
襄阳市	483507.0	271841.7	149300.7	14169.2
鄂州市	67395.9	33378.8	4982.6	2117.2
荆门市	125282.4	55244.9	14737.1	16553.7
孝感市	285706.2	98980.7	26802.5	66999.5
荆州市	220617.6	76602.9	21949.5	21437.4
黄冈市	312934.6	138333.7	27064.2	165634.4
咸宁市	92576.9	54372.1	9140.7	1428.7
随州市	75814.0	27216.0	9593.6	6350.3
恩施州	50424.6	19501.4	3977.3	7381.5
仙桃市	20252.5	8790.4	3308.8	52447.9
潜江市	88780.7	47594.9	6833.4	1671.8
天门市	45617.5	21923.1	4592.3	6488.4
神农架	8642.6	2183.3	1137.9	8.5

2-B-2.66　各地区股份制总承包和专业承包企业负债及所有者权益

单位：万元

地　区	负债合计	#流动负债	#应付账款	所有者权益	#实收资本
全　省	**43555442.8**	**40251878.2**	**19266501.1**	**17847008.9**	**8889387.2**
武汉市	29461167.3	27694327.2	13727392.4	10239879.4	4724598.3
黄石市	597579.8	557540.3	127352.8	772358.5	232180.8
十堰市	1424222.9	1350656.7	831301.6	669716.9	421967.6
宜昌市	5470936.5	4874262.3	2575198.0	1568980.8	808961.4
襄阳市	1784656.4	1515596.1	760826.5	948650.5	584406.5
鄂州市	166472.8	163688.3	36038.5	118135.1	77504.6
荆门市	568706.7	506274.8	135101.2	313374.4	182863.8
孝感市	733064.6	596335.3	99294.4	716788.9	326973.4
荆州市	635564.3	607588.3	167904.3	538193.4	353068.0
黄冈市	771947.1	701730.9	232884.2	934215.8	491735.2
咸宁市	245729.0	213024.9	42828.6	196886.9	124413.8
随州市	128606.1	120542.1	49351.8	204487.0	133461.3
恩施州	171928.4	160158.4	34223.1	133575.6	88546.2
仙桃市	457653.0	265848.4	15120.6	196255.0	127961.6
潜江市	829199.5	820843.3	401351.5	225590.0	152880.0
天门市	98025.8	94428.3	26115.3	57610.5	47958.7
神农架	9982.6	9032.6	4216.3	12310.2	9906.0

2-B-2.67 各地区股份制总承包和专业承包企业实收资本

单位：万元

地　区	合　计	国家资本	集体资本	法人资本	个人资本	港澳台资本	外商资本
全　省	**8889387.2**	**3297872.3**	**363018.8**	**1881180.0**	**3335169.1**	**621.0**	**10526.0**
武汉市	4724598.3	1922902.3	109243.8	1011830.7	1670355.5		10266.0
黄石市	232180.8	29800.1	21614.6	53407.8	127158.3	200.0	
十堰市	421967.6	204859.3	9730.0	55185.5	152192.8		
宜昌市	808961.4	488623.4	7692.0	128497.4	183148.6		
襄阳市	584406.5	242442.4	18554.2	118618.1	204791.8		
鄂州市	77504.6	4220.6	14688.8	11588.9	47006.3		
荆门市	182863.8	52345.3	30246.2	14159.2	86113.1		
孝感市	326973.4	2019.5	37731.4	114381.6	172840.9		
荆州市	353068.0	43536.0	45283.5	80243.8	184004.7		
黄冈市	491735.2	52512.3	26482.4	145846.3	266213.2	421.0	260.0
咸宁市	124413.8	44102.7	10090.0	8235.3	61985.8		
随州市	133461.3	60.0	11407.3	48079.2	73914.8		
恩施州	88546.2	1000.0	6711.9	30661.0	50173.3		
仙桃市	127961.6	99700.0	7056.0	2209.0	18996.6		
潜江市	152880.0	101043.7	817.8	26016.1	25002.4		
天门市	47958.7	4304.7	2568.9	31614.1	9471.0		
神农架	9906.0	4400.0	3100.0	606.0	1800.0		

2-B-2.68　各地区股份制总承包和专业承包企业收入情况

单位：万元

地　区	主营业务收　入	#主营业务成　本	#主营业务税金及附加	其他业务收　入	#其他业务利　润
全　省	**74760379.2**	**66632005.8**	**920435.0**	**627669.1**	**21148.3**
武汉市	49226103.2	44812631.8	487543.3	139785.3	10993.9
黄石市	1932577.4	1490178.6	44708.6	1202.5	412.9
十堰市	2511695.6	2245569.6	18019.0	175576.0	3858.1
宜昌市	5621686.8	4626325.0	37605.0	27012.8	555.9
襄阳市	3755852.8	3171657.8	90062.5	228682.2	1364.3
鄂州市	619148.6	569889.8	6397.9		
荆门市	869571.9	773531.0	17547.5	9473.2	593.2
孝感市	2925203.2	2545162.9	67288.6	19679.8	943.8
荆州市	1405552.3	1210738.2	21586.0	1244.5	99.7
黄冈市	2883069.1	2584199.7	66167.8	15160.8	1253.5
咸宁市	558003.4	482345.5	4645.9	3628.7	142.2
随州市	501548.8	413145.7	11762.2	149.6	
恩施州	303467.0	260737.2	8406.8	10.8	
仙桃市	242938.3	200829.5	6691.9	1000.0	100.0
潜江市	990454.0	898529.0	11446.1	3453.9	230.8
天门市	376198.6	314063.9	20102.9	1609.0	600.0
神农架	37308.2	32470.6	453.0		

2-B-2.69 各地区股份制总承包和专业承包企业费用情况

单位：万元

地　区	管理费用	销售费用	财务费用	#利息收入	#利息支出
全　省	**2397561.2**	**316770.3**	**375988.2**	**87723.9**	**375631.7**
武汉市	1478136.6	161374.4	228898.5	71214.0	274317.4
黄石市	52824.5	12311.4	16885.8	1564.9	12921.5
十堰市	106769.7	5390.8	4164.5	626.8	402.8
宜昌市	251753.4	16509.5	48236.1	7463.0	42536.1
襄阳市	157177.0	43453.2	21723.3	3069.0	12376.6
鄂州市	11995.5	868.7	2658.1	317.2	2880.7
荆门市	27730.9	3064.1	2171.1	535.8	1450.3
孝感市	107928.9	27135.6	18233.1	539.3	3573.8
荆州市	44321.4	4181.7	6187.2	1635.6	3051.3
黄冈市	63668.5	13685.5	13583.1	152.0	9250.8
咸宁市	22461.7	6863.5	2854.7	383.3	571.0
随州市	11997.8	3548.2	1673.4	268.0	1171.1
恩施州	14455.9	6199.5	1457.2	33.0	408.2
仙桃市	7925.6	3198.4	2055.1	36.8	1412.2
潜江市	24722.9	2732.7	3537.6	-144.2	7992.2
天门市	11744.6	5899.6	1488.3	24.7	1131.9
神农架	1946.3	353.5	181.1	4.7	183.8

2-B-2.70　各地区股份制总承包和专业承包企业利润及税金情况

单位：万元

地　区	利润总额	#应交所得税	税金总额	主营业务税金及附加	应交增值税
全　省	**3390751.0**	**764780.0**	**3026740.0**	**920435.0**	**2106305.0**
武汉市	1683888.4	457172.2	1776548.6	487543.3	1289005.3
黄石市	155965.4	33469.1	135681.7	44708.6	90973.1
十堰市	179945.1	16506.8	94191.4	18019.0	76172.4
宜昌市	400038.1	55133.1	176343.0	37605.0	138738.0
襄阳市	285096.9	59912.0	181579.9	90062.5	91517.4
鄂州市	26948.8	2652.5	25062.1	6397.9	18664.2
荆门市	46880.4	11623.2	52027.9	17547.5	34480.4
孝感市	170176.1	40598.3	167325.3	67288.6	100036.7
荆州市	124098.9	18210.9	73691.2	21586.0	52105.2
黄冈市	120406.8	29164.0	179656.3	66167.8	113488.5
咸宁市	39649.2	8553.7	22320.9	4645.9	17675.0
随州市	58874.0	8616.5	33031.1	11762.2	21268.9
恩施州	11716.6	3527.1	19672.1	8406.8	11265.3
仙桃市	21477.5	6960.1	13808.9	6691.9	7117.0
潜江市	54745.3	9573.1	33780.2	11446.1	22334.1
天门市	8920.9	2583.8	39917.6	20102.9	19814.7
神农架	1922.6	523.6	2101.8	453.0	1648.8

2-B-2.71 各地区股份制总承包和专业承包企业应收工程款及企业亏损情况

地 区	应收工程款(万元)	企业个数(个)	#亏损企业个数	亏损企业的比重(%)
全 省	**15899948.9**	**1664**	**124**	**7.5**
武汉市	10175910.0	616	76	12.3
黄石市	341991.7	61	1	1.6
十堰市	790318.4	97	2	2.1
宜昌市	1923395.5	132	5	3.8
襄阳市	869454.4	161	3	1.9
鄂州市	96470.6	15		
荆门市	171222.6	52	2	3.8
孝感市	240826.5	75	7	9.3
荆州市	319197.3	137	7	5.1
黄冈市	380289.4	128	8	6.3
咸宁市	140747.5	41	3	7.3
随州市	78752.6	58	1	1.7
恩施州	87609.8	38	5	13.2
仙桃市	29756.9	10		
潜江市	203744.8	24	4	16.7
天门市	46952.3	14		
神农架	3308.6	5		

2-B-2.72　各地区股份制总承包和专业承包企业主要经济效益指标

地　区	产值利润率(%)	产值利税率(%)	资本利润率(%)	资本利税率(%)	人均利润(元/人)	人均利税(元/人)	资产负债率(%)
全　省	**4.1**	**7.8**	**38.1**	**72.2**	**28131.1**	**53242.2**	**70.6**
武汉市	3.2	6.5	35.6	73.2	25661.3	52734.7	73.7
黄石市	6.8	12.8	67.2	125.6	32897.8	61517.2	43.6
十堰市	5.6	8.5	42.6	65.0	47274.4	72019.9	68.0
宜昌市	6.2	8.9	49.5	71.2	65719.0	94688.9	77.7
襄阳市	6.0	9.7	48.8	79.9	34568.9	56586.1	65.3
鄂州市	4.0	7.6	34.8	67.1	18658.7	36011.1	58.5
荆门市	5.1	10.9	25.6	54.1	17545.1	37016.6	64.5
孝感市	5.1	10.1	52.0	103.2	20331.7	40322.7	50.6
荆州市	8.4	13.3	35.1	56.0	37775.1	60206.4	54.1
黄冈市	3.4	8.5	24.5	61.0	14100.3	35139.1	45.2
咸宁市	6.3	9.8	31.9	49.8	30867.4	48244.5	55.5
随州市	11.3	17.6	44.1	68.9	32599.1	50888.8	38.6
恩施州	3.8	10.3	13.2	35.4	12180.7	32632.0	56.3
仙桃市	8.1	13.4	16.8	27.6	40386.4	66352.8	70.0
潜江市	7.5	12.1	35.8	57.9	28384.6	45899.1	78.6
天门市	1.6	8.8	18.6	101.8	8154.4	44642.1	63.0
神农架	6.2	13.1	19.4	40.6	16718.3	34994.8	44.8

2-B-2.73 各地区外商投资总承包和专业承包企业签订合同情况

单位：万元

地　区	签订合同额	上年结转合同额	本年新签合同额
全　省	**839395.3**	**277635.9**	**561759.4**
武汉市	1621.2		1621.2
黄石市			
十堰市			
宜昌市			
襄阳市	831729.1	277635.9	554093.2
鄂州市	6045.0		6045.0
荆门市			
孝感市			
荆州市			
黄冈市			
咸宁市			
随州市			
恩施州			
仙桃市			
潜江市			
天门市			
神农架			

2-B-2.74　各地区外商投资总承包和专业承包企业承包工程完成情况

单位：万元

地　区	直接从建设单位承揽工程完成的产值			从建设单位以外承揽工程完成的产值
		自行完成施工产值	分包出去工程的产值	
全　省	**547823.5**	**547823.5**		
武汉市	1621.2	1621.2		
黄石市				
十堰市				
宜昌市				
襄阳市	545002.3	545002.3		
鄂州市	1200.0	1200.0		
荆门市				
孝感市				
荆州市				
黄冈市				
咸宁市				
随州市				
恩施州				
仙桃市				
潜江市				
天门市				
神农架				

2-B-2.75 各地区外商投资总承包和专业承包企业总产值和竣工产值

单位：万元

地　区	建筑业总产值	#装饰装修产　值	#在外省完成的产值	按构成分组			竣工产值
				建筑工程产值	安装工程产值	其他产值	
全　省	**547823.5**	**40204.2**	**84784.3**	**547823.5**			**139691.2**
武汉市	1621.2			1621.2			1621.2
黄石市							
十堰市							
宜昌市							
襄阳市	545002.3	40204.2	84784.3	545002.3			138070.0
鄂州市	1200.0			1200.0			
荆门市							
孝感市							
荆州市							
黄冈市							
咸宁市							
随州市							
恩施州							
仙桃市							
潜江市							
天门市							
神农架							

2-B-2.76　各地区外商投资总承包和专业承包企业房屋建筑面积

地　区	房屋施工面积(万平方米)	#本年新开工	房屋竣工面积(万平方米)	房屋竣工率(%)
全　省	**252.7**	**193.0**	**62.6**	**24.8**
武汉市				
黄石市				
十堰市				
宜昌市				
襄阳市	252.7	193.0	62.6	24.8
鄂州市				
荆门市				
孝感市				
荆州市				
黄冈市				
咸宁市				
随州市				
恩施州				
仙桃市				
潜江市				
天门市				
神农架				

2-B-2.77 各地区按主要用途分的外商投资总承包和专业承包企业房屋竣工面积

单位：万平方米

地　区	合　计	住宅房屋	商业及服务用房屋	办公用房　屋	科研、教育和医疗用房屋	文化、体育和娱乐用房屋	厂房及建筑物	仓库	其他未列明的房屋建筑物
全　省	**62.6**	**62.6**							
武汉市									
黄石市									
十堰市									
宜昌市									
襄阳市	62.6	62.6							
鄂州市									
荆门市									
孝感市									
荆州市									
黄冈市									
咸宁市									
随州市									
恩施州									
仙桃市									
潜江市									
天门市									
神农架									

2-B-2.78　各地区按主要用途分的外商投资总承包和专业承包企业房屋竣工价值

单位：万元

地　区	合　计	住宅房屋	商业及服务用房屋	办公用房　屋	科研、教育和医疗用房屋	文化、体育和娱乐用房屋	厂房及建筑物	仓库	其他未列明的房屋建筑物
全　省	**138070.0**	**138070.0**							
武汉市									
黄石市									
十堰市									
宜昌市									
襄阳市	138070.0	138070.0							
鄂州市									
荆门市									
孝感市									
荆州市									
黄冈市									
咸宁市									
随州市									
恩施州									
仙桃市									
潜江市									
天门市									
神农架									

2-B-2.79 各地区外商投资总承包和专业承包企业施工机械设备情况

地　区	年末自有施工机械设备总台数(台)	年末自有施工机械设备总功率(千瓦)	年末自有施工机械设备净值(万元)	技术装备率(元/人)	动力装备率(千瓦/人)
全　省	**1311**	**18571**	**6490.3**	**9872.7**	**2.8**
武汉市	6	360	3.2	842.1	9.5
黄石市					
十堰市					
宜昌市					
襄阳市	1305	18211	6487.1	9963.3	2.8
鄂州市					
荆门市					
孝感市					
荆州市					
黄冈市					
咸宁市					
随州市					
恩施州					
仙桃市					
潜江市					
天门市					
神农架					

2-B-2.80 各地区外商投资总承包和专业承包企业主要生产效益指标

地 区	建筑业企业个数(个)	从事建筑业活动的平均人数(人)	按总产值计算的劳动生产率(元/人)	人均竣工产值(元/人)	人均施工面积(平方米/人)	人均竣工面积(平方米/人)
全 省	**4**	**5667**	**966690.5**	**246499.4**	**446.0**	**110.4**
武汉市	1	33	491272.7	491272.7		
黄石市						
十堰市						
宜昌市						
襄阳市	2	5609	971656.8	246158.0	450.6	111.6
鄂州市	1	25	480000.0			
荆门市						
孝感市						
荆州市						
黄冈市						
咸宁市						
随州市						
恩施州						
仙桃市						
潜江市						
天门市						
神农架						

2-B-2.81 各地区外商投资总承包和专业承包企业营业收入

地　区	营业收入	在境外完成的营业收入	企业总产值	建筑业总产值
全　省	**455350.1**		**547853.5**	**547823.5**
武汉市	1489.5		1621.2	1621.2
黄石市				
十堰市				
宜昌市				
襄阳市	451635.0		545032.3	545002.3
鄂州市	2225.6		1200.0	1200.0
荆门市				
孝感市				
荆州市				
黄冈市				
咸宁市				
随州市				
恩施州				
仙桃市				
潜江市				
天门市				
神农架				

2-B-2.82　各地区外商投资总承包和专业承包企业资产构成

单位：万元

地　区	资产合计	#流动资产合计	#存货
全　省	**174884.4**	**156096.6**	**23442.1**
武汉市	886.7	794.8	283.1
黄石市			
十堰市			
宜昌市			
襄阳市	166654.4	151890.2	20814.9
鄂州市	7343.3	3411.6	2344.1
荆门市			
孝感市			
荆州市			
黄冈市			
咸宁市			
随州市			
恩施州			
仙桃市			
潜江市			
天门市			
神农架			

2-B-2.83 各地区外商投资总承包和专业承包企业固定资产情况

单位：万元

地 区	固定资产原价	固定资产折旧	#本年折旧	在建工程
全 省	**15512.0**	**5363.4**	**1462.8**	**20569.9**
武汉市	184.1	166.2	0.6	74.0
黄石市				
十堰市				
宜昌市				
襄阳市	15215.7	5121.3	1440.7	20495.9
鄂州市	112.2	75.9	21.5	
荆门市				
孝感市				
荆州市				
黄冈市				
咸宁市				
随州市				
恩施州				
仙桃市				
潜江市				
天门市				
神农架				

2-B-2.84　各地区外商投资总承包和专业承包企业负债及所有者权益

单位：万元

地　区	负债合计	#流动负债	#应付账款	所有者权益	#实收资本
全　省	**93305.7**	**91640.6**	**43034.4**	**81578.7**	**63319.5**
武汉市	525.1	525.1	444.5	361.6	261.5
黄石市					
十堰市					
宜昌市					
襄阳市	89235.9	87570.8	41986.6	77418.5	60058.0
鄂州市	3544.7	3544.7	603.3	3798.6	3000.0
荆门市					
孝感市					
荆州市					
黄冈市					
咸宁市					
随州市					
恩施州					
仙桃市					
潜江市					
天门市					
神农架					

2-B-2.85 各地区外商投资总承包和专业承包企业实收资本

单位：万元

地　区	合计	国家资本	集体资本	法人资本	个人资本	港澳台资本	外商资本
全　省	**63319.5**			**27167.0**	**117.7**		**36034.8**
武汉市	261.5			143.8	117.7		
黄石市							
十堰市							
宜昌市							
襄阳市	60058.0			24023.2			36034.8
鄂州市	3000.0			3000.0			
荆门市							
孝感市							
荆州市							
黄冈市							
咸宁市							
随州市							
恩施州							
仙桃市							
潜江市							
天门市							
神农架							

2-B-2.86　各地区外商投资总承包和专业承包企业收入情况

单位：万元

地　区	主营业务收　入	#主营业务成　本	#主营业务税金及附加	其他业务收　入	#其他业务利　润
全　省	**455350.1**	**418242.9**	**2490.4**		
武汉市	1489.5	1374.2	4.4		
黄石市					
十堰市					
宜昌市					
襄阳市	451635.0	415254.8	2485.0		
鄂州市	2225.6	1613.9	1.0		
荆门市					
孝感市					
荆州市					
黄冈市					
咸宁市					
随州市					
恩施州					
仙桃市					
潜江市					
天门市					
神农架					

2-B-2.87 各地区外商投资总承包和专业承包企业费用情况

单位：万元

地 区	管理费用	销售费用	财务费用	#利息收入	#利息支出
全 省	**7054.9**	**2234.2**	**826.8**	**-4.5**	**616.4**
武汉市	61.3			0.1	
黄石市					
十堰市					
宜昌市					
襄阳市	6428.9	2163.0	817.9	-4.7	615.5
鄂州市	564.7	71.2	8.9	0.1	0.9
荆门市					
孝感市					
荆州市					
黄冈市					
咸宁市					
随州市					
恩施州					
仙桃市					
潜江市					
天门市					
神农架					

2-B-2.88　各地区外商投资总承包和专业承包企业利润及税金情况

单位：万元

地　区	利润总额	#应交所得税	税金总额	主营业务税金及附加	应交增值税
全　省	**24437.3**	**6695.9**	**24158.0**	**2490.4**	**21667.6**
武汉市	49.6	5.0	62.0	4.4	57.6
黄石市					
十堰市					
宜昌市					
襄阳市	24421.9	6690.9	24048.3	2485.0	21563.3
鄂州市	–34.2		47.7	1.0	46.7
荆门市					
孝感市					
荆州市					
黄冈市					
咸宁市					
随州市					
恩施州					
仙桃市					
潜江市					
天门市					
神农架					

2-B-2.89 各地区外商投资总承包和专业承包企业应收工程款及企业亏损情况

地 区	应收工程款(万元)	企业个数(个)	#亏损企业个数	亏损企业的比重(%)
全 省	**52765.1**	**4**	**1**	**25.0**
武汉市	377.1	1		
黄石市				
十堰市				
宜昌市				
襄阳市	52150.1	2		
鄂州市	237.9	1	1	100.0
荆门市				
孝感市				
荆州市				
黄冈市				
咸宁市				
随州市				
恩施州				
仙桃市				
潜江市				
天门市				
神农架				

2-B-2.90　各地区外商投资总承包和专业承包企业主要经济效益指标

地　区	产值利润率(%)	产值利税率(%)	资本利润率(%)	资本利税率(%)	人均利润(元/人)	人均利税(元/人)	资产负债率(%)
全　省	**4.5**	**8.9**	**38.6**	**76.7**	**43122.1**	**85751.4**	**53.4**
武汉市	3.1	6.9	19.0	42.7	15030.3	33818.2	59.2
黄石市							
十堰市							
宜昌市							
襄阳市	4.5	8.9	40.7	80.7	43540.6	86415.0	53.5
鄂州市	−2.9	1.1	−1.1	0.4	−13680.0	5400.0	48.3
荆门市							
孝感市							
荆州市							
黄冈市							
咸宁市							
随州市							
恩施州							
仙桃市							
潜江市							
天门市							
神农架							

2-B-2.91 各地区港澳台商投资总承包和专业承包企业签订合同情况

单位：万元

地　区	签订合同额	上年结转合同额	本年新签合同额
全　省	**27965.7**	**25500.0**	**2465.7**
武汉市	1654.7		1654.7
黄石市			
十堰市			
宜昌市	25612.9	25500.0	112.9
襄阳市			
鄂州市			
荆门市			
孝感市			
荆州市			
黄冈市	698.1		698.1
咸宁市			
随州市			
恩施州			
仙桃市			
潜江市			
天门市			
神农架			

2-B-2.92　各地区港澳台商投资总承包和专业承包企业承包工程完成情况

单位：万元

地　区	直接从建设单位承揽工程完成的产值	自行完成施工产值	分包出去工程的产值	从建设单位以外承揽工程完成的产值
全　省	**18626.9**	**18626.9**		**700.0**
武汉市	954.7	954.7		700.0
黄石市				
十堰市				
宜昌市	16994.2	16994.2		
襄阳市				
鄂州市				
荆门市				
孝感市				
荆州市				
黄冈市	678.0	678.0		
咸宁市				
随州市				
恩施州				
仙桃市				
潜江市				
天门市				
神农架				

2-B-2.93 各地区港澳台商投资总承包和专业承包企业总产值和竣工产值

单位：万元

地区	建筑业总产值	#装饰装修产值	#在外省完成的产值	按构成分组			竣工产值
				建筑工程产值	安装工程产值	其他产值	
全省	**19326.9**	**1303.3**		**18273.2**	**700.0**	**353.7**	**4071.6**
武汉市	1654.7	953.7		601.0	700.0	353.7	600.0
黄石市							
十堰市							
宜昌市	16994.2	349.6		16994.2			2793.6
襄阳市							
鄂州市							
荆门市							
孝感市							
荆州市							
黄冈市	678.0			678.0			678.0
咸宁市							
随州市							
恩施州							
仙桃市							
潜江市							
天门市							
神农架							

2-B-2.94　各地区港澳台商投资总承包和专业承包企业房屋建筑面积

地　区	房屋施工面积(万平方米)	#本年新开工	房屋竣工面积(万平方米)	房屋竣工率(%)
全　省	**13.8**	**0.3**	**1.5**	**10.6**
武汉市				
黄石市				
十堰市				
宜昌市	13.7	0.2	1.4	10.2
襄阳市				
鄂州市				
荆门市				
孝感市				
荆州市				
黄冈市	0.2	0.1	0.1	41.0
咸宁市				
随州市				
恩施州				
仙桃市				
潜江市				
天门市				
神农架				

2-B-2.95 各地区按主要用途分的港澳台商投资总承包和专业承包企业房屋竣工面积

单位：万平方米

地区	合计	住宅房屋	商业及服务用房屋	办公用房屋	科研、教育和医疗用房屋	文化、体育和娱乐用房屋	厂房及建筑物	仓库	其他未列明的房屋建筑物
全省	**1.5**		**0.1**				**1.4**		
武汉市									
黄石市									
十堰市									
宜昌市	1.4						1.4		
襄阳市									
鄂州市									
荆门市									
孝感市									
荆州市									
黄冈市	0.1		0.1						
咸宁市									
随州市									
恩施州									
仙桃市									
潜江市									
天门市									
神农架									

2-B-2.96　各地区按主要用途分的港澳台商投资总承包和专业承包企业房屋竣工价值

单位：万元

地　区	合　计	住宅房屋	商业及服务用房屋	办公用房　屋	科研、教育和医疗用房屋	文化、体育和娱乐用房屋	厂房及建筑物	仓库	其他未列明的房屋建筑物
全　省	**2865.6**		**72.0**				**2793.6**		
武汉市									
黄石市									
十堰市									
宜昌市	2793.6						2793.6		
襄阳市									
鄂州市									
荆门市									
孝感市									
荆州市									
黄冈市	72.0		72.0						
咸宁市									
随州市									
恩施州									
仙桃市									
潜江市									
天门市									
神农架									

2–B–2.97 各地区港澳台商投资总承包和专业承包企业施工机械设备情况

地　区	年末自有施工机械设备总台数(台)	年末自有施工机械设备总功率(千瓦)	年末自有施工机械设备净值(万元)	技术装备率(元/人)	动力装备率(千瓦/人)
全　省	**37**	**2800**	**269.1**	**3136.4**	**3.3**
武汉市	14	1500	2.2	164.2	11.2
黄石市					
十堰市					
宜昌市	23	1300	266.9	3930.8	1.9
襄阳市					
鄂州市					
荆门市					
孝感市					
荆州市					
黄冈市					
咸宁市					
随州市					
恩施州					
仙桃市					
潜江市					
天门市					
神农架					

2-B-2.98 各地区港澳台商投资总承包和专业承包企业主要生产效益指标

地 区	建筑业企业个数(个)	从事建筑业活动的平均人数(人)	按总产值计算的劳动生产率(元/人)	人均竣工产值(元/人)	人均施工面积(平方米/人)	人均竣工面积(平方米/人)
全 省	**8**	**710**	**272209.9**	**57346.5**	**194.6**	**20.6**
武汉市	4	74	223608.1	81081.1		
黄石市						
十堰市						
宜昌市	3	594	286097.6	47030.3	229.8	23.5
襄阳市						
鄂州市						
荆门市						
孝感市						
荆州市						
黄冈市	1	42	161428.6	161428.6	39.9	16.3
咸宁市						
随州市						
恩施州						
仙桃市						
潜江市						
天门市						
神农架						

2-B-2.99 各地区港澳台商投资总承包和专业承包企业营业收入

单位：万元

地 区	营业收入	在境外完成的营业收入	企业总产值	建筑业总产值
全 省	**20081.4**		**19320.9**	**19326.9**
武汉市	2679.9		1654.8	1654.7
黄石市				
十堰市				
宜昌市	16811.2		16988.1	16994.2
襄阳市				
鄂州市				
荆门市				
孝感市				
荆州市				
黄冈市	590.3		678.0	678.0
咸宁市				
随州市				
恩施州				
仙桃市				
潜江市				
天门市				
神农架				

2-B-2.100　各地区港澳台商投资总承包和专业承包企业资产构成

单位：万元

地　区	资产合计	#流动资产合计	#存货
全　省	**30497.3**	**23401.7**	**1009.7**
武汉市	8554.2	7022.0	969.2
黄石市			
十堰市			
宜昌市	21314.3	15873.1	40.5
襄阳市			
鄂州市			
荆门市			
孝感市			
荆州市			
黄冈市	628.8	506.6	
咸宁市			
随州市			
恩施州			
仙桃市			
潜江市			
天门市			
神农架			

2-B-2.101 各地区港澳台商投资总承包和专业承包企业固定资产情况

单位：万元

地　区	固定资产原价	固定资产折旧	#本年折旧	在建工程
全　省	**1616.8**	**1141.6**	**83.8**	
武汉市	509.3	417.8	17.0	
黄石市				
十堰市				
宜昌市	1021.0	697.9	53.9	
襄阳市				
鄂州市				
荆门市				
孝感市				
荆州市				
黄冈市	86.5	25.9	12.9	
咸宁市				
随州市				
恩施州				
仙桃市				
潜江市				
天门市				
神农架				

2-B-2.102　各地区港澳台商投资总承包和专业承包企业负债及所有者权益

单位：万元

地　区	负债合计	#流动负债	#应付账款	所有者权益	#实收资本
全　省	**13408.2**	**13408.2**	**6167.8**	**17134.5**	**9752.3**
武汉市	3456.1	3456.1	756.8	5143.5	5415.5
黄石市					
十堰市					
宜昌市	9383.9	9383.9	5411.0	11930.4	4336.8
襄阳市					
鄂州市					
荆门市					
孝感市					
荆州市					
黄冈市	568.2	568.2		60.6	
咸宁市					
随州市					
恩施州					
仙桃市					
潜江市					
天门市					
神农架					

2-B-2.103 各地区港澳台商投资总承包和专业承包企业实收资本

单位：万元

地 区	合 计	国家资本	集体资本	法人资本	个人资本	港澳台资本	外商资本
全 省	**9752.3**		**300.0**	**5271.0**		**4232.5**	
武汉市	5415.5		300.0	1071.0		4095.7	
黄石市							
十堰市							
宜昌市	4336.8			4200.0		136.8	
襄阳市							
鄂州市							
荆门市							
孝感市							
荆州市							
黄冈市							
咸宁市							
随州市							
恩施州							
仙桃市							
潜江市							
天门市							
神农架							

2–B–2.104　各地区港澳台商投资总承包和专业承包企业收入情况

单位：万元

地　区	主营业务收　入	#主营业务成　本	#主营业务税金及附加	其他业务收　入	#其他业务利　润
全　省	**20081.4**	**17566.1**	**63.9**		
武汉市	2679.9	2319.0	9.2		
黄石市					
十堰市					
宜昌市	16811.2	14795.2	52.6		
襄阳市					
鄂州市					
荆门市					
孝感市					
荆州市					
黄冈市	590.3	451.9	2.1		
咸宁市					
随州市					
恩施州					
仙桃市					
潜江市					
天门市					
神农架					

2-B-2.105　各地区港澳台商投资总承包和专业承包企业费用情况

单位：万元

地　　区	管理费用	销售费用	财务费用		
				#利息收入	#利息支出
全　省	**1111.3**		**14.2**		
武汉市	231.3		14.2		
黄石市					
十堰市					
宜昌市	749.9				
襄阳市					
鄂州市					
荆门市					
孝感市					
荆州市					
黄冈市	130.1				
咸宁市					
随州市					
恩施州					
仙桃市					
潜江市					
天门市					
神农架					

2-B-2.106　各地区港澳台商投资总承包和专业承包企业利润及税金情况

单位：万元

地　区	利润总额	#应交所得税	税金总额	主营业务税金及附加	应交增值税
全　省	**1330.7**	**365.6**	**525.2**	**63.9**	**461.3**
武汉市	111.0	58.9	56.6	9.2	47.4
黄石市					
十堰市					
宜昌市	1213.5	306.2	460.6	52.6	408.0
襄阳市					
鄂州市					
荆门市					
孝感市					
荆州市					
黄冈市	6.2	0.5	8.0	2.1	5.9
咸宁市					
随州市					
恩施州					
仙桃市					
潜江市					
天门市					
神农架					

2-B-2.107 各地区港澳台商投资总承包和专业承包企业应收工程款及企业亏损情况

地　　区	应收工程款(万元)	企业个数(个)	#亏损企业个数	亏损企业的比重(%)
全　省	**2263.0**	**8**	**1**	**12.5**
武汉市	1943.4	4		
黄石市				
十堰市				
宜昌市	46.6	3	1	33.3
襄阳市				
鄂州市				
荆门市				
孝感市				
荆州市				
黄冈市	273.0	1		
咸宁市				
随州市				
恩施州				
仙桃市				
潜江市				
天门市				
神农架				

2-B-2.108　各地区港澳台商投资总承包和专业承包企业主要经济效益指标

地　区	产值利润率 (%)	产值利税率 (%)	资本利润率 (%)	资本利税率 (%)	人均利润 (元/人)	人均利税 (元/人)	资产负债率 (%)
全　省	**6.9**	**9.6**	**13.6**	**19.0**	**18742.3**	**26139.4**	**44.0**
武汉市	6.7	10.1	2.0	3.1	15000.0	22648.6	40.4
黄石市							
十堰市							
宜昌市	7.1	9.9	28.0	38.6	20429.3	28183.5	44.0
襄阳市							
鄂州市							
荆门市							
孝感市							
荆州市							
黄冈市	0.9	2.1			1476.2	3381.0	90.4
咸宁市							
随州市							
恩施州							
仙桃市							
潜江市							
天门市							
神农架							

3.按行业分组

2-B-3.1 各行业总承包和专业承包企业签订合同情况

单位：万元

行业	合同总额	上年结转合同额	本年新签合同额
合 计	**337257092.5**	**154480867.2**	**182776225.3**
房屋建筑业	184983508.7	71847835.4	113135673.3
土木工程建筑业	136735028.4	76475727.7	60259300.7
铁路、道路、隧道和桥梁工程建筑	91405128.2	49309057.9	42096070.3
水利和水运工程建筑	35330841.0	22568372.6	12762468.4
海洋工程建筑			
工矿工程建筑	588577.6	109473.9	479103.7
架线和管道工程建筑	4581276.4	2174169.0	2407107.4
建筑安装业	10518676.1	5187851.2	5330824.9
建筑装饰、装修和其他建筑业	5019879.3	969452.9	4050426.4

2-B-3.2 各行业总承包和专业承包企业承包工程完成情况

单位：万元

行业	直接从建设单位承揽工程完成的产值	自行完成施工产值	分包出去工程的产值	从建设单位以外承揽工程完成的产值
合 计	**150769731.4**	**148957690.3**	**1812041.1**	**2794810.0**
房屋建筑业	93007636.6	91890679.3	1116957.3	1783898.9
土木工程建筑业	48881782.3	48415537.6	466244.7	435193.8
铁路、道路、隧道和桥梁工程建筑	34484221.9	34346205.0	138016.9	209335.5
水利和水运工程建筑	9394283.2	9379048.9	15234.3	97486.9
海洋工程建筑				
工矿工程建筑	497956.1	482151.2	15804.9	28668.9
架线和管道工程建筑	2002440.9	1913642.4	88798.5	33075.0
建筑安装业	5094801.3	4940157.5	154643.8	424774.5
建筑装饰、装修和其他建筑业	3785511.2	3711315.9	74195.3	150942.8

2-B-3.3　各行业总承包和专业承包企业建筑业总产值和竣工产值

单位：万元

行　　业	建筑业总产值	#装饰装修产值	#在外省完的产值	按构成分组 建筑工程产值	安装工程产值	其他产值	竣工产值
合　　计	**151757524.9**	**5568242.1**	**56103265.9**	**135008002.3**	**12326257.1**	**4423265.5**	**90989949.7**
房屋建筑业	93679602.8	3910978.8	28524262.8	83606997.9	7801969.1	2270635.8	70184393.7
土木工程建筑业	48850731.4	203013.7	25551245.2	45767615.8	1689679.7	1393435.9	15831722.9
铁路、道路、隧道和桥梁工程建筑	34555540.5	80886.1	17764494.1	33157881.1	328035.9	1069623.5	10401412.4
水利和水运工程建筑	9476535.8	68734.0	5986966.4	9286924.3	125589.6	64021.9	3234610.7
海洋工程建筑							
工矿工程建筑	510820.1	5925.9	194021.4	334890.5	96203.0	79726.6	319800.0
架线和管道工程建筑	1946717.4	10047.3	966615.0	1046105.2	797591.2	103021.0	870190.8
建筑安装业	5364932.0	106975.5	1452374.0	2767023.9	2307331.3	290576.8	2508541.6
建筑装饰、装修和其他建筑业	3862258.7	1347274.1	575383.9	2866364.7	527277.0	468617.0	2465291.5

2-B-3.4　各行业总承包和专业承包企业房屋建筑面积

行　　业	房屋建筑施工面积（万平方米）	#本年新开工	房屋建筑竣工面积（万平方米）	房屋建筑面积竣工率（%）
合　　计	**88243.2**	**39733.0**	**32837.5**	**37.2**
房屋建筑业	83397.8	37836.0	30985.0	37.2
土木工程建筑业	3414.9	1009.8	818.0	24.0
铁路、道路、隧道和桥梁工程建筑	2180.4	627.7	387.4	17.8
水利和水运工程建筑	758.0	68.4	104.3	13.8
海洋工程建筑				
工矿工程建筑	34.5	22.2	30.3	87.8
架线和管道工程建筑	23.7	19.7	12.7	53.6
建筑安装业	1016.2	659.1	793.1	78.0
建筑装饰、装修和其他建筑业	414.4	228.0	241.3	58.2

2–B–3.5 各行业总承包和专业承包企业机械设备情况

行　　业	年末自有施工机械设备总台数(台)	年末自有施工机械设备总功率(千瓦)	年末自有施工机械设备净值(万元)	技术装备率(元/人)	动力装备率(千瓦/人)
合　　计	**775683**	**15755360**	**3239231.5**	**14744.7**	**7.2**
房屋建筑业	573637	8691720	1448802.6	9433.9	5.7
土木工程建筑业	153000	5386055	1490932.8	30089.2	10.9
铁路、道路、隧道和桥梁工程建筑	54127	3747822	1059771.1	32037.3	11.3
水利和水运工程建筑	72362	1098614	307078.5	36364.3	13.0
海洋工程建筑					
工矿工程建筑	4952	139690	31598.9	23436.1	10.4
架线和管道工程建筑	8481	214772	35671.0	15081.0	9.1
建筑安装业	30723	1421210	209528.4	22597.0	15.3
建筑装饰、装修和其他建筑业	18323	256375	89967.7	12338.5	3.5

2–B–3.6 按主要用途分的各行业总承包和专业承包企业房屋建筑竣工面积

单位：万平方米

行　　业	合计	住宅房屋	商业及服务用房　屋	办公用房　屋	科研、教育和医疗用房屋	文化、体育和娱乐用房屋	厂房及建筑物	仓库	其他未列明的房屋建筑物
合　　计	**32837.5**	**22817.8**	**3039.3**	**1533.6**	**1261.8**	**304.3**	**3184.0**	**202.3**	**494.3**
房屋建筑业	30985.0	21564.0	2821.9	1483.2	1189.6	291.0	3056.7	186.5	392.2
土木工程建筑业	818.0	450.4	142.5	28.3	27.4	13.2	70.0	14.1	72.1
铁路、道路、隧道和桥梁工程建筑	387.4	254.6	26.2	11.4	18.2	0.9	37.7	0.3	38.1
水利和水运工程建筑	104.3	78.1	1.3	1.8	2.3	0.2	3.9	13.0	3.6
海洋工程建筑									
工矿工程建筑	30.3	8.7		1.6	0.7		11.9		7.5
架线和管道工程建筑	12.7	4.4	1.8	0.7	0.3		2.9	0.2	2.3
建筑安装业	793.1	650.0	66.7	5.1	42.4		12.7	0.8	15.6
建筑装饰、装修和其他建筑业	241.3	153.5	8.2	16.9	2.4	0.1	44.7	1.0	14.4

2-B-3.7　按主要用途分的各行业总承包和专业承包企业房屋建筑竣工价值

单位：万元

行　　业	合计	住宅房屋	商业及服务用房屋	办公用房　屋	科研、教育和医疗用房屋	文化、体育和娱乐用房屋	厂房及建筑物	仓库	其他未列明的房屋建筑物
合　　计	**52449219.3**	**34286739.5**	**6189017.3**	**3235832.4**	**2246753.3**	**527762.7**	**4691349.6**	**234169.5**	**1031277.2**
房屋建筑业	49553313.8	32549129.7	5734765.3	3157028.8	2127026.9	501732.3	4506033.8	196717.0	774562.2
土木工程建筑业	1476884.2	715875.5	344761.3	44287.3	59055.6	25851.6	109008.0	35768.1	142276.8
铁路、道路、隧道和桥梁工程建筑	719767.5	443465.4	74968.5	15939.5	45946.4	2677.6	42269.7	1002.2	93498.2
水利和水运工程建筑	164301.0	115020.1	1611.9	2364.5	2831.6	130.0	5519.5	33604.4	3219.0
海洋工程建筑									
工矿工程建筑	52494.2	9945.7		1000.0	609.8		32183.3	5.6	8749.8
架线和管道工程建筑	17402.5	6527.7	1695.7	1503.1	871.5		4271.2	262.0	2271.3
建筑安装业	1078631.8	815445.4	101819.4	11491.9	57290.9		19507.8	1558.4	71518.0
建筑装饰、装修和其他建筑业	340389.5	206288.9	7671.3	23024.4	3379.9	178.8	56800.0	126.0	42920.2

2-B-3.8　按主要用途分的各行业总承包和专业承包企业主要生产效益指标

行　　业	建筑业企业个数(个)	从事建筑业活动的平均人数(人)	按总产值计算的劳动生产率(元/人)	人均竣工产值(元/人)	人均施工面积(平方米/人)	人均竣工面积(平方米/人)
合　　计	**4240**	**2240686**	**677281.5**	**406080.8**	**393.8**	**146.6**
房屋建筑业	2175	1557091	601632.2	450740.5	535.6	199.0
土木工程建筑业	931	513100	952070.4	308550.4	66.6	15.9
铁路、道路、隧道和桥梁工程建筑	510	347993	992995.3	298897.2	62.7	11.1
水利和水运工程建筑	135	85341	1110431.8	379021.9	88.8	12.2
海洋工程建筑						
工矿工程建筑	36	12983	393453.1	246322.1	26.5	23.3
架线和管道工程建筑	82	24329	800163.3	357676.4	9.7	5.2
建筑安装业	458	93298	575031.8	268874.1	108.9	85.0
建筑装饰、装修和其他建筑业	676	77197	500312.0	319350.7	53.7	31.3

2–B–3.9 按主要用途分的各行业总承包和专业承包企业营业收入

单位：万元

行业	营业收入	在境外完成的营业收入	企业总产值	#建筑业总产值
合计	**143573627.3**	**5361246.5**	**174126833.6**	**151757524.9**
房屋建筑业	84677924.1	1634110.3	98112622.9	93679602.8
土木工程建筑业	49986764.0	3543284.1	66043344.7	48850731.4
铁路、道路、隧道和桥梁工程建筑	32972283.1	1067000.5	45746276.9	34555540.5
水利和水运工程建筑	12163307.7	2277086.2	15219063.7	9476535.8
海洋工程建筑				
工矿工程建筑	436328.1	12919.3	556826.8	510820.1
架线和管道工程建筑	1959161.6	164474.9	1962253.1	1946717.4
建筑安装业	5094264.8	137120.5	5930997.2	5364932.0
建筑装饰、装修和其他建筑业	3814674.4	46731.6	4039868.8	3862258.7

2–B–3.10 各行业总承包和专业承包企业资产构成

单位：万元

行业	资产合计	#流动资产合计	#存货
合计	**130326577.2**	**99819526.6**	**25399529.1**
房屋建筑业	51529373.2	42103839.2	9685016.5
土木工程建筑业	69673623.6	50050203.0	14402463.9
铁路、道路、隧道和桥梁工程建筑	38338535.8	29075705.4	5429227.8
水利和水运工程建筑	26503648.1	16792273.7	8242374.3
海洋工程建筑			
工矿工程建筑	402824.6	301423.1	56008.0
架线和管道工程建筑	2236344.3	1986927.1	328791.4
建筑安装业	5895294.0	4910414.8	829958.1
建筑装饰、装修和其他建筑业	3228286.4	2755069.6	482090.6

2-B-3.11　各行业总承包和专业承包企业固定资产情况

单位：万元

行　　业	固定资产原价	累计折旧	#本年折旧	在建工程
合　　计	**15737928.4**	**7119049.5**	**1591968.8**	**3862181.1**
房屋建筑业	6365798.2	2809616.4	807661.8	1046090.8
土木工程建筑业	8225003.1	3795031.3	669772.4	2694639.0
铁路、道路、隧道和桥梁工程建筑	4345632.7	2298539.2	411082.0	577319.8
水利和水运工程建筑	3238351.8	1190143.1	186259.7	2054765.5
海洋工程建筑				
工矿工程建筑	111088.1	50047.7	12919.2	11768.5
架线和管道工程建筑	284599.6	148779.1	28306.1	12756.8
建筑安装业	715905.9	319934.1	73961.8	67244.6
建筑装饰、装修和其他建筑业	431221.2	194467.7	40572.8	54206.7

2-B-3.12 各行业总承包和专业承包企业负债及所有者权益

单位：万元

行　　业	负债合计	#流动负债	#应付账款	所有者权益	#实收资本
合　　计	**90236671.4**	**78147384.9**	**35133578.2**	**39821776.4**	**17906686.2**
房屋建筑业	32112444.9	28628683.9	14367417.8	19164440.8	9263629.5
土木工程建筑业	52295714.8	43978843.1	18729227.4	17374610.4	6700468.5
铁路、道路、隧道和桥梁工程建筑	29376975.0	26325229.8	12146837.2	8958262.3	4910483.0
水利和水运工程建筑	19799255.4	14635523.3	5154494.2	6704392.7	975992.2
海洋工程建筑					
工矿工程建筑	209007.4	187509.0	72729.4	193817.2	130600.1
架线和管道工程建筑	1665507.5	1636927.7	815357.9	570836.8	284977.3
建筑安装业	4050247.9	3909147.7	1348933.9	1832657.3	1063821.8
建筑装饰、装修和其他建筑业	1778263.8	1630710.2	687999.1	1450067.9	878766.4

2-B-3.13 各行业总承包和专业承包企业实收资本

单位：万元

行业	合计	国家资本	集体资本	法人资本	个人资本	港澳台资本	外商资本
合　计	**17906686.2**	**5741096.7**	**500647.8**	**3630168.0**	**7981609.8**	**4961.3**	**46660.8**
房屋建筑业	9263629.5	1165498.0	252999.1	2022371.6	5785544.2	428.8	36294.8
土木工程建筑业	6700468.5	4160602.2	179115.3	1199581.5	1160969.5	100.0	100.0
铁路、道路、隧道和桥梁工程建筑	4910483.0	3506540.8	75903.6	635928.5	692110.1		
水利和水运工程建筑	975992.2	420512.2	15261.9	394118.4	146099.7		
海洋工程建筑							
工矿工程建筑	130600.1	46362.6	3612.3	27152.6	53472.6		
架线和管道工程建筑	284977.3	117140.8	53554.2	17508.7	96573.6	100.0	100.0
建筑安装业	1063821.8	341246.5	55597.1	177473.2	478239.0		10266.0
建筑装饰、装修和其他建筑业	878766.4	73750.0	12936.3	230741.7	556857.1	4432.5	

2-B-3.14 各行业总承包和专业承包企业收入情况

单位：万元

行业	主营业务收入	#主营业务成本	#主营业务税金及附加	其他业务收入	#其他业务利润
合　计	**142498707.2**	**126525418.3**	**1777557.5**	**1074920.1**	**77757.7**
房屋建筑业	84000065.6	75140530.0	1257061.6	677858.5	10861.8
土木工程建筑业	49639889.9	43722040.1	443881.5	346874.1	58324.1
铁路、道路、隧道和桥梁工程建筑	32776022.7	29388093.0	215985.6	196260.4	17197.1
水利和水运工程建筑	12072641.0	10263256.8	154207.9	90666.7	39129.8
海洋工程建筑					
工矿工程建筑	433541.6	384497.4	6400.5	2786.5	954.2
架线和管道工程建筑	1937148.2	1709784.2	12705.1	22013.4	1245.4
建筑安装业	5072308.3	4354683.8	40760.1	21956.5	4931.9
建筑装饰、装修和其他建筑业	3786443.4	3308164.4	35854.3	28231.0	3639.9

2-B-3.15　各行业总承包和专业承包企业费用情况

单位：万元

地　　区	管理费用	销售费用	财务费用		
				#利息收入	#利息支出
合　　计	**4765648.0**	**694508.5**	**953069.4**	**186470.3**	**832811.8**
房屋建筑业	1937613.0	362116.7	464039.9	32778.9	323708.4
土木工程建筑业	2346963.4	264058.9	422016.0	130980.1	465978.5
铁路、道路、隧道和桥梁工程建筑	1395808.5	74697.7	147334.7	88354.5	181732.1
水利和水运工程建筑	698070.8	149757.5	256126.8	35804.0	267618.1
海洋工程建筑					
工矿工程建筑	22900.6	3236.1	2328.3	445.3	2588.2
架线和管道工程建筑	118674.0	12845.9	4794.9	3038.3	6405.6
建筑安装业	294485.7	36591.4	39518.7	20005.6	25390.2
建筑装饰、装修和其他建筑业	186585.9	31741.5	27494.8	2705.7	17734.7

2-B-3.16　各行业总承包和专业承包企业利润及税金情况

单位：万元

行　　业	利润总额	税金总额		
			主营业务税金及附加	应交增值税
合　　计	**7339060.4**	**5937276.6**	**1777557.5**	**4159719.1**
房屋建筑业	4541056.3	3808131.4	1257061.6	2551069.8
土木工程建筑业	2458718.5	1747158.4	443881.5	1303276.9
铁路、道路、隧道和桥梁工程建筑	1250810.8	904166.5	215985.6	688180.9
水利和水运工程建筑	859425.9	608501.6	154207.9	454293.7
海洋工程建筑				
工矿工程建筑	15813.1	26390.9	6400.5	19990.4
架线和管道工程建筑	87402.5	60905.2	12705.1	48200.1
建筑安装业	153116.2	203117.6	40760.1	162357.5
建筑装饰、装修和其他建筑业	186169.4	178869.2	35854.3	143014.9

2–B–3.17 各行业总承包和专业承包企业应收工程款及企业亏损情况

行业	应收工程款(万元)	企业个数(个)	#亏损企业个数	亏损企业的比重(%)
合计	**28509731.0**	**4240**	**302**	**7.1**
房屋建筑业	14218311.8	2175	101	4.6
土木工程建筑业	11614738.2	931	58	6.2
铁路、道路、隧道和桥梁工程建筑	7453103.9	510	27	5.3
水利和水运工程建筑	2585520.6	135	9	6.7
海洋工程建筑				
工矿工程建筑	128240.4	36	1	2.8
架线和管道工程建筑	703945.1	82	4	4.9
建筑安装业	1547596.8	458	64	14.0
建筑装饰、装修和其他建筑业	1129084.2	676	79	11.7

2–B–3.18 各行业总承包和专业承包企业主要经济效益指标

行业	产值利润率(%)	产值利税率(%)	资本利润率(%)	资本利税率(%)	人均利润(元/人)	人均利税(元/人)	资本负债率(%)
合计	**4.8**	**8.7**	**41.0**	**74.1**	**32753.6**	**59251.2**	**69.2**
房屋建筑业	4.8	8.9	49.0	90.1	29163.7	53620.4	62.3
土木工程建筑业	5.0	8.6	36.7	62.8	47918.9	81969.9	75.1
铁路、道路、隧道和桥梁工程建筑	3.6	6.2	25.5	43.9	35943.6	61925.9	76.6
水利和水运工程建筑	9.1	15.5	88.1	150.4	100704.9	172007.3	74.7
海洋工程建筑							
工矿工程建筑	3.1	8.3	12.1	32.3	12179.9	32507.1	51.9
架线和管道工程建筑	4.5	7.6	30.7	52.0	35925.2	60959.2	74.5
建筑安装业	2.9	6.6	14.4	33.5	16411.5	38182.4	68.7
建筑装饰、装修和其他建筑业	4.8	9.5	21.2	41.5	24116.1	47286.6	55.1

4. 按中央、地方分组

2-B-4.1　各地区中央总承包和专业承包企业签订合同情况

单位：万元

地　区	签订合同额	上年结转合同额	本年新签合同额
全　省	**186770255.6**	**99196427.0**	**87573828.6**
武汉市	153953688.7	76845547.6	77108141.1
黄石市	560447.4	297029.0	263418.4
十堰市	3764698.0	2541516.0	1223182.0
宜昌市	21973980.3	15767642.3	6206338.0
襄阳市	5757813.4	3307855.5	2449957.9
鄂州市			
荆门市			
孝感市			
荆州市			
黄冈市			
咸宁市	391915.3	299064.9	92850.4
随州市	690.0	129.0	561.0
恩施州	11401.8	10089.0	1312.8
仙桃市			
潜江市	347774.8	127553.7	220221.1
天门市			
神农架	7845.9		7845.9

2-B-4.2 各地区中央总承包和专业承包企业承包工程完成情况

单位：万元

地 区	直接从建设单位承揽工程完成的产值			从建设单位以外承揽工程完成的产值
		自行完成施工产值	分包出去工程的产值	
全 省	**55948290.8**	**55642502.2**	**305788.6**	**517930.3**
武汉市	46518383.5	46275832.9	242550.6	340874.3
黄石市	234115.1	234115.1		77206.7
十堰市	1769403.0	1769403.0		
宜昌市	4865898.6	4864367.6	1531.0	48633.1
襄阳市	2263706.1	2263706.1		50762.4
鄂州市				
荆门市				
孝感市				
荆州市				
黄冈市				
咸宁市	110799.5	110799.5		
随州市	650.0	650.0		
恩施州	7095.7	5835.9	1259.8	453.8
仙桃市				
潜江市	170393.4	109946.2	60447.2	
天门市				
神农架	7845.9	7845.9		

2-B-4.3　各地区中央总承包和专业承包企业总产值和竣工产值

单位：万元

地　区	建筑业总产值	#装饰装修产值	#在外省完成的产值	按构成分组			竣工产值
				建筑工程产值	安装工程产值	其他产值	
全　省	**56160432.5**	**493833.2**	**40808303.9**	**50657865.0**	**4049309.9**	**1453257.6**	**23150257.4**
武汉市	46616707.2	483154.2	34499187.5	42080095.3	3121201.2	1415410.7	21747543.5
黄石市	311321.8	10029.0	286910.0	256775.8	54546.0		159176.0
十堰市	1769403.0		1450240.0	1769403.0			
宜昌市	4913000.7		3091309.0	4497876.8	391573.9	23550.0	376148.3
襄阳市	2314468.5		1338389.8	1859397.8	455070.7		785729.2
鄂州市							
荆门市							
孝感市							
荆州市							
黄冈市							
咸宁市	110799.5		75751.8	104038.8	1560.0	5200.7	36107.7
随州市	650.0	650.0		650.0			650.0
恩施州	6289.7			1826.4	4227.9	235.4	
仙桃市							
潜江市	109946.2		66515.8	79955.2	21130.2	8860.8	37056.8
天门市							
神农架	7845.9			7845.9			7845.9

2-B-4.4 各地区中央总承包和专业承包企业房屋建筑面积

单位：万元

地 区	房屋施工面积（万平方米）	#本年新开工	房屋竣工面积（万平方米）	房屋竣工率(%)
全 省	**36152.2**	**9922.4**	**5335.9**	**14.8**
武汉市	34895.4	9444.9	4995.1	14.3
黄石市	270.0	61.9	129.8	48.1
十堰市				
宜昌市	828.0	258.4	83.2	10.0
襄阳市	156.3	156.3	127.0	81.2
鄂州市				
荆门市				
孝感市				
荆州市				
黄冈市				
咸宁市				
随州市				
恩施州				
仙桃市				
潜江市	2.6	0.9	0.8	29.9
天门市				
神农架				

2-B-4.5　各地区按主要用途分的中央总承包和专业承包企业房屋竣工面积

单位：万元

地　区	合　计	住宅房屋	商业及服务用房屋	办公用房　屋	科研、教育和医疗用房屋	文化、体育和娱乐用房屋	厂房及建筑物	仓库	其他未列明的房屋建筑物
全　省	**5335.9**	**3090.9**	**1215.0**	**371.3**	**185.2**	**46.6**	**277.9**	**102.0**	**47.0**
武汉市	4995.1	2813.5	1209.9	370.9	184.0	46.6	236.6	101.8	32.0
黄石市	129.8	92.4					37.4		
十堰市									
宜昌市	83.2	75.7			1.2		4.0		2.3
襄阳市	127.0	108.9	5.1	0.2					12.8
鄂州市									
荆门市									
孝感市									
荆州市									
黄冈市									
咸宁市									
随州市									
恩施州									
仙桃市									
潜江市	0.8	0.3	0.1	0.2				0.2	
天门市									
神农架									

2-B-4.6 各地区按主要用途分的中央总承包和专业承包企业房屋竣工价值

单位：万元

地区	合计	住宅房屋	商业及服务用房屋	办公用房屋	科研、教育和医疗用房屋	文化、体育和娱乐用房屋	厂房及建筑物	仓库	其他未列明的房屋建筑物
全省	**12382665.1**	**5930900.2**	**3215338.5**	**1491503.7**	**588020.4**	**136854.5**	**672081.2**	**91999.2**	**255967.4**
武汉市	11777931.1	5482416.4	3206392.8	1489593.4	585712.2	136854.5	618794.9	91745.3	166421.6
黄石市	155200.0	112126.7					43073.3		
十堰市									
宜昌市	179356.4	143859.1			2277.7		10213.0		23006.6
襄阳市	268759.0	191890.0	8800.0	1550.0					66519.0
鄂州市									
荆门市									
孝感市									
荆州市									
黄冈市									
咸宁市									
随州市									
恩施州									
仙桃市									
潜江市	1418.6	608.0	145.7	360.3	30.5			253.9	20.2
天门市									
神农架									

2-B-4.7　各地区中央总承包和专业承包企业施工机械设备情况

单位：万元

地　区	年末自有施工机械设备总台数(台)	年末自有施工机械设备总功率(千瓦)	年末自有施工机械设备净值(万元)	技术装备率(元/人)	动力装备率(千瓦/人)
全　省	**126534**	**4020857**	**989387.4**	**24753.7**	**10.1**
武汉市	97939	2660177	825505.4	23908.1	7.7
黄石市	4985	313709	4998.1	6167.4	38.7
十堰市	1460	145042	28992.2	61949.1	31.0
宜昌市	13392	616867	67525.9	29178.9	26.7
襄阳市	7452	193468	50487.8	29913.4	11.5
鄂州市					
荆门市					
孝感市					
荆州市					
黄冈市					
咸宁市	75	4369	493.1	18330.9	16.2
随州市	6	150	50.0	14705.9	4.4
恩施州					
仙桃市					
潜江市	1195	86775	11314.9	107556.1	82.5
天门市					
神农架	30	300	20.0	1538.5	2.3

2-B-4.8 各地区中央总承包和专业承包企业主要生产效益指标

单位：万元

地区	建筑业企业个数(个)	从事建筑业活动的平均人数(人)	按总产值计算的劳动生产率(元/人)	人均竣工产值(元/人)	人均施工面积(平方米/人)	人均竣工面积(平方米/人)
全省	**70**	**388867**	**1444206.7**	**595325.8**	**929.7**	**137.2**
武汉市	46	334776	1392474.6	649614.8	1042.4	149.2
黄石市	3	8199	379707.0	194140.7	329.3	158.3
十堰市	2	4733	3738438.6			
宜昌市	10	22839	2151145.3	164695.6	362.5	36.4
襄阳市	4	16718	1384417.1	469990.0	93.5	76.0
鄂州市						
荆门市						
孝感市						
荆州市						
黄冈市						
咸宁市	1	272	4073511.0	1327489.0		
随州市	1	34	191176.5	191176.5		
恩施州	1	120	524141.7			
仙桃市						
潜江市	1	1046	1051110.9	354271.5	24.4	7.3
天门市						
神农架	1	130	603530.8	603530.8		

2-B-4.9　各地区中央总承包和专业承包企业营业收入

单位：万元

地　区	营业收入	在境外完成的营业收入	企业总产值	建筑业总产值
全　省	**57034608.0**	**4227357.2**	**63530912.4**	**56160432.5**
武汉市	48611075.6	3295583.8	53670144.2	46616707.2
黄石市	595143.5	328221.3	338607.8	311321.8
十堰市	1602942.5	40087.6	1771344.0	1769403.0
宜昌市	4114561.6	563151.6	5199537.9	4913000.7
襄阳市	1797565.6		2314468.5	2314468.5
鄂州市				
荆门市				
孝感市				
荆州市				
黄冈市				
咸宁市	121612.6		110799.5	110799.5
随州市	135.4		650.0	650.0
恩施州	4496.8		7568.4	6289.7
仙桃市				
潜江市	179228.5	312.9	109946.2	109946.2
天门市				
神农架	7845.9		7845.9	7845.9

2-B-4.10 各地区中央总承包和专业承包企业资产构成

单位：万元

地　区	资产合计	#流动资产合计	#存货	#非流动资产合计
全　省	**67832134.7**	**48684653.2**	**12481934.4**	**7307503.7**
武汉市	57901232.0	40172591.9	10732790.9	6851248.8
黄石市	988876.6	878205.9	101321.5	3473.4
十堰市	1108876.9	1003244.4	28139.4	
宜昌市	5834720.9	4842225.5	1558777.1	444079.2
襄阳市	1611305.6	1442054.2	48515.4	3232.3
鄂州市				
荆门市				
孝感市				
荆州市				
黄冈市				
咸宁市	142986.1	118690.2	11611.9	5470.0
随州市	522.3	469.5	4.4	
恩施州	9881.0	8881.0	144.8	
仙桃市				
潜江市	229014.0	214267.7	629.0	
天门市				
神农架	4719.3	4022.9		

2-B-4.11　各地区中央总承包和专业承包企业固定资产情况

单位：万元

地　区	固定资产原价	固定资产折旧	#本年折旧	在建工程
全　省	**7334520.2**	**3446335.8**	**674640.5**	**2291383.3**
武汉市	5939386.1	2607361.8	444769.2	2165912.9
黄石市	207405.4	122160.3	12755.9	726.3
十堰市	191609.5	132604.9	29184.5	186.8
宜昌市	663821.5	351245.5	57536.3	123258.3
襄阳市	264199.5	193679.7	126115.5	743.6
鄂州市				
荆门市				
孝感市				
荆州市				
黄冈市				
咸宁市	31316.0	15171.3	1056.8	75.4
随州市	36.6	6.2	3.7	
恩施州	473.7	347.2	347.2	
仙桃市				
潜江市	35514.0	23308.7	2421.2	480.0
天门市				
神农架	757.9	450.2	450.2	

2-B-4.12 各地区中央总承包和专业承包企业负债及所有者权益

单位：万元

地　区	负债合计	#流动负债	#应付账款	所有者权益	#实收资本
全　省	**54576671.7**	**47172868.9**	**21412606.6**	**13255463.0**	**4235010.1**
武汉市	46452315.1	39504769.2	16832885.8	11448916.9	3159513.4
黄石市	828040.7	824567.3	592124.9	160835.9	66097.9
十堰市	874685.9	874685.9	668893.7	234191.0	200200.0
宜昌市	4829554.3	4385473.1	2499859.1	1005166.6	476455.3
襄阳市	1243871.0	1240638.7	707472.9	367434.6	275200.0
鄂州市					
荆门市					
孝感市					
荆州市					
黄冈市					
咸宁市	117265.5	111795.5	20852.7	25720.6	13841.8
随州市	12.3	12.3	1.6	510.0	510.0
恩施州	8881.0	8881.0	700.2	1000.0	600.0
仙桃市					
潜江市	220286.8	220286.8	89197.4	8727.2	40591.7
天门市					
神农架	1759.1	1759.1	618.3	2960.2	2000.0

2-B-4.13　各地区中央总承包和专业承包企业实收资本

单位：万元

地　区	合　计	国家资本	集体资本	法人资本	个人资本	港澳台资本	外商资本
全　省	**4235010.1**	**3765580.0**	**4100.0**	**462050.8**	**3279.3**		
武汉市	3159513.4	2706967.5	3500.0	446226.6	2819.3		
黄石市	66097.9	66097.9					
十堰市	200200.0	200200.0					
宜昌市	476455.3	460681.1		15774.2			
襄阳市	275200.0	275200.0					
鄂州市							
荆门市							
孝感市							
荆州市							
黄冈市							
咸宁市	13841.8	13841.8					
随州市	510.0			50.0	460.0		
恩施州	600.0		600.0				
仙桃市							
潜江市	40591.7	40591.7					
天门市							
神农架	2000.0	2000.0					

2-B-4.14 各地区中央总承包和专业承包企业收入情况

单位：万元

地　　区	主营业务收　　入	#主营业务成　　本	#主营业务税金及附加	其他业务收　　入	#其他业务利　　润
全　省	**56789198.6**	**51537604.5**	**306521.9**	**245409.4**	**53231.5**
武汉市	48401356.2	44012941.6	271194.5	209719.4	49362.6
黄石市	594835.5	545545.6	1971.9	308.0	145.7
十堰市	1594989.9	1483887.5	3112.0	7952.6	2822.6
宜昌市	4088581.7	3596450.6	12995.4	25979.9	215.0
襄阳市	1796346.4	1606766.3	14804.3	1219.2	463.3
鄂州市					
荆门市					
孝感市					
荆州市					
黄冈市					
咸宁市	121612.6	116730.8	1738.7		
随州市	135.4	57.7	5.6		
恩施州	4496.8	3687.0	12.7		
仙桃市					
潜江市	178998.2	165428.3	651.3	230.3	222.3
天门市					
神农架	7845.9	6109.1	35.5		

2-B-4.15　各地区中央总承包和专业承包企业费用情况

单位：万元

地　区	管理费用	销售费用	财务费用	#利息收入	#利息支出
全　省	**2261315.6**	**246674.1**	**439231.8**	**155949.8**	**484911.0**
武汉市	1860854.7	238157.1	414204.2	130402.0	443085.2
黄石市	36924.7	2817.7	-12644.9	13450.8	1862.5
十堰市	69178.1	39.3	-1740.4	578.7	-1681.0
宜昌市	189005.2	2587.2	35225.6	8808.8	36428.0
襄阳市	94281.4	3024.2	808.5	2607.0	2569.9
鄂州市					
荆门市					
孝感市					
荆州市					
黄冈市					
咸宁市	2282.8		37.1	72.5	56.0
随州市	32.8				
恩施州	368.7	48.6	-3.5		
仙桃市					
潜江市	6762.4		3348.9	25.3	2590.4
天门市					
神农架	1624.8		-3.7	4.7	

2-B-4.16 各地区中央总承包和专业承包企业利润及税金情况

单位：万元

地区	利润总额	#应交所得税	税金总额	主营业务税金及附加	应交增值税
全省	**2025849.0**	**345108.6**	**1413214.7**	**306521.9**	**1106692.8**
武汉市	1651722.1	295717.1	1189127.5	271194.5	917933.0
黄石市	18187.4	2351.1	10461.3	1971.9	8489.4
十堰市	33411.8	2372.9	25929.0	3112.0	22817.0
宜昌市	242848.9	38183.8	107264.3	12995.4	94268.9
襄阳市	71578.7	5904.4	69537.2	14804.3	54732.9
鄂州市					
荆门市					
孝感市					
荆州市					
黄冈市					
咸宁市	201.2	308.4	4938.8	1738.7	3200.1
随州市	39.3	16.1	9.5	5.6	3.9
恩施州	75.5	65.0	119.6	12.7	106.9
仙桃市					
潜江市	7556.3	116.6	5268.5	651.3	4617.2
天门市					
神农架	227.8	73.2	559.0	35.5	523.5

2-B-4.17　各地区中央总承包和专业承包企业应收工程款及企业亏损情况

地　区	应收工程款(万元)	企业个数(个)	#亏损企业个数	亏损企业的比重(%)
全　省	**10894723.5**	**70**	**2**	**2.9**
武汉市	8021440.8	46	2	4.3
黄石市	359543.6	3		
十堰市	435289.9	2		
宜昌市	1430150.1	10		
襄阳市	533250.5	4		
鄂州市				
荆门市				
孝感市				
荆州市				
黄冈市				
咸宁市	30095.2	1		
随州市	429.2	1		
恩施州		1		
仙桃市				
潜江市	82441.2	1		
天门市				
神农架	2083.0	1		

2-B-4.18 各地区中央总承包和专业承包企业主要经济效益指标

地　区	产值利润率(%)	产值利税率(%)	资本利润率(%)	资本利税率(%)	人均利润(元/人)	人均利税(元/人)	资产负债率(%)
全　省	**3.6**	**6.1**	**47.8**	**81.2**	**52096.2**	**88438.0**	**80.5**
武汉市	3.5	6.1	52.3	89.9	49338.1	84858.2	80.2
黄石市	5.8	9.2	27.5	43.3	22182.5	34941.7	83.7
十堰市	1.9	3.4	16.7	29.6	70593.3	125376.7	78.9
宜昌市	4.9	7.1	51.0	73.5	106330.8	153296.2	82.8
襄阳市	3.1	6.1	26.0	51.3	42815.3	84409.6	77.2
鄂州市							
荆门市							
孝感市							
荆州市							
黄冈市							
咸宁市	0.2	4.6	1.5	37.1	7397.1	188970.6	82.0
随州市	6.0	7.5	7.7	9.6	11558.8	14352.9	2.4
恩施州	1.2	3.1	12.6	32.5	6291.7	16258.3	89.9
仙桃市							
潜江市	6.9	11.7	18.6	31.6	72240.0	122608.0	96.2
天门市							
神农架	2.9	10.0	11.4	39.3	17523.1	60523.1	37.3

2-B-4.19 各地区地方总承包和专业承包企业签订合同情况

单位：万元

地 区	签订合同额	上年结转合同额	本年新签合同额
全 省	**150486836.9**	**55284440.2**	**95202396.7**
武汉市	84804196.0	35552534.5	49251661.5
黄石市	5017192.0	1434580.8	3582611.2
十堰市	4258354.4	1597348.2	2661006.2
宜昌市	7466942.4	3027565.1	4439377.3
襄阳市	9242614.5	2816198.4	6426416.1
鄂州市	2229373.1	802007.1	1427366.0
荆门市	2231658.1	611254.0	1620404.1
孝感市	6467548.3	1257072.6	5210475.7
荆州市	4081840.0	1688316.7	2393523.3
黄冈市	13500412.3	3177566.6	10322845.7
咸宁市	2327960.8	624982.0	1702978.8
随州市	1914613.9	706103.3	1208510.6
恩施州	1570193.4	515395.8	1054797.6
仙桃市	1329708.8	376845.4	952863.4
潜江市	2573066.4	749841.6	1823224.8
天门市	1375199.3	297833.7	1077365.6
神农架	95963.2	48994.4	46968.8

2-B-4.20 各地区地方总承包和专业承包企业承包工程完成情况

单位：万元

地 区	直接从建设单位承揽工程完成的产值			从建设单位以外承揽工程完成的产值
		自行完成施工产值	分包出去工程的产值	
全 省	**94821440.6**	**93315188.1**	**1506252.5**	**2276879.7**
武汉市	45769077.3	45030418.4	738658.9	769204.0
黄石市	4107621.9	4072543.2	35078.7	64094.8
十堰市	3042975.8	3017473.5	25502.3	35418.7
宜昌市	5523118.7	5496596.1	26522.6	203494.3
襄阳市	7497386.8	7343377.6	154009.2	164308.4
鄂州市	1861948.6	1847629.5	14319.1	43865.0
荆门市	1716214.3	1703066.8	13147.5	39614.8
孝感市	4426061.5	4380661.2	45400.3	215260.2
荆州市	2759260.6	2745066.8	14193.8	41686.3
黄冈市	10667413.9	10319274.9	348139.0	461063.0
咸宁市	1732328.1	1704035.0	28293.1	74097.1
随州市	1219495.0	1213448.6	6046.4	6491.2
恩施州	1142794.6	1129946.5	12848.1	33949.4
仙桃市	1235486.0	1200024.9	35461.1	32543.0
潜江市	907810.0	903639.5	4170.5	27371.7
天门市	1150105.9	1145644.0	4461.9	64417.8
神农架	62341.6	62341.6		

2-B-4.21　各地区地方企业总承包和专业承包总产值和竣工产值

单位：万元

地　区	建筑业总产值	#装饰装修产　值	#在外省完成的产值	按构成分组 建筑工程产值	安装工程产值	其他产值	竣工产值
全　省	**95597092.4**	**5074408.9**	**15294962.0**	**84350137.3**	**8276947.2**	**2970007.9**	**67839692.3**
武汉市	45799622.4	2723928.3	9035777.5	39591645.7	4964393.7	1243583.0	35539702.1
黄石市	4141662.6	219717.8	129920.7	3847573.5	209943.1	84146.0	3019978.0
十堰市	3052892.2	60496.4	331310.9	2820087.2	155911.1	76893.9	1777977.8
宜昌市	5700090.4	197499.8	171048.2	5204451.1	297996.1	197643.2	3381541.9
襄阳市	7507686.0	202424.8	556513.7	6773899.3	357140.4	376646.3	4090001.8
鄂州市	1891494.5	67133.1	188218.1	1482684.5	296509.6	112300.4	957260.6
荆门市	1742681.6	33062.2	21954.9	1590239.2	102725.1	49717.3	1274369.2
孝感市	4595921.4	428797.5	878244.0	3900877.8	580254.4	114789.2	3321300.4
荆州市	2786753.1	221633.4	221976.8	2537484.7	133015.3	116253.1	1724890.1
黄冈市	10780337.9	539884.3	3388833.6	9885399.1	649322.2	245616.6	7604947.2
咸宁市	1778132.1	66467.2	69971.3	1615897.4	122010.9	40223.8	1270024.3
随州市	1219939.8	22605.4	24455.7	1128239.7	41348.4	50351.7	930702.3
恩施州	1163895.9	34664.8	21043.9	1095863.2	40097.8	27934.9	801418.8
仙桃市	1232567.9	116078.1	31674.0	1069844.2	69619.5	93104.2	811583.9
潜江市	931011.2	6443.8	149794.0	789473.7	107188.5	34349.0	569367.2
天门市	1210061.8	131191.2	74224.7	967200.7	146501.1	96360.0	713010.3
神农架	62341.6	2380.8		49276.3	2970.0	10095.3	51616.4

2-B-4.22 各地区地方总承包和专业承包企业房屋建筑面积

地　区	房屋施工面积(万平方米)	#本年新开工	房屋竣工面积(万平方米)	房屋竣工率(%)
全　省	**52091.0**	**29810.6**	**27501.6**	**52.8**
武汉市	21277.3	12222.3	10658.9	50.1
黄石市	2481.2	1568.1	1431.6	57.7
十堰市	1567.6	919.8	804.3	51.3
宜昌市	2939.1	1016.5	1351.4	46.0
襄阳市	5308.2	2014.3	1844.4	34.7
鄂州市	776.0	378.1	471.5	60.8
荆门市	931.6	592.3	548.6	58.9
孝感市	4076.8	3174.9	2678.1	65.7
荆州市	1337.8	547.7	676.5	50.6
黄冈市	6798.4	4664.3	4483.8	66.0
咸宁市	1013.1	650.4	702.9	69.4
随州市	1093.6	623.9	626.1	57.2
恩施州	674.1	312.5	320.9	47.6
仙桃市	535.7	367.7	384.0	71.7
潜江市	644.3	344.5	170.9	26.5
天门市	613.1	402.4	338.2	55.2
神农架	23.0	11.0	9.6	41.7

2-B-4.23　各地区按主要用途分的地方总承包和专业承包企业房屋竣工面积

单位：万平方米

地　区	合　计	住宅房屋	商业及服务用房屋	办公用房　屋	科研、教育和医疗用房屋	文化、体育和娱乐用房屋	厂房及建筑物	仓库	其他未列明的房屋建筑物
全　省	**27501.6**	**19726.9**	**1824.3**	**1162.3**	**1076.6**	**257.7**	**2906.1**	**100.4**	**447.2**
武汉市	10658.9	7520.9	885.6	352.7	585.6	166.5	1076.5	28.3	42.8
黄石市	1431.6	983.2	162.4	60.4	22.2	16.6	109.8	1.6	75.4
十堰市	804.3	607.7	65.3	6.9	9.3	6.0	53.9	0.1	55.2
宜昌市	1351.4	1056.7	73.0	32.2	27.3	9.8	131.1	1.9	19.5
襄阳市	1844.4	1326.2	53.4	62.3	62.3	3.6	302.8	5.2	28.6
鄂州市	471.5	332.6	28.6	4.8	40.3		55.6	2.1	7.5
荆门市	548.6	369.8	34.1	37.1	10.5	5.9	78.0	6.0	7.2
孝感市	2678.1	2051.3	83.2	108.0	92.1	0.1	320.8	0.6	22.0
荆州市	676.5	445.3	93.3	24.4	11.4	0.7	77.6	2.3	21.6
黄冈市	4483.8	3186.5	164.4	329.8	139.6	33.9	498.8	38.5	92.3
咸宁市	702.9	514.5	56.3	41.5	11.8	6.2	44.6	5.7	22.4
随州市	626.1	478.5	24.6	35.3	4.4		65.1	7.0	11.2
恩施州	320.9	223.4	12.4	19.4	19.8	2.5	23.4	0.6	19.4
仙桃市	384.0	299.5	14.1	20.0	4.8	1.0	43.0	0.5	1.1
潜江市	170.9	92.2	52.1	6.5	6.1	0.1	4.4		9.5
天门市	338.2	235.2	19.5	19.0	29.1	4.9	20.1	0.2	10.2
神农架	9.6	3.4	2.0	2.1			0.7		1.4

2-B-4.24 各地区按主要用途分的地方总承包和专业承包企业房屋竣工价值

单位：万元

地　区	总　计	住宅房屋	商业及服务用房屋	办公用房　屋	科研、教育和医疗用房屋	文化、体育和娱乐用房屋	厂房及建筑物	仓库	其他未列明的房屋建筑物
全　省	**40066554.2**	**28355839.3**	**2973678.8**	**1744328.7**	**1658732.9**	**390908.2**	**4019268.4**	**142170.3**	**775309.8**
武汉市	16791452.2	11759933.5	1399603.8	598713.0	914417.3	260112.5	1686115.5	43755.3	122483.5
黄石市	2483737.0	1553425.9	361523.1	111391.6	35060.8	26425.2	197344.6	3041.1	195524.7
十堰市	1102843.8	835851.2	109584.0	11077.2	17128.9	8246.7	68262.5	96.2	52597.1
宜昌市	2228050.3	1718237.8	218402.3	56129.2	41335.8	15356.5	150906.4	2465.1	25217.2
襄阳市	2651510.6	2044546.9	88286.6	65565.5	82454.8	2634.2	324156.1	6523.1	37343.4
鄂州市	605784.9	407442.3	40195.8	6003.7	52868.6	2.0	89301.8	2458.3	7512.4
荆门市	713380.7	475596.6	45615.3	46996.2	14082.9	7286.8	104240.0	7757.4	11805.5
孝感市	2477289.9	1685315.7	114426.9	131079.2	134038.0	1363.5	385317.3	562.4	25186.9
荆州市	946846.4	631145.0	142819.7	34177.5	20220.0	859.9	85527.6	2764.7	29332.0
黄冈市	6595547.3	4842515.0	206006.2	501375.5	187444.5	38354.3	694918.6	56317.3	68615.9
咸宁市	889520.8	647065.8	76221.0	52130.1	19465.3	8168.5	53436.9	8535.7	24497.5
随州市	756728.1	591718.2	34726.8	30162.2	7008.3	7.0	68575.8	5202.6	19327.2
恩施州	434407.5	307238.4	18936.7	24126.6	28120.2	5820.2	23013.7	2091.4	25060.3
仙桃市	572835.0	448912.8	20103.3	32175.5	8609.1	1170.9	60544.3	303.1	1016.0
潜江市	281073.0	73545.3	65077.0	12160.6	17465.0	58.7	3671.0	64.6	109030.8
天门市	522150.3	329005.3	28159.0	29654.1	79013.4	15041.3	22976.3	232.0	18068.9
神农架	13396.4	4343.6	3991.3	1411.0			960.0		2690.5

2-B-4.25　各地区地方总承包和专业承包企业施工机械设备情况

地　区	年末自有施工机械设备总台数(台)	年末自有施工机械设备总功率(千瓦)	年末自有施工机械设备净值(万元)	技术装备率(元/人)	动力装备率(千瓦/人)
全　省	**649149**	**11734503**	**2249844.1**	**12518.7**	**6.5**
武汉市	158097	4093329	792274.0	12657.8	6.5
黄石市	21827	378877	81297.3	8307.4	3.9
十堰市	12746	369520	110098.1	13971.8	4.7
宜昌市	39294	1008301	133588.5	11793.0	8.9
襄阳市	248912	1192865	138477.1	8259.7	7.1
鄂州市	9583	123654	40943.5	8617.1	2.6
荆门市	19520	428583	77019.9	15617.6	8.7
孝感市	22943	1364211	155192.0	12335.7	10.8
荆州市	14789	295840	258760.3	36636.6	4.2
黄冈市	41561	1492880	242875.2	10013.2	6.2
咸宁市	8372	127639	45365.7	11321.3	3.2
随州市	10054	137609	37164.6	11477.3	4.2
恩施州	7957	96985	51099.2	15461.2	2.9
仙桃市	5917	126019	24135.2	11276.0	5.9
潜江市	9628	408426	31724.4	12064.3	15.5
天门市	17163	63206	22156.3	10095.4	2.9
神农架	786	26559	7672.8	28333.8	9.8

2–B–4.26 各地区地方总承包和专业承包企业主要生产效益指标

地　区	建筑业企业个数（个）	从事建筑业活动的平均人数（人）	按总产值计算的劳动生产率（元/人）	人均竣工产值（元/人）	人均施工面积（平方米/人）	人均竣工面积（平方米/人）
全　省	**4170**	**1851819**	**516233.5**	**366340.8**	**281.3**	**148.5**
武汉市	1432	672337	681200.4	528599.5	316.5	158.5
黄石市	165	96266	430231.1	313711.8	257.7	148.7
十堰市	261	77192	395493.3	230331.9	203.1	104.2
宜昌市	344	117277	486036.5	288338.0	250.6	115.2
襄阳市	333	167620	447899.2	244004.4	316.7	110.0
鄂州市	94	47926	394669.8	199737.2	161.9	98.4
荆门市	147	56200	310085.7	226756.1	165.8	97.6
孝感市	182	124491	369177.0	266790.4	327.5	215.1
荆州市	288	69251	402413.4	249078.0	193.2	97.7
黄冈市	386	243451	442813.5	312381.0	279.3	184.2
咸宁市	145	38492	461948.5	329945.0	263.2	182.6
随州市	114	32326	377386.6	287911.4	338.3	193.7
恩施州	136	34090	341418.6	235089.1	197.8	94.1
仙桃市	40	22949	537090.0	353646.7	233.4	167.3
潜江市	49	25920	359186.4	219663.3	248.6	65.9
天门市	39	23165	522366.4	307796.4	264.7	146.0
神农架	15	2866	217521.3	180099.1	80.1	33.4

2-B-4.27　各地区地方总承包和专业承包企业营业收入

单位：万元

地　区	营业收入	#在境外完成的营业收入	企业总产值	#建筑业总产值
全　省	**86539019.3**	**1133889.3**	**110595921.2**	**95597092.4**
武汉市	41944616.1	357452.5	56994071.8	45799622.4
黄石市	3668028.8	22178.1	4450062.6	4141662.6
十堰市	2430927.3	800.0	3078710.4	3052892.2
宜昌市	5462865.0	62410.0	5785380.1	5700090.4
襄阳市	6428741.4	308682.6	7934441.6	7507686.0
鄂州市	1416293.3	23750.2	2582545.5	1891494.5
荆门市	1588123.7	3461.5	1792059.3	1742681.6
孝感市	4103933.5	12464.5	5261198.0	4595921.4
荆州市	2517160.8	1940.3	2879025.9	2786753.1
黄冈市	9817786.2	319529.5	11583838.2	10780337.9
咸宁市	1471499.6	259.5	1813831.1	1778132.1
随州市	1186176.9	6354.5	1233023.2	1219939.8
恩施州	1058230.9	7793.7	1303369.7	1163895.9
仙桃市	1265179.9		1324646.9	1232567.9
潜江市	1108161.2	6812.4	1222749.3	931011.2
天门市	1008200.6		1288780.2	1210061.8
神农架	63094.1		68187.4	62341.6

2-B-4.28 各地区地方总承包和专业承包企业资产构成

单位：万元

地 区	资产总计	#流动资产合计	#存货
全 省	**62494442.5**	**51134873.4**	**12917594.7**
武汉市	34547312.1	29216185.6	8033425.8
黄石市	2392277.4	1849737.7	582429.7
十堰市	2163242.4	1549509.8	257932.7
宜昌市	3527896.3	2888665.8	468805.1
襄阳市	3304793.8	2597304.3	481401.1
鄂州市	882853.7	728175.7	147404.5
荆门市	1665154.2	1302978.5	206215.5
孝感市	2538783.1	2030047.1	573482.0
荆州市	2109877.1	1615064.8	302375.3
黄冈市	4192808.9	3249614.5	947465.8
咸宁市	902633.0	694190.1	142726.1
随州市	648382.0	479172.6	121978.4
恩施州	959287.0	747970.2	96754.1
仙桃市	998989.2	868274.9	132848.5
潜江市	1106898.9	917629.2	318899.2
天门市	438915.1	305393.7	101223.8
神农架	114338.3	94958.9	2227.1

2-B-4.29　各地区地方总承包和专业承包企业固定资产情况

单位：万元

地　区	固定资产原价	固定资产折旧	#本年折旧	在建工程
全　省	**8403408.2**	**3672713.7**	**917328.3**	**1570797.8**
武汉市	3320495.6	1435121.7	275309.2	734481.4
黄石市	318059.7	133474.6	29282.8	52037.2
十堰市	809067.9	463013.5	177329.5	66641.4
宜昌市	537953.1	231425.6	69104.3	37732.5
襄阳市	526665.5	223161.9	52871.1	86068.1
鄂州市	161532.1	73417.2	14159.7	14979.5
荆门市	230506.1	100327.1	26133.3	34373.2
孝感市	457235.4	153432.2	41899.2	96932.6
荆州市	447666.7	171384.9	42242.5	38052.7
黄冈市	716350.9	297930.6	65150.8	227374.3
咸宁市	208428.1	109869.5	21991.9	28284.7
随州市	132576.2	52192.3	15819.4	17632.4
恩施州	173156.1	58634.3	11130.6	17945.3
仙桃市	77713.6	35122.7	13851.8	60721.3
潜江市	110118.8	54532.6	23636.4	4214.7
天门市	157933.6	74151.0	35566.4	48113.9
神农架	17948.8	5522.0	1849.4	5212.6

2-B-4.30 各地区地方总承包和专业承包企业负债及所有者权益

单位：万元

地　区	负债合计	#流动负债	#应付账款	所有者权益	#实收资本
全　省	**35659999.7**	**30974516.0**	**13720971.6**	**26566313.4**	**13671676.1**
武汉市	21669081.7	18972894.1	9871336.1	12610273.8	6511939.2
黄石市	1046518.4	908714.2	200041.4	1343110.7	470750.7
十堰市	1070237.1	855434.5	310378.5	1093005.3	512380.4
宜昌市	1872914.9	1646616.1	701410.2	1654981.3	861609.3
襄阳市	1822322.8	1464922.8	569964.6	1482471.0	850160.0
鄂州市	424267.1	408839.7	112880.1	458586.6	255966.1
荆门市	943930.3	855892.3	230460.6	721223.9	379264.3
孝感市	1271467.1	1015833.2	227318.9	1267316.0	614004.2
荆州市	1093783.5	999441.8	337854.6	1016093.6	692547.9
黄冈市	1609910.1	1376202.6	393843.0	2585374.4	1139334.6
咸宁市	425518.8	361784.4	84885.9	477114.2	298973.7
随州市	211574.1	189015.7	62217.1	436807.9	246615.9
恩施州	526255.1	485212.1	106576.6	433031.9	283623.9
仙桃市	643587.5	432054.0	66413.0	355401.7	240682.6
潜江市	776798.5	760167.3	371895.7	330100.4	186784.9
天门市	164897.1	157169.8	60587.1	274018.0	104538.4
神农架	86935.6	84321.4	12908.2	27402.7	22500.0

2-B-4.31　各地区地方总承包和专业承包企业实收资本

单位：万元

地　区	合　计	国家资本	集体资本	法人资本	个人资本	港澳台资本	外商资本
全　省	**13671676.1**	**1975516.7**	**496547.8**	**3168117.2**	**7978330.5**	**4961.3**	**46660.8**
武汉市	6511939.2	1195497.3	124352.5	1161060.2	4016125.7	4095.7	10266.0
黄石市	470750.7	33558.8	47642.4	144467.3	244882.2	200.0	
十堰市	512380.4	13582.5	16720.9	164122.3	317754.7	100.0	100.0
宜昌市	861609.3	95886.5	7754.0	236834.0	519991.4	143.4	
襄阳市	850160.0	104248.0	25955.7	290099.5	393820.8	1.2	36034.8
鄂州市	255966.1	13006.5	19288.8	56903.2	166767.6		
荆门市	379264.3	62663.6	32511.9	54477.6	229611.2		
孝感市	614004.2	31397.0	43542.4	202370.8	336694.0		
荆州市	692547.9	75872.4	72994.5	148986.2	394694.8		
黄冈市	1139334.6	67704.9	43229.8	380648.7	647070.2	421.0	260.0
咸宁市	298973.7	79063.3	27766.0	22068.3	170076.1		
随州市	246615.9	9190.0	11407.3	102232.9	123785.7		
恩施州	283623.9	16823.9	6848.9	95945.0	164006.1		
仙桃市	240682.6	102778.5	7056.0	9211.5	121636.6		
潜江市	186784.9	61165.3	1629.8	35224.5	88765.3		
天门市	104538.4	10626.7	4746.9	54354.2	34810.6		
神农架	22500.0	2451.5	3100.0	9111.0	7837.5		

2-B-4.32 各地区地方总承包和专业承包企业收入情况

单位：万元

地 区	主营业务收入	#主营业务成本	#主营业务税金及附加	其他业务收入	#其他业务利润
全 省	**85709508.6**	**74987813.8**	**1471035.6**	**829510.7**	**24526.2**
武汉市	41850602.4	37630868.0	563408.4	94013.7	8273.7
黄石市	3589107.6	2895227.7	112851.9	78921.2	442.3
十堰市	2234846.5	1819331.6	38002.5	196080.8	1230.4
宜昌市	5395743.0	4194698.2	87953.7	67122.0	1483.4
襄阳市	6170602.9	5164687.8	156680.4	258138.5	1387.1
鄂州市	1414182.8	1248638.8	32553.8	2110.5	849.4
荆门市	1574340.7	1376535.6	35669.8	13783.0	1626.3
孝感市	4058814.2	3506990.7	101051.3	45119.3	1478.7
荆州市	2506538.7	2120826.2	44196.1	10622.1	3897.2
黄冈市	9775985.5	8917796.6	130157.8	41800.7	2899.8
咸宁市	1466121.5	1229077.9	24171.0	5378.1	334.9
随州市	1185574.6	986741.8	19841.2	602.3	4.2
恩施州	1052905.4	925291.3	23217.1	5325.5	-97.5
仙桃市	1259601.9	1044919.2	43914.8	5578.0	100.0
潜江市	1104855.2	1006585.5	16186.3	3306.0	16.3
天门市	1006591.6	864317.0	39813.5	1609.0	600.0
神农架	63094.1	55279.9	1366.0		

2-B-4.33　各地区地方总承包和专业承包企业费用情况

单位：万元

地　区	管理费用	销售费用	财务费用	#利息收入	#利息支出
全　省	**2504332.4**	**447834.4**	**513837.6**	**30520.5**	**347900.8**
武汉市	1175434.6	134781.5	258091.2	21636.6	229569.4
黄石市	95292.9	23864.3	33374.4	1454.7	17173.8
十堰市	88119.4	16317.7	15571.3	197.1	9389.4
宜昌市	203118.2	31470.5	24574.5	470.1	22120.3
襄阳市	226757.0	72863.0	43202.2	1900.7	16502.3
鄂州市	34134.7	4897.4	4417.2	416.8	3636.5
荆门市	50651.7	10488.9	6893.4	570.9	3299.3
孝感市	149144.2	40408.0	27942.0	735.1	5304.1
荆州市	91188.4	10870.0	13684.7	1751.3	6701.4
黄冈市	189378.7	32990.9	57287.0	284.0	13684.2
咸宁市	53997.2	19791.6	9433.3	600.0	5345.3
随州市	27154.0	5710.9	3521.1	285.7	1536.1
恩施州	34669.8	9855.1	5732.5	133.9	2768.4
仙桃市	37046.6	18271.5	5082.7	53.5	2070.3
潜江市	23484.2	3212.4	1075.7	-168.9	5781.3
天门市	22459.4	11431.6	3114.5	187.9	2323.3
神农架	2301.4	609.1	839.9	11.1	695.4

2-B-4.34 各地区地方总承包和专业承包企业利润及税金情况

单位：万元

地 区	利润总额	#应交所得税	税金总额	主营业务税金及附加	应交增值税
全 省	**5313211.4**	**1199799.8**	**4524061.9**	**1471035.6**	**3053026.3**
武汉市	1911578.6	583150.1	2006123.5	563408.4	1442715.1
黄石市	281079.2	52558.9	285271.2	112851.9	172419.3
十堰市	334499.1	38107.3	150833.4	38002.5	112830.9
宜昌市	629755.9	89243.6	258794.6	87953.7	170840.9
襄阳市	521417.1	93851.6	334785.9	156680.4	178105.5
鄂州市	91494.7	12844.8	84298.5	32553.8	51744.7
荆门市	95456.7	20781.9	96668.9	35669.8	60999.1
孝感市	252670.5	55093.2	254382.4	101051.3	153331.1
荆州市	226827.4	37566.8	150335.5	44196.1	106139.4
黄冈市	433343.6	101360.2	458010.1	130157.8	327852.3
咸宁市	132196.8	27251.5	75420.1	24171.0	51249.1
随州市	140444.9	21377.0	74776.1	19841.2	54934.9
恩施州	51654.8	16731.7	61028.7	23217.1	37811.6
仙桃市	102721.5	25944.3	86103.2	43914.8	42188.4
潜江市	54830.0	11389.8	47009.0	16186.3	30822.7
天门市	50686.2	11854.1	96447.1	39813.5	56633.6
神农架	2554.4	693.0	3773.7	1366.0	2407.7

2-B-4.35　各地区地方总承包和专业承包企业应收工程款及企业亏损情况

地　区	应收工程款(万元)	企业个数(个)	#亏损企业个数	亏损企业的比重(%)
全　省	**17615007.5**	**4170**	**300**	**7.2**
武汉市	10242983.9	1432	175	12.2
黄石市	629140.2	165	2	1.2
十堰市	691680.2	261	3	1.1
宜昌市	1243218.4	344	16	4.7
襄阳市	955375.5	333	4	1.2
鄂州市	302764.2	94	5	5.3
荆门市	351412.1	147	7	4.8
孝感市	493722.4	182	15	8.2
荆州市	637063.1	288	15	5.2
黄冈市	905036.4	386	25	6.5
咸宁市	249367.4	145	6	4.1
随州市	156784.3	114	6	5.3
恩施州	280990.7	136	12	8.8
仙桃市	158130.4	40		
潜江市	192457.0	49	9	18.4
天门市	114011.7	39		
神农架	10869.6	15		

2-B-4.36 各地区地方总承包和专业承包企业主要经济效益指标

地　区	产值利润率(%)	产值利税率(%)	资本利润率(%)	资本利税率(%)	人均利润(元/人)	人均利税(元/人)	资产负债率(%)
全　省	**5.6**	**10.3**	**38.9**	**72.0**	**28691.9**	**53122.2**	**57.1**
武汉市	4.2	8.6	29.4	60.2	28431.9	58269.9	62.7
黄石市	6.8	13.7	59.7	120.3	29198.2	58831.8	43.7
十堰市	11.0	15.9	65.3	94.7	43333.4	62873.4	49.5
宜昌市	11.0	15.6	73.1	103.1	53698.2	75765.1	53.1
襄阳市	6.9	11.4	61.3	100.7	31107.1	51080.0	55.1
鄂州市	4.8	9.3	35.7	68.7	19090.8	36680.1	48.1
荆门市	5.5	11.0	25.2	50.7	16985.2	34186.0	56.7
孝感市	5.5	11.0	41.2	82.6	20296.3	40730.1	50.1
荆州市	8.1	13.5	32.8	54.5	32754.4	54463.2	51.8
黄冈市	4.0	8.3	38.0	78.2	17800.0	36613.3	38.4
咸宁市	7.4	11.7	44.2	69.4	34344.0	53937.7	47.1
随州市	11.5	17.6	56.9	87.3	43446.4	66578.3	32.6
恩施州	4.4	9.7	18.2	39.7	15152.5	33054.7	54.9
仙桃市	8.3	15.3	42.7	78.5	44760.8	82280.1	64.4
潜江市	5.9	10.9	29.4	54.5	21153.5	39289.7	70.2
天门市	4.2	12.2	48.5	140.7	21880.5	63515.3	37.6
神农架	4.1	10.2	11.4	28.1	8912.8	22079.9	76.0

C.总承包建筑业企业

2-C-1　各地区总承包建筑业企业签订合同情况

单位：万元

地　区	签订合同额	上年结转合同额	本年新签合同额
全　省	**324197900.7**	**150232600.7**	**173965300.0**
武汉市	229007023.1	108883887.6	120123135.5
黄石市	4868338.2	1567811.8	3300526.4
十堰市	7771434.1	4082492.5	3688941.6
宜昌市	29114277.2	18724906.0	10389371.2
襄阳市	14769354.0	6079305.5	8690048.5
鄂州市	2017348.7	772874.1	1244474.6
荆门市	2169304.4	598700.1	1570604.3
孝感市	6183026.1	1165573.4	5017452.7
荆州市	3787613.0	1663965.3	2123647.7
黄冈市	12822873.4	3000190.0	9822683.4
咸宁市	2643591.2	905606.8	1737984.4
随州市	1857426.7	679171.1	1178255.6
恩施州	1492579.7	508243.3	984336.4
仙桃市	1328718.8	376795.4	951923.4
潜江市	2901461.5	877395.3	2024066.2
天门市	1359721.5	296688.1	1063033.4
神农架	103809.1	48994.4	54814.7

2-C-2 各地区总承包建筑业企业承包工程完成情况

单位：万元

地 区	直接从建设单位承揽工程完成的产值	自行完成施工产值	分包出去工程的产值	从建设单位以外承揽工程完成的产值
全 省	**142671243.3**	**141223138.2**	**1448105.1**	**2342073.7**
武汉市	86670206.3	85981617.1	688589.2	870865.7
黄石市	3718762.5	3688276.5	30486.0	111761.8
十堰市	4614532.9	4592376.2	22156.7	32860.5
宜昌市	10120291.7	10093655.1	26636.6	246879.6
襄阳市	9566645.2	9418758.8	147886.4	200690.4
鄂州市	1700677.8	1694239.8	6438.0	17265.7
荆门市	1660150.9	1647003.4	13147.5	39076.1
孝感市	4207948.0	4162547.7	45400.3	155446.9
荆州市	2499103.2	2484929.4	14173.8	39247.7
黄冈市	10393116.3	10089771.4	303344.9	411034.4
咸宁市	1767947.3	1742796.6	25150.7	71826.0
随州市	1164851.0	1158804.6	6046.4	6483.2
恩施州	1093370.0	1079262.1	14107.9	14303.2
仙桃市	1230086.0	1194624.9	35461.1	32543.0
潜江市	1058823.7	994206.0	64617.7	27371.7
天门市	1134543.0	1130081.1	4461.9	64417.8
神农架	70187.5	70187.5		

2-C-3　各地区总承包企业建筑业总产值和竣工产值

单位：万元

地　区	建筑业总产值	#装饰装修产值	#在外省完成的产值	按构成分组			竣工产值
				建筑工程产值	安装工程产值	其他产值	
全　省	**143570236.5**	**3920627.3**	**54374300.0**	**129570563.1**	**10362988.1**	**3636685.3**	**86353348.8**
武汉市	86852482.8	1984377.8	42148921.4	78126615.9	6698870.8	2026996.1	54511459.9
黄石市	3805062.9	188504.9	358637.1	3509334.8	230272.0	65456.1	2735147.1
十堰市	4625236.7	47264.6	1778038.0	4418509.7	131790.8	74936.2	1626250.4
宜昌市	10340534.7	81689.6	3255117.3	9528441.7	610331.9	201761.1	3528344.6
襄阳市	9619449.2	158458.3	1888025.4	8501637.4	767325.3	350486.5	4747619.2
鄂州市	1711505.5	56439.4	187356.1	1349691.2	251059.1	110755.2	819336.7
荆门市	1686079.5	23999.3	21891.4	1553609.8	86385.7	46084.0	1230683.2
孝感市	4317994.6	306635.6	709007.6	3751004.4	453870.0	113120.2	3169072.5
荆州市	2524177.1	200540.0	199762.3	2356427.6	75406.7	92342.8	1512650.4
黄冈市	10500805.8	534786.0	3349142.1	9701005.5	586772.2	213028.1	7390693.3
咸宁市	1814622.6	56144.7	145723.1	1681008.5	98773.1	34841.0	1248982.5
随州市	1165287.8	15520.7	24127.7	1080999.0	34869.5	49419.3	916806.9
恩施州	1093565.3	16564.5		1053558.0	25217.9	14789.4	759196.4
仙桃市	1227167.9	110678.1	31674.0	1069844.2	64219.5	93104.2	808733.9
潜江市	1021577.7	6069.1	202651.8	865402.9	113065.0	43109.8	586782.3
天门市	1194498.9	130573.9	74224.7	966350.3	131788.6	96360.0	702127.2
神农架	70187.5	2380.8		57122.2	2970.0	10095.3	59462.3

2-C-4 各地区总承包建筑业企业房屋建筑面积

地　区	房屋施工面积(万平方米)	#本年新开工	房屋竣工面积(万平方米)	房屋竣工率(%)
全　省	**87394.4**	**39349.6**	**32285.9**	**36.9**
武汉市	55839.2	21556.5	15502.1	27.8
黄石市	2537.2	1492.2	1403.2	55.3
十堰市	1514.9	873.2	712.6	47.0
宜昌市	3753.3	1268.4	1433.1	38.2
襄阳市	5448.4	2161.4	1959.0	36.0
鄂州市	776.0	378.1	471.5	60.8
荆门市	930.1	592.3	548.6	59.0
孝感市	4004.6	3148.0	2643.6	66.0
荆州市	1314.7	537.8	656.9	50.0
黄冈市	6691.0	4637.3	4416.5	66.0
咸宁市	1005.4	646.1	695.3	69.2
随州市	1091.9	623.9	624.4	57.2
恩施州	674.0	312.4	320.8	47.6
仙桃市	535.7	367.7	384.0	71.7
潜江市	642.3	340.9	167.4	26.1
天门市	612.5	402.4	337.6	55.1
神农架	23.0	11.0	9.6	41.7

2-C-5　各地区按主要用途分的总承包建筑业企业房屋竣工面积

单位：万平方米

地　区	合　计	住宅房屋	商业及服务用房屋	办公用房　屋	科研、教育和医疗用房屋	文化、体育和娱乐用房屋	厂房及建筑物	仓库	其他未列明的房屋建筑物
全　省	**32285.9**	**22576.6**	**2873.2**	**1521.0**	**1256.5**	**292.5**	**3108.8**	**195.6**	**461.6**
武汉市	15502.1	10255.7	2094.4	721.6	768.8	213.0	1252.2	123.8	72.7
黄石市	1403.2	1071.9	53.3	58.1	20.5	5.0	145.2	1.3	47.9
十堰市	712.6	557.1	24.3	6.9	9.3	6.0	53.8	0.1	55.2
宜昌市	1433.1	1131.9	73.0	32.1	28.5	9.7	134.6	1.9	21.6
襄阳市	1959.0	1431.7	55.5	56.4	62.3	3.6	302.8	5.2	41.4
鄂州市	471.5	332.6	28.6	4.8	40.3		55.6	2.1	7.5
荆门市	548.6	369.8	34.1	37.1	10.5	5.9	78.0	6.0	7.2
孝感市	2643.6	2022.2	81.3	107.8	92.1	0.1	320.0	0.3	19.9
荆州市	656.9	430.6	92.4	24.1	10.6	0.7	74.5	2.3	21.6
黄冈市	4416.5	3134.3	155.3	329.3	137.8	33.9	495.3	38.5	92.2
咸宁市	695.3	506.9	56.3	41.5	11.8	6.2	44.6	5.7	22.4
随州市	624.4	478.5	24.6	34.4	4.4		65.1	7.0	10.4
恩施州	320.8	223.4	12.4	19.4	19.7	2.5	23.4	0.6	19.4
仙桃市	384.0	299.5	14.1	20.0	4.8	1.0	43.0	0.5	1.1
潜江市	167.4	92.5	52.1	6.7	6.1	0.1	0.1	0.2	9.5
天门市	337.6	234.6	19.5	19.0	29.1	4.9	20.1	0.2	10.2
神农架	9.6	3.4	2.0	2.1			0.7		1.4

2-C-6 各地区按主要用途分的总承包建筑业企业房屋竣工价值

单位：万元

地 区	合计	住宅房屋	商业及服务用房屋	办公用房 屋	科研、教育和医疗用房屋	文化、体育和娱乐用房屋	厂房及建筑物	仓 库	其他未列明的房屋建筑物
全 省	**51667457.7**	**34084965.3**	**5827523.1**	**3218504.7**	**2235065.4**	**505515.1**	**4598742.1**	**223138.8**	**967685.4**
武汉市	28411115.5	17181726.4	4604551.5	2085928.5	1495579.8	396967.0	2227012.1	125361.3	287671.1
黄石市	2275869.9	1656299.1	104667.2	105718.2	30860.8	4265.7	236022.5	2441.1	135595.3
十堰市	1013220.7	826649.4	29242.9	11077.2	17128.9	8246.7	68182.3	96.2	52597.1
宜昌市	2406162.6	1861840.4	218402.3	55986.0	43542.0	15284.5	160533.4	2465.1	48108.9
襄阳市	2906096.0	2232335.0	93304.8	60857.9	82445.9	2618.1	324152.3	6521.1	103860.9
鄂州市	605784.9	407442.3	40195.8	6003.7	52868.6	2.0	89301.8	2458.3	7512.4
荆门市	713380.7	475596.6	45615.3	46996.2	14082.9	7286.8	104240.0	7757.4	11805.5
孝感市	2445586.9	1658963.8	112335.9	130735.8	134038.0	1363.5	384575.0	273.0	23301.9
荆州市	916143.0	607870.9	141184.0	33624.4	18849.7	859.9	81657.4	2764.7	29332.0
黄冈市	6512078.5	4777655.1	190662.6	501001.0	186112.0	38354.3	693387.3	56317.3	68588.9
咸宁市	885902.8	643447.8	76221.0	52130.1	19465.3	8168.5	53436.9	8535.7	24497.5
随州市	754723.5	591718.2	34726.8	28557.6	7008.3	7.0	68575.8	5202.6	18927.2
恩施州	434252.5	307238.4	18936.7	24126.6	27965.2	5820.2	23013.7	2091.4	25060.3
仙桃市	572835.0	448912.8	20103.3	32175.5	8609.1	1170.9	60544.3	303.1	1016.0
潜江市	278991.6	74153.3	65222.7	12520.9	17495.5	58.7	171.0	318.5	109051.0
天门市	521917.2	328772.2	28159.0	29654.1	79013.4	15041.3	22976.3	232.0	18068.9
神农架	13396.4	4343.6	3991.3	1411.0			960.0		2690.5

2-C-7　各地区总承包建筑业企业施工机械设备情况

地　区	年末自有施工机械设备总台数(台)	年末自有施工机械设备总功率(千瓦)	年末自有施工机械设备净值(万元)	技术装备率(元/人)	动力装备率(千瓦/人)
全　省	**729446**	**13997543**	**2939577.6**	**14426.4**	**6.9**
武汉市	234911	6189932	1495151.3	16833.4	7.0
黄石市	21706	660933	75649.5	8293.3	7.2
十堰市	13183	499513	125685.9	15931.4	6.3
宜昌市	47896	1566811	186033.2	14564.1	12.3
襄阳市	254179	1301479	179155.8	10099.4	7.3
鄂州市	9413	122544	39462.7	8681.9	2.7
荆门市	19247	421152	75213.2	15828.7	8.9
孝感市	21444	1325126	146062.6	13038.2	11.8
荆州市	11457	226522	247943.6	39914.3	3.6
黄冈市	37143	618769	149539.1	6387.3	2.6
咸宁市	8173	128834	43221.6	11322.3	3.4
随州市	9799	134953	32192.4	10465.3	4.4
恩施州	7490	92286	48972.6	15497.2	2.9
仙桃市	5299	125401	24073.4	11379.0	5.9
潜江市	10220	494173	42315.5	15866.3	18.5
天门市	17070	62256	21212.4	9749.2	2.9
神农架	816	26859	7692.8	27106.4	9.5

2-C-8 各地区总承包建筑业企业主要生产效益指标

地　区	建筑业企业个数（个）	从事建筑业活动的平均人数（人）	按总产值计算的劳动生产率（元/人）	人均竣工产值（元/人）	人均施工面积（平方米/人）	人均竣工面积（平方米/人）
全　省	**3010**	**2076037**	**691559.1**	**415952.8**	**421.0**	**155.5**
武汉市	817	919222	944847.7	593017.4	607.5	168.6
黄石市	119	89990	422831.7	303939.0	281.9	155.9
十堰市	203	76511	604519.2	212551.2	198.0	93.1
宜昌市	253	130704	791141.4	269949.2	287.2	109.6
襄阳市	248	176943	543646.8	268313.5	307.9	110.7
鄂州市	77	45610	375247.9	179639.7	170.1	103.4
荆门市	119	54228	310924.2	226946.1	171.5	101.2
孝感市	153	110937	389229.4	285664.2	361.0	238.3
荆州市	223	61164	412690.0	247310.6	215.0	107.4
黄冈市	342	235349	446180.2	314031.2	284.3	187.7
咸宁市	126	37085	489314.4	336789.1	271.1	187.5
随州市	88	30793	378426.2	297732.2	354.6	202.8
恩施州	111	32536	336109.3	233340.4	207.2	98.6
仙桃市	39	22701	540578.8	356254.7	236.0	169.1
潜江市	42	26296	388491.7	223145.1	244.3	63.6
天门市	34	22972	519980.4	305644.8	266.6	147.0
神农架	16	2996	234270.7	198472.3	76.7	32.0

2-C-9 各地区总承包建筑业企业营业收入

单位：万元

地　区	营业收入	#在境外完成的营业收入	企业总产值	#建筑业总产值
全　省	**135259392.9**	**5287040.6**	**165052210.0**	**143570236.5**
武汉市	84710942.2	3612712.2	104321867.1	86852482.8
黄石市	3656902.8	350399.4	4127481.5	3805062.9
十堰市	3869607.9	40887.6	4652761.9	4625236.7
宜昌市	9295605.0	625455.4	10664865.1	10340534.7
襄阳市	8043580.1	307297.2	10034279.2	9619449.2
鄂州市	1264351.4	11928.8	2392547.6	1711505.5
荆门市	1535523.3	3252.0	1732193.1	1686079.5
孝感市	3860579.8	3500.5	4982287.4	4317994.6
荆州市	2246590.4	815.0	2599390.1	2524177.1
黄冈市	9530868.9	309597.0	11297163.3	10500805.8
咸宁市	1538925.9		1850177.9	1814622.6
随州市	1132531.5	6276.5	1181610.0	1165287.8
恩施州	982322.2	7793.7	1233772.5	1093565.3
仙桃市	1253941.8		1319246.9	1227167.9
潜江市	1267374.8	7125.3	1313315.8	1021577.7
天门市	998804.9		1273217.3	1194498.9
神农架	70940.0		76033.3	70187.5

2-C-10 各地区总承包建筑业企业资产构成

单位：万元

地　区	资产总计	#流动资产合计	#存货
全　省	**122320647.8**	**93135735.0**	**24090115.5**
武汉市	86640987.0	64294693.2	17789467.9
黄石市	2852345.0	2268080.4	512037.2
十堰市	3132605.7	2435996.3	263000.6
宜昌市	9095301.9	7541890.9	2015807.7
襄阳市	4753004.7	3907624.9	520678.3
鄂州市	789611.1	655748.3	139297.4
荆门市	1546027.8	1211650.5	195620.1
孝感市	2417056.9	1939917.8	554534.8
荆州市	1891445.4	1448048.1	269371.4
黄冈市	3845931.7	3126568.4	920923.6
咸宁市	1000332.8	782562.0	148538.1
随州市	595084.4	442921.6	118261.9
恩施州	911258.7	708775.8	89046.7
仙桃市	987655.2	859326.8	132191.0
潜江市	1315433.9	1113580.8	318828.2
天门市	427508.0	299367.4	100283.5
神农架	119057.6	98981.8	2227.1

2-C-11　各地区总承包建筑业企业固定资产情况

单位：万元

地　区	固定资产原价	固定资产折旧	#本年折旧	在建工程
全　省	**14769957.7**	**6671383.7**	**1498742.1**	**3761383.0**
武汉市	8659621.8	3769708.0	665334.4	2850454.3
黄石市	490095.7	239143.5	37990.7	31457.4
十堰市	971452.7	578659.3	202635.7	63215.7
宜昌市	1139097.0	549362.6	120659.4	160245.1
襄阳市	755015.7	398047.2	173939.0	84395.2
鄂州市	145082.5	67905.2	12900.6	12849.8
荆门市	216587.8	92464.5	24380.5	31485.3
孝感市	437928.9	149615.5	40916.6	88854.0
荆州市	395473.3	149110.6	37950.1	32460.1
黄冈市	674900.1	281698.5	61864.5	225193.9
咸宁市	224594.0	115544.7	21810.0	27796.9
随州市	109884.4	41563.5	12334.7	17632.4
恩施州	165050.7	54967.3	10923.2	17510.9
仙桃市	73789.6	32616.5	12596.2	60721.3
潜江市	141047.2	75221.0	25890.1	4694.7
天门市	151629.6	69783.6	34316.8	47203.4
神农架	18706.7	5972.2	2299.6	5212.6

2-C-12 各地区总承包建筑业企业负债及所有者权益

单位：万元

地　区	负债合计	#流动负债	#应付账款	所有者权益	#实收资本
全　省	**85403911.6**	**73508583.5**	**33266676.2**	**36648009.9**	**16136915.2**
武汉市	64366312.5	54829094.3	25192273.9	22006120.9	8458147.4
黄石市	1662944.0	1540725.9	732387.7	1186752.7	479123.8
十堰市	1873973.7	1663563.2	941582.1	1258632.0	671518.0
宜昌市	6586643.9	5934721.7	3170367.0	2508658.0	1250553.6
襄阳市	2988434.3	2641215.1	1249741.0	1764570.4	1068719.0
鄂州市	375101.1	360553.3	95420.3	414510.0	221758.3
荆门市	862861.5	780920.1	220059.9	683166.3	357611.3
孝感市	1232621.8	979301.0	218353.4	1184435.1	574916.9
荆州市	976439.1	885175.1	279040.2	915006.3	627925.7
黄冈市	1394492.6	1179271.2	325944.7	2453914.7	1052930.9
咸宁市	520393.1	452079.5	98630.6	479939.7	295932.0
随州市	191319.1	168760.7	49204.5	403765.3	228093.1
恩施州	503818.1	462787.6	102370.0	407440.6	266408.4
仙桃市	635465.2	423931.7	65916.1	352190.0	237632.6
潜江市	986245.8	969866.6	452832.4	329188.1	219403.8
天门市	158151.1	150536.0	59025.9	269356.9	101740.4
神农架	88694.7	86080.5	13526.5	30362.9	24500.0

2-C-13 各地区总承包建筑业企业实收资本

单位：万元

地　区	合　计	国家资本	集体资本	法人资本	个人资本	港澳台资本	外商资本
全　省	**16136915.2**	**5478372.7**	**434990.3**	**3176734.5**	**7009401.1**	**528.8**	**36394.8**
武汉市	8458147.4	3693712.3	105001.2	1352561.8	3306379.1		
黄石市	479123.8	97803.7	46018.9	128167.5	207133.7		
十堰市	671518.0	209805.2	14675.9	147470.9	299366.0	100.0	100.0
宜昌市	1250553.6	549127.6	6754.0	214312.7	480352.7	6.6	
襄阳市	1068719.0	374821.1	25955.7	266095.8	365810.4	1.2	36034.8
鄂州市	221758.3	12956.5	15100.0	50968.2	142733.6		
荆门市	357611.3	59371.0	29508.8	50930.2	217801.3		
孝感市	574916.9	29338.0	42942.4	193714.8	308921.7		
荆州市	627925.7	72788.9	62996.5	117539.9	374600.4		
黄冈市	1052930.9	42090.8	41929.8	342170.6	626058.7	421.0	260.0
咸宁市	295932.0	92205.1	23756.0	19349.0	160621.9		
随州市	228093.1	9190.0	3120.3	97011.3	118771.5		
恩施州	266408.4	16600.8	5968.9	89207.0	154631.7		
仙桃市	237632.6	102778.5	4006.0	9211.5	121636.6		
潜江市	219403.8	101305.0	609.0	34944.5	82545.3		
天门市	101740.4	10026.7	3546.9	53967.8	34199.0		
神农架	24500.0	4451.5	3100.0	9111.0	7837.5		

2-C-14 各地区总承包建筑业企业收入情况

单位：万元

地 区	主营业务收入	#主营业务成本	#主营业务税金及附加	其他业务收入	#其他业务利润
全 省	**134246985.7**	**119451557.2**	**1681436.9**	**1012407.2**	**71946.4**
武汉市	84428452.8	76561641.1	798760.2	282489.4	52915.2
黄石市	3603792.7	2997496.3	85962.3	53110.1	578.9
十堰市	3665636.9	3163355.9	39469.5	203971.0	4052.2
宜昌市	9204669.9	7560603.6	97552.4	90935.1	681.8
襄阳市	7787170.0	6629838.6	167405.1	256410.1	1850.2
鄂州市	1262240.9	1109932.4	31814.8	2110.5	849.4
荆门市	1525243.2	1338742.2	35109.7	10280.1	1625.7
孝感市	3816270.3	3292920.7	99501.9	44309.5	1478.7
荆州市	2236165.2	1908710.7	35051.5	10425.2	3834.3
黄冈市	9493571.9	8677137.2	123443.2	37297.0	2899.8
咸宁市	1533548.1	1304048.3	24766.9	5377.8	334.9
随州市	1131929.2	940176.0	18969.8	602.3	4.2
恩施州	977007.4	859529.1	22210.5	5314.8	-97.5
仙桃市	1248363.8	1033814.5	43829.9	5578.0	100.0
潜江市	1263838.5	1152953.6	16570.2	3536.3	238.6
天门市	998144.9	859268.0	39617.5	660.0	600.0
神农架	70940.0	61389.0	1401.5		

2-C-15　各地区总承包建筑业企业费用情况

单位：万元

地　区	管理费用	销售费用	财务费用	#利息收入	#利息支出
全　省	**4363466.7**	**608286.8**	**903769.7**	**166351.4**	**806699.2**
武汉市	2750651.6	322263.6	636552.8	132670.1	654838.6
黄石市	115649.6	13957.0	15953.9	14885.0	15758.4
十堰市	149925.5	15447.7	13469.0	768.5	7544.9
宜昌市	369759.9	32001.3	59277.6	9019.8	58201.7
襄阳市	309972.3	70698.0	42896.0	4500.5	18352.4
鄂州市	27971.5	3955.7	4495.2	123.5	3619.0
荆门市	45536.4	9602.4	6345.1	563.2	2785.4
孝感市	136506.1	38458.3	26731.8	722.6	4662.0
荆州市	77477.4	8840.3	11988.2	1712.0	5831.1
黄冈市	180608.8	28962.5	54643.0	264.9	12362.0
咸宁市	50987.1	18993.5	9091.5	669.8	5125.2
随州市	26495.5	5167.1	3594.7	234.8	1509.0
恩施州	32140.1	6825.3	5306.9	119.3	2652.9
仙桃市	36744.7	18271.5	5095.6	40.1	2070.3
潜江市	29820.3	3180.8	4420.0	-143.7	8371.7
天门市	19293.7	11052.7	3072.2	185.2	2319.2
神农架	3926.2	609.1	836.2	15.8	695.4

2-C-16　各地区总承包建筑业企业利润及税金情况

单位：万元

地　区	利润总额	#应交所得税	税金总额	主营业务税金及附加	应交增值税
全　省	**6921927.3**	**1442079.5**	**5554435.6**	**1681436.9**	**3872998.7**
武汉市	3364215.7	817124.6	2963272.9	798760.2	2164512.7
黄石市	222413.7	36385.2	235298.9	85962.3	149336.6
十堰市	354778.0	37901.5	168526.9	39469.5	129057.4
宜昌市	848045.7	124292.6	354818.4	97552.4	257266.0
襄阳市	575837.1	97131.1	394651.2	167405.1	227246.1
鄂州市	85962.2	11508.9	78874.7	31814.8	47059.9
荆门市	91273.3	20144.3	93715.1	35109.7	58605.4
孝感市	241779.0	52617.8	245476.9	99501.9	145975.0
荆州市	195449.8	33673.5	131367.1	35051.5	96315.6
黄冈市	412674.8	97992.4	445231.3	123443.2	321788.1
咸宁市	127638.6	27072.6	76379.6	24766.9	51612.7
随州市	136006.5	20489.4	72579.3	18969.8	53609.5
恩施州	48523.5	15860.7	57005.8	22210.5	34795.3
仙桃市	102681.0	25925.9	85810.7	43829.9	41980.8
潜江市	62186.6	11442.7	51255.0	16570.2	34684.8
天门市	49679.6	11750.1	95839.1	39617.5	56221.6
神农架	2782.2	766.2	4332.7	1401.5	2931.2

2-C-17　各地区总承包建筑业企业应收工程款及企业亏损情况

地　区	应收工程款(万元)	企业个数(个)	#亏损企业个数	亏损企业的比重(%)
全　省	**25956779.8**	**3010**	**151**	**5.0**
武汉市	16318640.6	817	67	8.2
黄石市	803274.0	119	1	0.8
十堰市	1069612.9	203	2	1.0
宜昌市	2619316.5	253	8	3.2
襄阳市	1436432.8	248	2	0.8
鄂州市	274923.1	77	4	5.2
荆门市	331403.7	119	6	5.0
孝感市	466607.0	153	9	5.9
荆州市	558652.6	223	10	4.5
黄冈市	854777.8	342	21	6.1
咸宁市	267021.3	126	5	4.0
随州市	140319.9	88	4	4.5
恩施州	267730.2	111	7	6.3
仙桃市	157238.2	39		
潜江市	266237.9	42	5	11.9
天门市	111638.7	34		
神农架	12952.6	16		

2-C-18 各地区总承包建筑业企业主要经济效益指标

地 区	产值利润率(%)	产值利税率(%)	资本利润率(%)	资本利税率(%)	人均利润(元/人)	人均利税(元/人)	资产负债率(%)
全 省	**4.8**	**8.7**	**42.9**	**77.3**	**33342.0**	**60097.0**	**69.8**
武汉市	3.9	7.3	39.8	74.8	36598.5	68835.3	74.3
黄石市	5.8	12.0	46.4	95.5	24715.4	50862.6	58.3
十堰市	7.7	11.3	52.8	77.9	46369.5	68396.0	59.8
宜昌市	8.2	11.6	67.8	96.2	64882.9	92029.6	72.4
襄阳市	6.0	10.1	53.9	90.8	32543.6	54847.5	62.9
鄂州市	5.0	9.6	38.8	74.3	18847.2	36140.5	47.5
荆门市	5.4	11.0	25.5	51.7	16831.4	34113.1	55.8
孝感市	5.6	11.3	42.1	84.8	21794.3	43921.9	51.0
荆州市	7.7	12.9	31.1	52.0	31955.0	53432.9	51.6
黄冈市	3.9	8.2	39.2	81.5	17534.6	36452.5	36.3
咸宁市	7.0	11.2	43.1	68.9	34417.9	55013.7	52.0
随州市	11.7	17.9	59.6	91.4	44168.0	67738.1	32.1
恩施州	4.4	9.7	18.2	39.6	14913.8	32434.6	55.3
仙桃市	8.4	15.4	43.2	79.3	45231.9	83032.3	64.3
潜江市	6.1	11.1	28.3	51.7	23648.7	43140.2	75.0
天门市	4.2	12.2	48.8	143.0	21626.2	63346.1	37.0
神农架	4.0	10.1	11.4	29.0	9286.4	23748.0	74.5

2-C-19　各地区按资质等级划分的总承包建筑业企业单位数

单位：万元

地　区	合　计	特级	一级	二级	三级及以下
全　省	**3010**	**28**	**362**	**1051**	**1569**
武汉市	817	19	226	354	218
黄石市	119	1	16	40	62
十堰市	203		8	47	148
宜昌市	253		19	75	159
襄阳市	248	2	13	67	166
鄂州市	77		6	47	24
荆门市	119		7	48	64
孝感市	153		10	49	94
荆州市	223	4	12	74	133
黄冈市	342	2	24	114	202
咸宁市	126		4	34	88
随州市	88		3	22	63
恩施州	111		5	30	76
仙桃市	39		2	20	17
潜江市	42		5	14	23
天门市	34		2	9	23
神农架	16			7	9

2-C-20 各地区按资质等级划分的总承包建筑业企业期末人数

单位：人

地　区	合　计	特级	一级	二级	三级及以下
全　省	**2037635**	**475582**	**683345**	**563524**	**315184**
武汉市	888205	397696	336331	118218	35960
黄石市	91218	6746	42465	29329	12678
十堰市	78892		20733	23493	34666
宜昌市	127734		56705	43160	27869
襄阳市	177392	489	53902	64654	58347
鄂州市	45454		16224	23814	5416
荆门市	47517		9652	26194	11671
孝感市	112027		33853	56064	22110
荆州市	62119	652	15047	27544	18876
黄冈市	234119	69999	52570	81301	30249
咸宁市	38174		4789	18563	14822
随州市	30761		9758	13226	7777
恩施州	31601		4944	11669	14988
仙桃市	21156		2495	13624	5037
潜江市	26670		16543	5967	4160
天门市	21758		7334	5056	9368
神农架	2838			1648	1190

2-C-21　各地区按资质等级划分的总承包企业建筑业总产值

单位：万元

地　区	合　计	特级	一级	二级	三级及以下
全　省	**143570237**	**57946943**	**50217868**	**23902224**	**11503202**
武汉市	86852483	52659221	26795978	6271508	1125776
黄石市	3805063	251432	1631533	1437260	484838
十堰市	4625237		2475637	972198	1177402
宜昌市	10340535		6915410	2106618	1318507
襄阳市	9619449	419303	3762215	3155516	2282415
鄂州市	1711506		767762	796018	147727
荆门市	1686080		302313	974327	409440
孝感市	4317995		1949157	1809265	559573
荆州市	2524177	18648	854610	1067961	582958
黄冈市	10500806	4598338	2574353	2388267	939847
咸宁市	1814623		277793	672012	864817
随州市	1165288		536331	378014	250943
恩施州	1093565		161920	421329	510316
仙桃市	1227168		259800	739200	228169
潜江市	1021578		513880	374863	132835
天门市	1194499		439178	296483	458838
神农架	70188			41386	28802

2-C-22 各地区按资质等级划分的总承包建筑业企业签订合同额

单位：万元

地 区	合 计	特级	一级	二级	三级及以下
全 省	**324197900.7**	**165897447.4**	**106190268.6**	**35547452.2**	**16562732.5**
武汉市	229007023.1	159680421.1	55306994.5	10861393.5	3158214.0
黄石市	4868338.2	489484.0	2234376.7	1573048.5	571429.0
十堰市	7771434.1		4873358.8	1303733.9	1594341.4
宜昌市	29114277.2		24416405.2	3038654.7	1659217.3
襄阳市	14769354.0	537921.8	6336677.0	5308288.8	2586466.4
鄂州市	2017348.7		908807.1	943688.1	164853.5
荆门市	2169304.4		372436.0	1296190.5	500677.9
孝感市	6183026.1		2399241.1	2584291.7	1199493.3
荆州市	3787613.0	21646.9	1463443.1	1516510.7	786012.3
黄冈市	12822873.4	5167973.6	3226014.7	3076860.0	1352025.1
咸宁市	2643591.2		797737.6	874148.7	971704.9
随州市	1857426.7		799340.1	706748.3	351338.3
恩施州	1492579.7		183330.4	598119.8	711129.5
仙桃市	1328718.8		225522.6	826200.2	276996.0
潜江市	2901461.5		2163073.9	578047.1	160340.5
天门市	1359721.5		483509.8	393241.8	482969.9
神农架	103809.1			68285.9	35523.2

2-C-23　各地区按资质等级划分的总承包建筑业企业竣工产值

单位：万元

地　区	合　计	特级	一级	二级	三级及以下
全　省	**86353348.8**	**29964199.7**	**33869834.8**	**14745926.5**	**7773387.8**
武汉市	54511459.9	26188820.7	24555287.2	3365185.2	402166.8
黄石市	2735147.1	155200.0	1254963.8	950890.6	374092.7
十堰市	1626250.4		428075.2	532514.6	665660.6
宜昌市	3528344.6		1194695.1	1386092.4	947557.1
襄阳市	4747619.2	84.0	1094383.2	2022882.3	1630269.7
鄂州市	819336.7		430156.8	333732.2	55447.7
荆门市	1230683.2		159695.5	754952.1	316035.6
孝感市	3169072.5		1566027.9	1065869.4	537175.2
荆州市	1512650.4	2223.5	316032.2	721389.0	473005.7
黄冈市	7390693.3	3617871.5	1606747.5	1615476.4	550597.9
咸宁市	1248982.5		49308.5	514754.6	684919.4
随州市	916806.9		444933.4	295047.1	176826.4
恩施州	759196.4		70139.2	271337.3	417719.9
仙桃市	808733.9		185210.2	452298.2	171225.5
潜江市	586782.3		292076.3	208832.3	85873.7
天门市	702127.2		222102.8	217924.9	262099.5
神农架	59462.3			36747.9	22714.4

2-C-24 各地区按资质等级划分的总承包建筑业企业房屋施工面积

单位：万平方米

地　　区	合计	特级	一级	二级	三级及以下
全　省	**87394.4**	**45006.7**	**21685.1**	**14421.6**	**6281.0**
武汉市	55839.2	40895.3	11554.3	3057.8	331.9
黄石市	2537.2	265.7	1135.8	853.7	282.0
十堰市	1514.9		401.1	393.6	720.2
宜昌市	3753.3		2183.2	1206.6	363.5
襄阳市	5448.4		1085.3	3211.5	1151.6
鄂州市	776.0		334.6	390.7	50.7
荆门市	930.1		182.9	557.1	190.1
孝感市	4004.6		1211.5	1572.2	1221.0
荆州市	1314.7	49.0	536.5	504.8	224.5
黄冈市	6691.0	3796.8	1418.9	1013.9	461.4
咸宁市	1005.4		44.9	477.7	482.8
随州市	1091.9		629.0	342.5	120.5
恩施州	674.0		146.8	217.3	310.0
仙桃市	535.7		121.9	317.5	96.3
潜江市	642.3		534.1	53.7	54.5
天门市	612.5		164.4	235.3	212.8
神农架	23.0			15.7	7.3

2-C-25　各地区按资质等级划分的总承包建筑业企业房屋竣工面积

单位：万平方米

地　区	合　计	特级	一级	二级	三级及以下
全　省	**32285.9**	**11452.0**	**9568.8**	**7097.5**	**4167.7**
武汉市	15502.1	9044.2	4747.3	1598.7	111.9
黄石市	1403.2	129.8	634.3	409.3	229.8
十堰市	712.6		137.4	218.2	357.0
宜昌市	1433.1		478.5	709.3	245.3
襄阳市	1959.0		327.1	877.4	754.4
鄂州市	471.5		248.0	202.5	21.0
荆门市	548.6		90.5	325.2	132.9
孝感市	2643.6		926.9	647.3	1069.3
荆州市	656.9	0.9	186.1	294.6	175.3
黄冈市	4416.5	2277.1	1100.0	762.9	276.6
咸宁市	695.3		20.6	332.4	342.3
随州市	624.4		330.3	229.2	64.9
恩施州	320.8		34.7	105.8	180.3
仙桃市	384.0		100.3	226.0	57.7
潜江市	167.4		124.8	33.9	8.7
天门市	337.6		82.1	119.8	135.7
神农架	9.6			4.9	4.7

2-C-26 各地区按资质等级划分的总承包企业自有施工机械设备台数

单位：台

地 区	合 计	特级	一级	二级	三级及以下
全 省	**729446**	**136944**	**154282**	**265526**	**172694**
武汉市	234911	125291	80111	25774	3735
黄石市	21706	4479	9284	5144	2799
十堰市	13183		2835	4382	5966
宜昌市	47896		18173	25570	4153
襄阳市	254179		10322	124883	118974
鄂州市	9413		2844	5755	814
荆门市	19247		5384	11374	2489
孝感市	21444		4011	13069	4364
荆州市	11457	48	1705	4119	5585
黄冈市	37143	7126	6452	13106	10459
咸宁市	8173		1025	3825	3323
随州市	9799		2274	5592	1933
恩施州	7490		853	2746	3891
仙桃市	5299		262	3892	1145
潜江市	10220		7290	1667	1263
天门市	17070		1457	14329	1284
神农架	816			299	517

2-C-27 各地区按资质等级划分的总承包企业自有施工机械设备总功率

单位：万千瓦

地　区	合　计	特级	一级	二级	三级及以下
全　省	**1399.8**	**290.9**	**569.4**	**338.8**	**200.6**
武汉市	619.0	250.6	315.1	44.5	8.8
黄石市	66.1	29.2	11.6	21.7	3.5
十堰市	50.0		19.5	10.2	20.2
宜昌市	156.7		64.6	79.4	12.6
襄阳市	130.1		23.2	33.1	73.8
鄂州市	12.3		3.2	8.3	0.8
荆门市	42.1		6.8	20.9	14.4
孝感市	132.5		85.4	37.4	9.7
荆州市	22.7	0.1	3.1	10.1	9.3
黄冈市	61.9	11.0	11.0	16.3	23.5
咸宁市	12.9		5.2	3.6	4.1
随州市	13.5		2.2	6.4	4.9
恩施州	9.2		1.6	2.7	4.9
仙桃市	12.5		0.4	7.5	4.6
潜江市	49.4		15.4	31.7	2.3
天门市	6.2		1.0	2.9	2.3
神农架	2.7			2.0	0.7

2-C-28 各地区按资质等级划分的总承包建筑业企业实收资本

单位：万元

地 区	合 计	特级	一级	二级	三级及以下
全 省	**16136915.2**	**3050676.3**	**5545212.7**	**4477075.5**	**3063950.7**
武汉市	8458147.4	2913508.0	3429953.9	1660768.5	453917.0
黄石市	479123.8	60648.6	150873.7	167985.4	99616.1
十堰市	671518.0		259598.2	137258.5	274661.3
宜昌市	1250553.6		542049.9	342472.7	366031.0
襄阳市	1068719.0	5800.0	290099.7	444140.2	328679.1
鄂州市	221758.3		51526.9	127632.1	42599.3
荆门市	357611.3		63822.2	167421.7	126367.4
孝感市	574916.9		157528.8	202345.4	215042.7
荆州市	627925.7	8159.7	126501.2	259772.2	233492.6
黄冈市	1052930.9	62560.0	187502.3	488966.6	313902.0
咸宁市	295932.0		85960.2	86058.0	123913.8
随州市	228093.1		25000.0	98115.7	104977.4
恩施州	266408.4		32898.0	87417.9	146092.5
仙桃市	237632.6		21010.0	78125.1	138497.5
潜江市	219403.8		108659.7	78934.2	31809.9
天门市	101740.4		12228.0	35500.0	54012.4
神农架	24500.0			14161.3	10338.7

2-C-29　各地区按资质等级划分的总承包建筑业企业资产

单位：万元

地　区	合　计	特级	一级	二级	三级及以下
全　省	**122320647.8**	**62078776.3**	**33126005.3**	**18100927.4**	**9014938.8**
武汉市	86640987.0	60263103.7	18436061.7	6667164.7	1274656.9
黄石市	2852345.0	962972.3	823050.6	780548.2	285773.9
十堰市	3132605.7		1425623.4	870116.1	836866.2
宜昌市	9095301.9		6467562.6	1522422.9	1105316.4
襄阳市	4753004.7	25682.5	1624089.2	2154643.7	948589.3
鄂州市	789611.1		259200.7	390008.5	140401.9
荆门市	1546027.8		336474.8	754563.2	454989.8
孝感市	2417056.9		929477.4	868095.6	619483.9
荆州市	1891445.4	13426.6	464022.4	824584.4	589412.0
黄冈市	3845931.7	813591.2	742981.0	1414784.6	874574.9
咸宁市	1000332.8		281845.5	360491.3	357996.0
随州市	595084.4		114750.3	225086.2	255247.9
恩施州	911258.7		159879.6	345830.5	405548.6
仙桃市	987655.2		73484.3	323619.8	590551.1
潜江市	1315433.9		868714.3	324730.7	121988.9
天门市	427508.0		118787.5	180850.4	127870.1
神农架	119057.6			93386.6	25671.0

2-C-30 各地区按资质等级划分的总承包建筑业企业所有者权益

单位：万元

地　区	合　计	特级	一级	二级	三级及以下
全　省	**36648009.9**	**13498433.1**	**10665931.5**	**7941472.0**	**4542173.3**
武汉市	22006120.9	12742306.0	6081779.0	2620722.8	561313.1
黄石市	1186752.7	149401.4	422302.9	457366.4	157682.0
十堰市	1258632.0		420180.2	399382.2	439069.6
宜昌市	2508658.0		1277768.9	660300.4	570588.7
襄阳市	1764570.4	6262.3	507066.8	745267.1	505974.2
鄂州市	414510.0		146342.8	198278.0	69889.2
荆门市	683166.3		87955.9	391156.0	204054.4
孝感市	1184435.1		454532.3	437969.2	291933.6
荆州市	915006.3	9052.3	225638.1	374827.9	305488.0
黄冈市	2453914.7	591411.1	494924.7	826787.0	540791.9
咸宁市	479939.7		127354.1	158317.5	194268.1
随州市	403765.3		106184.4	151543.3	146037.6
恩施州	407440.6		54138.5	130270.2	223031.9
仙桃市	352190.0		31633.9	134173.0	186383.1
潜江市	329188.1		157861.3	119242.0	52084.8
天门市	269356.9		70267.7	119369.1	79720.1
神农架	30362.9			16499.9	13863.0

2-C-31　各地区按资质等级划分的总承包建筑业企业负债

单位：万元

地　区	合　计	特级	一级	二级	三级及以下
全　省	**85403911.6**	**48580343.2**	**22192645.7**	**10159455.3**	**4471467.4**
武汉市	64366312.5	47520797.7	12086854.6	4046441.8	712218.4
黄石市	1662944.0	813570.9	400747.7	323181.8	125443.6
十堰市	1873973.7		1005443.2	470733.9	397796.6
宜昌市	6586643.9		5189793.7	862122.5	534727.7
襄阳市	2988434.3	19420.2	1117022.4	1409376.6	442615.1
鄂州市	375101.1		112857.9	191730.5	70512.7
荆门市	862861.5		248518.9	363407.2	250935.4
孝感市	1232621.8		474945.1	430126.4	327550.3
荆州市	976439.1	4374.3	238384.3	449756.5	283924.0
黄冈市	1394492.6	222180.1	248056.3	587997.6	336258.6
咸宁市	520393.1		154491.4	202173.8	163727.9
随州市	191319.1		8565.9	73542.9	109210.3
恩施州	503818.1		105741.1	215560.3	182516.7
仙桃市	635465.2		41850.4	189446.8	404168.0
潜江市	986245.8		710853.0	205488.7	69904.1
天门市	158151.1		48519.8	61481.3	48150.0
神农架	88694.7			76886.7	11808.0

2-C-32 各地区按资质等级划分的总承包建筑业企业营业收入

单位：万元

地区	合计	特级	一级	二级	三级及以下
全省	**135259392.9**	**59372399.2**	**44011839.1**	**21524238.1**	**10350916.5**
武汉市	84710942.2	53751070.6	23964208.5	5863841.7	1131821.4
黄石市	3656902.8	583198.6	1377918.7	1220585.9	475199.6
十堰市	3869607.9		2150985.8	753716.1	964906.0
宜昌市	9295605.0		5930071.7	2117327.4	1248205.9
襄阳市	8043580.1	416551.3	3052823.5	2627005.4	1947199.9
鄂州市	1264351.4		537769.9	569557.5	157024.0
荆门市	1535523.3		300303.1	872367.6	362852.6
孝感市	3860579.8		1479136.7	1855370.7	526072.4
荆州市	2246590.4	20967.5	729421.0	900506.5	595695.4
黄冈市	9530868.9	4600611.2	2066354.0	2046538.4	817365.3
咸宁市	1538925.9		280111.8	592072.6	666741.5
随州市	1132531.5		543865.7	337141.9	251523.9
恩施州	982322.2		110957.9	378769.8	492594.5
仙桃市	1253941.8		250429.9	717430.6	286081.3
潜江市	1267374.8		798302.9	338173.2	130898.7
天门市	998804.9		439178.0	286363.9	273263.0
神农架	70940.0			47468.9	23471.1

2-C-33　各地区按资质等级划分的总承包建筑业企业利税总额

单位：万元

地　区	合　计	特级	一级	二级	三级及以下
全　省	**12476362.9**	**3972411.2**	**4084807.7**	**2816849.9**	**1602294.1**
武汉市	6327488.6	3638885.8	2000334.4	571821.4	116447.0
黄石市	457712.6	27574.1	158904.7	193935.9	77297.9
十堰市	523304.9		195436.1	122732.2	205136.6
宜昌市	1202864.1		634146.7	363421.8	205295.6
襄阳市	970488.3	20253.5	275784.7	381479.3	292970.8
鄂州市	164836.9		52963.1	82236.5	29637.3
荆门市	184988.4		28770.1	115000.2	41218.1
孝感市	487255.9		217636.1	167850.2	101769.6
荆州市	326816.9	3912.3	84880.3	151800.8	86223.5
黄冈市	857906.1	281785.5	168591.1	292363.7	115165.8
咸宁市	204018.2		16056.4	66460.5	121501.3
随州市	208585.8		93697.8	64207.1	50680.9
恩施州	105529.3		8122.1	41139.0	56268.2
仙桃市	188491.7		34583.7	111961.1	41946.9
潜江市	113441.6		62863.1	35838.0	14740.5
天门市	145518.7		52037.3	50128.9	43352.5
神农架	7114.9			4473.3	2641.6

2–C–34 各地区按资质等级划分的总承包建筑业企业利润总额

单位：万元

地 区	合计	特级	一级	二级	三级及以下
全 省	**6921927.3**	**2283036.2**	**2142501.4**	**1570893.5**	**925496.2**
武汉市	3364215.7	2104424.9	915187.4	280175.7	64427.7
黄石市	222413.7	17549.9	68247.8	101156.0	35460.0
十堰市	354778.0		150091.2	73276.7	131410.1
宜昌市	848045.7		444792.4	260175.1	143078.2
襄阳市	575837.1	9946.3	172687.0	226231.6	166972.2
鄂州市	85962.2		31852.6	37030.5	17079.1
荆门市	91273.3		9604.0	62791.2	18878.1
孝感市	241779.0		103326.4	79220.6	59232.0
荆州市	195449.8	1121.0	50437.2	91164.6	52727.0
黄冈市	412674.8	149994.1	59352.9	149235.4	54092.4
咸宁市	127638.6		4861.6	43314.8	79462.2
随州市	136006.5		59028.6	42256.8	34721.1
恩施州	48523.5		4880.9	20509.8	23132.8
仙桃市	102681.0		14527.9	64071.1	24082.0
潜江市	62186.6		39580.0	19116.0	3490.6
天门市	49679.6		14043.5	19240.3	16395.8
神农架	2782.2			1927.3	854.9

2-C-35　各地区按资质等级划分的总承包建筑业企业税金总额

单位：万元

地　区	合计	特级	一级	二级	三级及以下
全　省	**5554435.6**	**1689375.0**	**1942306.3**	**1245956.4**	**676797.9**
武汉市	2963272.9	1534460.9	1085147.0	291645.7	52019.3
黄石市	235298.9	10024.2	90656.9	92779.9	41837.9
十堰市	168526.9		45344.9	49455.5	73726.5
宜昌市	354818.4		189354.3	103246.7	62217.4
襄阳市	394651.2	10307.2	103097.7	155247.7	125998.6
鄂州市	78874.7		21110.5	45206.0	12558.2
荆门市	93715.1		19166.1	52209.0	22340.0
孝感市	245476.9		114309.7	88629.6	42537.6
荆州市	131367.1	2791.3	34443.1	60636.2	33496.5
黄冈市	445231.3	131791.4	109238.2	143128.3	61073.4
咸宁市	76379.6		11194.8	23145.7	42039.1
随州市	72579.3		34669.2	21950.3	15959.8
恩施州	57005.8		3241.2	20629.2	33135.4
仙桃市	85810.7		20055.8	47890.0	17864.9
潜江市	51255.0		23283.1	16722.0	11249.9
天门市	95839.1		37993.8	30888.6	26956.7
神农架	4332.7			2546.0	1786.7

2-C-36 各地区按资质等级划分的总承包建筑业企业主营业务收入

单位：万元

地　区	合计	特级	一级	二级	三级及以下
全　省	**134246985.7**	**59132535.2**	**43804701.8**	**21080326.2**	**10229422.5**
武汉市	84428452.8	53513673.5	23925582.6	5858467.8	1130728.9
黄石市	3603792.7	583198.6	1377332.9	1174933.7	468327.5
十堰市	3665636.9		2050573.1	662854.0	952209.8
宜昌市	9204669.9		5900917.1	2082593.0	1221159.8
襄阳市	7787170.0	416551.3	3049748.7	2410722.3	1910147.7
鄂州市	1262240.9		537769.9	569268.1	155202.9
荆门市	1525243.2		299591.4	865440.1	360211.7
孝感市	3816270.3		1457025.5	1846334.0	512910.8
荆州市	2236165.2	18642.1	727659.1	896430.9	593433.1
黄冈市	9493571.9	4600469.7	2059284.2	2021738.9	812079.1
咸宁市	1533548.1		276813.2	590095.4	666639.5
随州市	1131929.2		543865.7	337141.9	250921.6
恩施州	977007.4		110957.9	377169.3	488880.2
仙桃市	1248363.8		250329.9	716430.6	281603.3
潜江市	1263838.5		798072.6	336873.4	128892.5
天门市	998144.9		439178.0	286363.9	272603.0
神农架	70940.0			47468.9	23471.1

2-C-37　各地区按资质等级划分的总承包建筑业企业管理费用

单位：万元

地　区	合计	特级	一级	二级	三级及以下
全　省	**4363466.7**	**1943551.2**	**1237191.4**	**781928.5**	**400795.6**
武汉市	2750651.6	1870582.3	614047.8	209556.2	56465.3
黄石市	115649.6	36656.4	17450.4	46352.4	15190.4
十堰市	149925.5		74915.7	33466.5	41543.3
宜昌市	369759.9		228888.1	78366.3	62505.5
襄阳市	309972.3	1727.3	118151.6	125324.4	64769.0
鄂州市	27971.5		5732.7	16250.1	5988.7
荆门市	45536.4		5453.3	26768.6	13314.5
孝感市	136506.1		76771.6	37851.7	21882.8
荆州市	77477.4	1764.2	15834.6	33102.5	26776.1
黄冈市	180608.8	32821.0	31632.3	92570.2	23585.3
咸宁市	50987.1		5876.5	22681.7	22428.9
随州市	26495.5		7205.0	9938.4	9352.1
恩施州	32140.1		1500.8	14164.9	16474.4
仙桃市	36744.7		8967.4	22282.9	5494.4
潜江市	29820.3		20437.9	5487.9	3894.5
天门市	19293.7		4325.7	6690.8	8277.2
神农架	3926.2			1073.0	2853.2

2-C-38 各地区按资质等级划分的总承包建筑业企业财务费用

单位：万元

地　区	合计	特级	一级	二级	三级及以下
全　省	**903769.7**	**479124.2**	**230514.3**	**121348.9**	**72782.3**
武汉市	636552.8	458641.1	128471.6	37619.2	11820.9
黄石市	15953.9	-12663.9	14482.9	11423.3	2711.6
十堰市	13469.0		33.8	4532.6	8902.6
宜昌市	59277.6		40764.0	7415.3	11098.3
襄阳市	42896.0	500.2	6380.8	18747.4	17267.6
鄂州市	4495.2		2590.2	1491.4	413.6
荆门市	6345.1		1621.7	3024.7	1698.7
孝感市	26731.8		16490.9	7132.9	3108.0
荆州市	11988.2	46.9	3769.9	5653.4	2518.0
黄冈市	54643.0	32599.9	7723.7	10832.8	3486.6
咸宁市	9091.5		881.2	4686.8	3523.5
随州市	3594.7		1412.7	1311.7	870.3
恩施州	5306.9		441.6	2045.9	2819.4
仙桃市	5095.6		855.1	3158.7	1081.8
潜江市	4420.0		3432.4	577.8	409.8
天门市	3072.2		1161.8	1242.7	667.7
神农架	836.2			452.3	383.9

2-C-39　各地区按资质等级划分的总承包建筑业企业应收工程款

单位：万元

地　区	合　计	特级	一级	二级	三级及以下
全　省	**25956779.8**	**9921186.1**	**8753089.7**	**5074101.5**	**2208402.5**
武汉市	16318640.6	9419753.3	4806175.4	1767494.7	325217.2
黄石市	803274.0	352278.2	183438.0	213193.9	54363.9
十堰市	1069612.9		556240.0	239436.4	273936.5
宜昌市	2619316.5		1695001.6	523221.7	401093.2
襄阳市	1436432.8		461922.8	786268.0	188242.0
鄂州市	274923.1		101304.5	139051.8	34566.8
荆门市	331403.7		63613.1	167419.9	100370.7
孝感市	466607.0		228673.6	131796.9	106136.5
荆州市	558652.6	1930.2	164251.7	242328.3	150142.4
黄冈市	854777.8	147224.4	159716.9	368495.1	179341.4
咸宁市	267021.3		65588.5	70441.4	130991.4
随州市	140319.9		34676.3	44627.7	61015.9
恩施州	267730.2		46913.1	104222.0	116595.1
仙桃市	157238.2		17629.6	123012.2	16596.4
潜江市	266237.9		127220.6	105449.2	33568.1
天门市	111638.7		40724.0	41282.9	29631.8
神农架	12952.6			6359.4	6593.2

D.专业承包建筑业企业

2-D-1 各地区专业承包建筑业企业签订合同情况

单位：万元

地 区	签订合同额	上年结转合同额	本年新签合同额
全 省	**13059191.8**	**4248266.5**	**8810925.3**
武汉市	9750861.6	3514194.5	6236667.1
黄石市	709301.2	163798.0	545503.2
十堰市	251618.3	56371.7	195246.6
宜昌市	326645.5	70301.4	256344.1
襄阳市	231073.9	44748.4	186325.5
鄂州市	212024.4	29133.0	182891.4
荆门市	62353.7	12553.9	49799.8
孝感市	284522.2	91499.2	193023.0
荆州市	294227.0	24351.4	269875.6
黄冈市	677538.9	177376.6	500162.3
咸宁市	76284.9	18440.1	57844.8
随州市	57877.2	27061.2	30816.0
恩施州	89015.5	17241.5	71774.0
仙桃市	990.0	50.0	940.0
潜江市	19379.7		19379.7
天门市	15477.8	1145.6	14332.2
神农架			

2-D-2　各地区专业承包建筑业企业承包工程完成情况

单位：万元

地　区	直接从建设单位承揽工程完成的产值	自行完成施工产值	分包出去工程的产值	从建设单位以外承揽工程完成的产值
全　省	**8098488.1**	**7734552.1**	**363936.0**	**452736.3**
武汉市	5617254.5	5324634.2	292620.3	239212.6
黄石市	622974.5	618381.8	4592.7	29539.7
十堰市	197845.9	194500.3	3345.6	2558.2
宜昌市	268725.6	267308.6	1417.0	5247.8
襄阳市	194447.7	188324.9	6122.8	14380.4
鄂州市	161270.8	153389.7	7881.1	26599.3
荆门市	56063.4	56063.4		538.7
孝感市	218113.5	218113.5		59813.3
荆州市	260157.4	260137.4	20.0	2438.6
黄冈市	274297.6	229503.5	44794.1	50028.6
咸宁市	75180.3	72037.9	3142.4	2271.1
随州市	55294.0	55294.0		8.0
恩施州	56520.3	56520.3		20100.0
仙桃市	5400.0	5400.0		
潜江市	19379.7	19379.7		
天门市	15562.9	15562.9		
神农架				

2-D-3 各地区专业承包企业建筑业总产值和竣工产值

单位：万元

地　区	建筑业总产值	#装饰装修产值	#在外省完成的产值	按构成分组			竣工产值
				建筑工程产值	安装工程产值	其他产值	
全　省	**8187288.4**	**1647614.8**	**1728965.9**	**5437439.2**	**1963269.0**	**786580.2**	**4636600.9**
武汉市	5563846.8	1222704.7	1386043.6	3545125.1	1386724.1	631997.6	2775785.7
黄石市	647921.5	41241.9	58193.6	595014.5	34217.1	18689.9	444006.9
十堰市	197058.5	13231.8	3512.9	170980.5	24120.3	1957.7	151727.4
宜昌市	272556.4	115810.2	7239.9	173886.2	79238.1	19432.1	229345.6
襄阳市	202705.3	43966.5	6878.1	131659.7	44885.8	26159.8	128111.8
鄂州市	179989.0	10693.7	862.0	132993.3	45450.5	1545.2	137923.9
荆门市	56602.1	9062.9	63.5	36629.4	16339.4	3633.3	43686.0
孝感市	277926.8	122161.9	169236.4	149873.4	126384.4	1669.0	152227.9
荆州市	262576.0	21093.4	22214.5	181057.1	57608.6	23910.3	212239.7
黄冈市	279532.1	5098.3	39691.5	184393.6	62550.0	32588.5	214253.9
咸宁市	74309.0	10322.5		38927.7	24797.8	10583.5	57149.5
随州市	55302.0	7734.7	328.0	47890.7	6478.9	932.4	14545.4
恩施州	76620.3	18100.3	21043.9	44131.6	19107.8	13380.9	42222.4
仙桃市	5400.0	5400.0			5400.0		2850.0
潜江市	19379.7	374.7	13658.0	4026.0	15253.7	100.0	19641.7
天门市	15562.9	617.3		850.4	14712.5		10883.1
神农架							

2-D-4　各地区专业承包建筑业企业房屋建筑面积

地　区	房屋施工面积(万平方米)	#本年新开工	房屋竣工面积(万平方米)	房屋竣工率(%)
全　省	**848.8**	**383.4**	**551.5**	**65.0**
武汉市	333.5	110.7	152.0	45.6
黄石市	214.0	137.8	158.2	73.9
十堰市	52.7	46.6	91.7	174.0
宜昌市	13.8	6.5	1.5	10.9
襄阳市	16.1	9.2	12.5	77.2
鄂州市				
荆门市	1.5			
孝感市	72.1	26.9	34.5	47.8
荆州市	23.1	9.8	19.7	85.2
黄冈市	107.3	27.0	67.2	62.6
咸宁市	7.7	4.3	7.5	97.2
随州市	1.7		1.7	100.0
恩施州	0.1	0.1	0.1	95.5
仙桃市				
潜江市	4.5	4.5	4.3	95.6
天门市	0.6		0.6	100.0
神农架				

2-D-5 各地区按主要用途分的专业承包建筑业企业房屋竣工面积

单位：万平方米

地 区	合 计	住宅房屋	商业及服务用房屋	办公用房 屋	科研、教育和医疗用房屋	文化、体育和娱乐用房屋	厂房及建筑物	仓 库	其他未列明的房屋建筑物
全 省	**551.5**	**241.2**	**166.1**	**12.6**	**5.3**	**11.7**	**75.2**	**6.8**	**32.7**
武汉市	152.0	78.8	1.0	2.1	0.8		60.9	6.2	2.2
黄石市	158.2	3.7	109.1	2.3	1.7	11.6	2.0	0.3	27.5
十堰市	91.7	50.6	41.1				0.1		
宜昌市	1.5	0.5		0.2	0.1	0.1	0.5		0.1
襄阳市	12.5	3.4	3.0	6.1					
鄂州市									
荆门市									
孝感市	34.5	29.2	1.9	0.3			0.8	0.3	2.1
荆州市	19.7	14.6	0.9	0.3	0.8		3.1		
黄冈市	67.2	52.2	9.1	0.5	1.8		3.5		
咸宁市	7.5	7.5							
随州市	1.7			0.9					0.8
恩施州	0.1				0.1				
仙桃市									
潜江市	4.3						4.3		
天门市	0.6	0.6							
神农架									

2-D-6　各地区按主要用途分的专业承包建筑业企业房屋竣工价值

单位：万元

地　区	合　计	住宅房屋	商业及服务用房屋	办公用房　屋	科研、教育和医疗用房屋	文化、体育和娱乐用房屋	厂房及建筑物	仓　库	其他未列明的房屋建筑物
全　省	**781761.6**	**201774.2**	**361494.2**	**17327.7**	**11687.9**	**22247.6**	**92607.5**	**11030.7**	**63591.8**
武汉市	158267.8	60623.5	1445.1	2377.9	4549.7		77898.3	10139.3	1234.0
黄石市	363067.1	9253.5	256855.9	5673.4	4200.0	22159.5	4395.4	600.0	59929.4
十堰市	89623.1	9201.8	80341.1				80.2		
宜昌市	1244.1	256.5		143.2	71.5	72.0	586.0		114.9
襄阳市	14173.6	4101.9	3781.8	6257.6	8.9	16.1	3.8	2.0	1.5
鄂州市									
荆门市									
孝感市	31703.0	26351.9	2091.0	343.4			742.3	289.4	1885.0
荆州市	30703.4	23274.1	1635.7	553.1	1370.3		3870.2		
黄冈市	83468.8	64859.9	15343.6	374.5	1332.5		1531.3		27.0
咸宁市	3618.0	3618.0							
随州市	2004.6			1604.6					400.0
恩施州	155.0				155.0				
仙桃市									
潜江市	3500.0						3500.0		
天门市	233.1	233.1							
神农架									

2-D-7 各地区专业承包建筑业企业施工机械设备情况

地 区	年末自有施工机械设备总台数(台)	年末自有施工机械设备总功率(千瓦)	年末自有施工机械设备净值(万元)	技术装备率(元/人)	动力装备率(千瓦/人)
全 省	**46237**	**1757817**	**299653.9**	**18817.3**	**11.0**
武汉市	21125	563574	122628.1	14775.2	6.8
黄石市	5106	31653	10645.9	7219.0	2.1
十堰市	1023	15049	13404.4	29216.2	3.3
宜昌市	4790	58357	15081.2	17362.7	6.7
襄阳市	2185	84854	9809.1	13740.2	11.9
鄂州市	170	1110	1480.8	7188.3	0.5
荆门市	273	7431	1806.7	10042.8	4.1
孝感市	1499	39085	9129.4	6625.1	2.8
荆州市	3332	69318	10816.7	12710.6	8.1
黄冈市	4418	874111	93336.1	110653.3	103.6
咸宁市	274	3174	2637.2	12175.4	1.5
随州市	261	2806	5022.2	30364.0	1.7
恩施州	467	4699	2126.6	13553.9	3.0
仙桃市	618	618	61.8	2491.9	2.5
潜江市	603	1028	723.8	10675.5	1.5
天门市	93	950	943.9	49941.8	5.0
神农架					

2-D-8　各地区专业承包建筑业企业主要生产效益指标

地　区	建筑业企业个数(个)	从事建筑业活动的平均人数(人)	按总产值计算的劳动生产率(元/人)	人均竣工产　值(元/人)	人均施工面　积(平方米/人)	人均竣工面　积(平方米/人)
全　省	**1230**	**164649**	**497257.1**	**281605.2**	**51.6**	**33.5**
武汉市	661	87891	633039.4	315821.4	37.9	17.3
黄石市	49	14475	447614.2	306740.5	147.9	109.3
十堰市	60	5414	363979.5	280250.1	97.4	169.5
宜昌市	101	9412	289583.9	243673.6	14.7	1.6
襄阳市	89	7395	274111.3	173241.1	21.8	16.9
鄂州市	17	2316	777154.6	595526.3		
荆门市	28	1972	287028.9	221531.4	7.6	
孝感市	29	13554	205051.5	112312.2	53.2	25.5
荆州市	65	8087	324689.0	262445.5	28.6	24.3
黄冈市	44	8102	345016.2	264445.7	132.5	83.0
咸宁市	20	1679	442578.9	340378.2	46.1	44.8
随州市	27	1567	352916.4	92823.2	10.7	10.7
恩施州	26	1674	457707.9	252224.6	0.7	0.6
仙桃市	1	248	217741.9	114919.4		
潜江市	8	670	289249.3	293159.7	67.2	64.2
天门市	5	193	806367.9	563891.2	30.1	30.1
神农架						

2-D-9　各地区专业承包建筑业企业营业收入

单位：万元

地　区	营业收入	#在境外完成的营业收入	企业总产值	#建筑业总产值
全　省	**8314234.4**	**74205.9**	**9074623.6**	**8187288.4**
武汉市	5844749.5	40324.1	6342348.9	5563846.8
黄石市	606269.5		661188.9	647921.5
十堰市	164261.9		197292.5	197058.5
宜昌市	281821.6	106.2	320052.9	272556.4
襄阳市	182726.9	1385.4	214630.9	202705.3
鄂州市	151941.9	11821.4	189997.9	179989.0
荆门市	52600.4	209.5	59866.2	56602.1
孝感市	243353.7	8964.0	278910.6	277926.8
荆州市	270570.4	1125.3	279635.8	262576.0
黄冈市	286917.3	9932.5	286674.9	279532.1
咸宁市	54186.3	259.5	74452.7	74309.0
随州市	53780.8	78.0	52063.2	55302.0
恩施州	80405.5		77165.6	76620.3
仙桃市	11238.1		5400.0	5400.0
潜江市	20014.9		19379.7	19379.7
天门市	9395.7		15562.9	15562.9
神农架				

2-D-10　各地区专业承包建筑业企业资产构成

单位：万元

地　区	资产总计	#流动资产合计	#存货
全　省	**8005929.4**	**6683791.6**	**1309413.6**
武汉市	5807557.1	5094084.3	976748.8
黄石市	528809.0	459863.2	171714.0
十堰市	139513.6	116757.9	23071.5
宜昌市	267315.3	189000.4	11774.5
襄阳市	163094.7	131733.6	9238.2
鄂州市	93242.6	72427.4	8107.1
荆门市	119126.4	91328.0	10595.4
孝感市	121726.2	90129.3	18947.2
荆州市	218431.7	167016.7	33003.9
黄冈市	346877.2	123046.1	26542.2
咸宁市	45286.3	30318.3	5799.9
随州市	53819.9	36720.5	3720.9
恩施州	57909.3	48075.4	7852.2
仙桃市	11334.0	8948.1	657.5
潜江市	20479.0	18316.1	700.0
天门市	11407.1	6026.3	940.3
神农架			

2-D-11 各地区专业承包建筑业企业固定资产情况

单位：万元

地　区	固定资产原价	固定资产折旧	#本年折旧	在建工程
全　省	**967970.7**	**447665.8**	**93226.7**	**100798.1**
武汉市	600259.9	272775.5	54744.0	49940.0
黄石市	35369.4	16491.4	4048.0	21306.1
十堰市	29224.7	16959.1	3878.3	3612.5
宜昌市	62677.6	33308.5	5981.2	745.7
襄阳市	35849.3	18794.4	5047.6	2416.5
鄂州市	16449.6	5512.0	1259.1	2129.7
荆门市	13918.3	7862.6	1752.8	2887.9
孝感市	19306.5	3816.7	982.6	8078.6
荆州市	52193.4	22274.3	4292.4	5592.6
黄冈市	41450.8	16232.1	3286.3	2180.4
咸宁市	15150.1	9496.1	1238.7	563.2
随州市	22728.4	10635.0	3488.4	
恩施州	8579.1	4014.2	554.6	434.4
仙桃市	3924.0	2506.2	1255.6	
潜江市	4585.6	2620.3	167.5	
天门市	6304.0	4367.4	1249.6	910.5
神农架				

2-D-12　各地区专业承包建筑业企业负债及所有者权益

单位：万元

地　区	负债合计	#流动负债	#应付账款	所有者权益	#实收资本
全　省	**4832759.8**	**4638801.4**	**1866902.0**	**3173766.5**	**1769771.0**
武汉市	3755084.3	3648569.0	1511948.0	2053069.8	1213305.2
黄石市	211615.1	192555.6	59778.6	317193.9	57724.8
十堰市	70949.3	66557.2	37690.1	68564.3	41062.4
宜昌市	115825.3	97367.5	30902.3	151489.9	87511.0
襄阳市	77759.5	64346.4	27696.5	85335.2	56641.0
鄂州市	49166.0	48286.4	17459.8	44076.6	34207.8
荆门市	81068.8	74972.2	10400.7	38057.6	21653.0
孝感市	38845.3	36532.2	8965.5	82880.9	39087.3
荆州市	117344.4	114266.7	58814.4	101087.3	64622.2
黄冈市	215417.5	196931.4	67898.3	131159.7	86403.7
咸宁市	22391.2	21500.4	7108.0	22895.1	16883.5
随州市	20267.3	20267.3	13014.2	33552.6	19032.8
恩施州	31318.0	31305.5	4906.8	26591.3	17815.5
仙桃市	8122.3	8122.3	496.9	3211.7	3050.0
潜江市	10839.5	10587.5	8260.7	9639.5	7972.8
天门市	6746.0	6633.8	1561.2	4661.1	2798.0
神农架					

2-D-13 各地区专业承包建筑业企业实收资本

单位：万元

地 区	合 计	国家资本	集体资本	法人资本	个人资本	港澳台资本	外商资本
全 省	**1769771.0**	**262724.0**	**65657.5**	**453433.5**	**972208.7**	**4432.5**	**10266.0**
武汉市	1213305.2	208752.5	22851.3	254725.0	712565.9	4095.7	10266.0
黄石市	57724.8	1853.0	1623.5	16299.8	37748.5	200.0	
十堰市	41062.4	3977.3	2045.0	16651.4	18388.7		
宜昌市	87511.0	7440.0	1000.0	38295.5	39638.7	136.8	
襄阳市	56641.0	4626.9		24003.7	28010.4		
鄂州市	34207.8	50.0	4188.8	5935.0	24034.0		
荆门市	21653.0	3292.6	3003.1	3547.4	11809.9		
孝感市	39087.3	2059.0	600.0	8656.0	27772.3		
荆州市	64622.2	3083.5	9998.0	31446.3	20094.4		
黄冈市	86403.7	25614.1	1300.0	38478.1	21011.5		
咸宁市	16883.5	700.0	4010.0	2719.3	9454.2		
随州市	19032.8		8287.0	5271.6	5474.2		
恩施州	17815.5	223.1	1480.0	6738.0	9374.4		
仙桃市	3050.0		3050.0				
潜江市	7972.8	452.0	1020.8	280.0	6220.0		
天门市	2798.0	600.0	1200.0	386.4	611.6		
神农架							

2-D-14　各地区专业承包建筑业企业收入情况

单位：万元

地　区	主营业务收　入	#主营业务成　本	#主营业务税金及附加	其他业务收　入	#其他业务利　润
全　省	**8251721.5**	**7073861.1**	**96120.6**	**62512.9**	**5811.3**
武汉市	5823505.8	5082168.5	35842.7	21243.7	4721.1
黄石市	580150.4	443277.0	28861.5	26119.1	9.1
十堰市	164199.5	139863.2	1645.0	62.4	0.8
宜昌市	279654.8	230545.2	3396.7	2166.8	1016.6
襄阳市	179779.3	141615.5	4079.6	2947.6	0.2
鄂州市	151941.9	138706.4	739.0		
荆门市	49097.5	37793.4	560.1	3502.9	0.6
孝感市	242543.9	214070.0	1549.4	809.8	
荆州市	270373.5	212115.5	9144.6	196.9	62.9
黄冈市	282413.6	240659.4	6714.6	4503.7	
咸宁市	54186.0	41760.4	1142.8	0.3	
随州市	53780.8	46623.5	877.0		
恩施州	80394.8	69449.2	1019.3	10.7	
仙桃市	11238.1	11104.7	84.9		
潜江市	20014.9	19060.2	267.4		
天门市	8446.7	5049.0	196.0	949.0	
神农架					

2-D-15 各地区专业承包建筑业企业费用情况

单位：万元

地　区	管理费用	销售费用	财务费用	#利息收入	#利息支出
全　省	**402181.3**	**86221.7**	**49299.7**	**20118.9**	**26112.6**
武汉市	285637.7	50675.0	35742.6	19368.5	17816.0
黄石市	16568.0	12725.0	4775.6	20.5	3277.9
十堰市	7372.0	909.3	361.9	7.3	163.5
宜昌市	22363.5	2056.4	522.5	259.1	346.6
襄阳市	11066.1	5189.2	1114.7	7.2	719.8
鄂州市	6163.2	941.7	–78.0	293.3	17.5
荆门市	5115.3	886.5	548.3	7.7	513.9
孝感市	12638.1	1949.7	1210.2	12.5	642.1
荆州市	13711.0	2029.7	1696.5	39.3	870.3
黄冈市	8769.9	4028.4	2644.0	19.1	1322.2
咸宁市	5292.9	798.1	378.9	2.7	276.1
随州市	691.3	543.8	–73.6	50.9	27.1
恩施州	2898.4	3078.4	422.1	14.6	115.5
仙桃市	301.9		–12.9	13.4	
潜江市	426.3	31.6	4.6	0.1	
天门市	3165.7	378.9	42.3	2.7	4.1
神农架					

2-D-16　各地区专业承包建筑业企业利润及税金情况

单位：万元

地　区	利润总额	#应交所得税	税金总额	主营业务税金及附加	应交增值税
全　省	**417133.1**	**102828.9**	**382841.0**	**96120.6**	**286720.4**
武汉市	199085.0	61742.6	231978.1	35842.7	196135.4
黄石市	76852.9	18524.8	60433.6	28861.5	31572.1
十堰市	13132.9	2578.7	8235.5	1645.0	6590.5
宜昌市	24559.1	3134.8	11240.5	3396.7	7843.8
襄阳市	17158.7	2624.9	9671.9	4079.6	5592.3
鄂州市	5532.5	1335.9	5423.8	739.0	4684.8
荆门市	4183.4	637.6	2953.8	560.1	2393.7
孝感市	10891.5	2475.4	8905.5	1549.4	7356.1
荆州市	31377.6	3893.3	18968.4	9144.6	9823.8
黄冈市	20668.8	3367.8	12778.8	6714.6	6064.2
咸宁市	4759.4	487.3	3979.3	1142.8	2836.5
随州市	4477.7	903.7	2206.3	877.0	1329.3
恩施州	3206.8	936.0	4142.5	1019.3	3123.2
仙桃市	40.5	18.4	292.5	84.9	207.6
潜江市	199.7	63.7	1022.5	267.4	755.1
天门市	1006.6	104.0	608.0	196.0	412.0
神农架					

2-D-17 各地区专业承包建筑业企业应收工程款及企业亏损情况

地　区	应收工程款 (万元)	企业个数 (个)	#亏损企业个数	亏损企业的比重 (%)
全　省	**2552951.2**	**1230**	**151**	**12.3**
武汉市	1945784.1	661	110	16.6
黄石市	185409.8	49	1	2.0
十堰市	57357.2	60	1	1.7
宜昌市	54052.0	101	8	7.9
襄阳市	52193.2	89	2	2.2
鄂州市	27841.1	17	1	5.9
荆门市	20008.4	28	1	3.6
孝感市	27115.4	29	6	20.7
荆州市	78410.5	65	5	7.7
黄冈市	50258.6	44	4	9.1
咸宁市	12441.3	20	1	5.0
随州市	16893.6	27	2	7.4
恩施州	13260.5	26	5	19.2
仙桃市	892.2	1		
潜江市	8660.3	8	4	50.0
天门市	2373.0	5		
神农架				

2-D-18　各地区专业承包建筑业企业主要经济效益指标

地　区	产值利润率(%)	产值利税率(%)	资本利润率(%)	资本利税率(%)	人均利润(元/人)	人均利税(元/人)	资产负债率(%)
全　省	**5.1**	**9.8**	**23.6**	**45.2**	**25334.7**	**48586.6**	**60.4**
武汉市	3.6	7.7	16.4	35.5	22651.4	49045.2	64.7
黄石市	11.9	21.2	133.1	237.8	53093.5	94843.9	40.0
十堰市	6.7	10.8	32.0	52.0	24257.3	39468.8	50.9
宜昌市	9.0	13.1	28.1	40.9	26093.4	38036.1	43.3
襄阳市	8.5	13.2	30.3	47.4	23203.1	36282.1	47.7
鄂州市	3.1	6.1	16.2	32.0	23888.2	47307.0	52.7
荆门市	7.4	12.6	19.3	33.0	21214.0	36192.7	68.1
孝感市	3.9	7.1	27.9	50.6	8035.6	14606.0	31.9
荆州市	11.9	19.2	48.6	77.9	38800.0	62255.5	53.7
黄冈市	7.4	12.0	23.9	38.7	25510.7	41283.1	62.1
咸宁市	6.4	11.8	28.2	51.8	28346.6	52047.1	49.4
随州市	8.1	12.1	23.5	35.1	28575.0	42654.8	37.7
恩施州	4.2	9.6	18.0	41.3	19156.5	43902.6	54.1
仙桃市	0.8	6.2	1.3	10.9	1633.1	13427.4	71.7
潜江市	1.0	6.3	2.5	15.3	2980.6	18241.8	52.9
天门市	6.5	10.4	36.0	57.7	52155.4	83658.0	59.1
神农架							

2-D-19 各地区按资质等级划分的专业承包建筑业企业单位数

单位：个

地区	合计	一级	二级	三级及以下
全省	**1230**	**213**	**466**	**551**
武汉市	661	184	261	216
黄石市	49	5	27	17
十堰市	60		25	35
宜昌市	101	9	27	65
襄阳市	89	2	28	59
鄂州市	17		10	7
荆门市	28	1	5	22
孝感市	29	3	10	16
荆州市	65	5	21	39
黄冈市	44	4	12	28
咸宁市	20		10	10
随州市	27		7	20
恩施州	26		16	10
仙桃市	1		1	
潜江市	8		4	4
天门市	5		2	3
神农架				

2-D-20 各地区按资质等级划分的专业承包建筑业企业期末人数

单位：人

地　区	合　计	一级	二级	三级及以下
全　省	**159244**	**59800**	**44903**	**54541**
武汉市	82996	49352	20339	13305
黄石市	14747	7569	6242	936
十堰市	4588		1154	3434
宜昌市	8686	998	1977	5711
襄阳市	7139	83	2036	5020
鄂州市	2060		1876	184
荆门市	1799	58	229	1512
孝感市	13780	317	3827	9636
荆州市	8510	613	2608	5289
黄冈市	8435	810	1856	5769
咸宁市	2166		677	1489
随州市	1654		351	1303
恩施州	1569		1006	563
仙桃市	248		248	
潜江市	678		408	270
天门市	189		69	120
神农架				

2-D-21 各地区按资质等级划分的专业承包企业建筑业总产值

单位：万元

地　区	合计	一级	二级	三级及以下
全　省	**8187288.4**	**4666217.2**	**2017747.6**	**1503323.6**
武汉市	5563846.8	4192230.8	916134.0	455482.0
黄石市	647921.5	358701.9	236480.4	52739.2
十堰市	197058.5		39370.3	157688.2
宜昌市	272556.4	43422.5	114652.8	114481.1
襄阳市	202705.3	2003.7	84905.0	115796.6
鄂州市	179989.0		172069.4	7919.6
荆门市	56602.1	2450.0	9611.6	44540.5
孝感市	277926.8	8896.9	131239.0	137790.9
荆州市	262576.0	19502.5	104072.3	139001.2
黄冈市	279532.1	39008.9	112930.4	127592.8
咸宁市	74309.0		24035.4	50273.6
随州市	55302.0		7630.5	47671.5
恩施州	76620.3		35094.7	41525.6
仙桃市	5400.0		5400.0	
潜江市	19379.7		15526.4	3853.3
天门市	15562.9		8595.4	6967.5
神农架				

2-D-22　各地区按资质等级划分的专业承包建筑业企业签订合同额

单位：万元

地　区	合　计	一级	二级	三级及以下
全　省	**13059191.8**	**8703872.7**	**2557708.9**	**1797610.2**
武汉市	9750861.6	7818297.0	1311119.3	621445.3
黄石市	709301.2	381069.1	269187.2	59044.9
十堰市	251618.3		58608.4	193009.9
宜昌市	326645.5	67287.2	126776.8	132581.5
襄阳市	231073.9	2315.6	93833.8	134924.5
鄂州市	212024.4		198979.3	13045.1
荆门市	62353.7	1568.0	13055.3	47730.4
孝感市	284522.2	11715.9	135684.9	137121.4
荆州市	294227.0	21670.0	118355.9	154201.1
黄冈市	677538.9	399949.9	138171.7	139417.3
咸宁市	76284.9		21273.5	55011.4
随州市	57877.2		9480.8	48396.4
恩施州	89015.5		38667.5	50348.0
仙桃市	990.0		990.0	
潜江市	19379.7		15526.4	3853.3
天门市	15477.8		7998.1	7479.7
神农架				

2-D-23 各地区按资质等级划分的专业承包建筑业企业竣工产值

单位：万元

地区	合计	一级	二级	三级及以下
全省	**4636600.9**	**2527751.4**	**1137441.1**	**971408.4**
武汉市	2775785.7	2145443.1	374093.4	256249.2
黄石市	444006.9	284119.3	99282.4	60605.2
十堰市	151727.4		29409.6	122317.8
宜昌市	229345.6	34905.8	99659.2	94780.6
襄阳市	128111.8		48373.2	79738.6
鄂州市	137923.9		136522.3	1401.6
荆门市	43686.0	2450.0	2056.6	39179.4
孝感市	152227.9	8896.9	101033.9	42297.1
荆州市	212239.7	7241.8	101391.6	103606.3
黄冈市	214253.9	44694.5	70359.0	99200.4
咸宁市	57149.5		11156.5	45993.0
随州市	14545.4		7598.9	6946.5
恩施州	42222.4		33331.2	8891.2
仙桃市	2850.0		2850.0	
潜江市	19641.7		15536.4	4105.3
天门市	10883.1		4786.9	6096.2
神农架				

2-D-24　各地区按资质等级划分的专业承包建筑业企业房屋施工面积

单位：万平方米

地　区	合　计	一级	二级	三级及以下
全　省	**848.8**	**363.1**	**170.1**	**315.6**
武汉市	333.5	213.0	52.0	68.4
黄石市	214.0	141.1	34.5	38.4
十堰市	52.7		5.0	47.7
宜昌市	13.8	5.8	7.3	0.7
襄阳市	16.1		9.4	6.7
鄂州市				
荆门市	1.5		1.5	
孝感市	72.1	0.9	7.2	64.0
荆州市	23.1	1.6		21.5
黄冈市	107.3	0.7	52.3	54.3
咸宁市	7.7			7.7
随州市	1.7		0.9	0.8
恩施州	0.1			0.1
仙桃市				
潜江市	4.5			4.5
天门市	0.6			0.6
神农架				

2-D-25 各地区按资质等级划分的专业承包建筑业企业房屋竣工面积

单位：万平方米

地　区	合　计	一级	二级	三级及以下
全　省	**551.5**	**216.7**	**136.3**	**198.5**
武汉市	152.0	99.7	20.1	32.2
黄石市	158.2	114.2	32.1	11.9
十堰市	91.7		48.4	43.3
宜昌市	1.5	0.5	0.6	0.5
襄阳市	12.5		8.5	4.0
鄂州市				
荆门市				
孝感市	34.5	0.9		33.6
荆州市	19.7	1.1		18.6
黄冈市	67.2	0.3	25.8	41.2
咸宁市	7.5			7.5
随州市	1.7		0.9	0.8
恩施州	0.1			0.1
仙桃市				
潜江市	4.3			4.3
天门市	0.6			0.6
神农架				

2-D-26　各地区按资质等级划分的专业承包企业自有施工机械设备台数

单位：台

地　区	合　计	一级	二级	三级及以下
全　省	**46237**	**14078**	**15073**	**17086**
武汉市	21125	12775	4411	3939
黄石市	5106	678	4317	111
十堰市	1023		158	865
宜昌市	4790	88	1214	3488
襄阳市	2185	140	1285	760
鄂州市	170		93	77
荆门市	273	13	37	223
孝感市	1499	147	108	1244
荆州市	3332	129	1188	2015
黄冈市	4418	108	313	3997
咸宁市	274		158	116
随州市	261		184	77
恩施州	467		405	62
仙桃市	618		618	
潜江市	603		538	65
天门市	93		46	47
神农架				

2-D-27 各地区按资质等级划分的专业承包企业自有施工机械设备总功率

单位：万千瓦

地　区	合　计	一级	二级	三级及以下
全　省	**175.8**	**21.9**	**98.7**	**55.2**
武汉市	56.4	18.5	7.4	30.5
黄石市	3.2	1.6	1.4	0.2
十堰市	1.5		0.5	1.0
宜昌市	5.8	0.4	3.9	1.5
襄阳市	8.5	0.3	0.4	7.8
鄂州市	0.1		0.1	
荆门市	0.7			0.7
孝感市	3.9	0.1		3.8
荆州市	6.9	0.2	0.5	6.3
黄冈市	87.4	0.8	83.7	2.9
咸宁市	0.3		0.1	0.2
随州市	0.3		0.2	0.1
恩施州	0.5		0.4	0.1
仙桃市	0.1		0.1	
潜江市	0.1			0.1
天门市	0.1			0.1
神农架				

2-D-28　各地区按资质等级划分的专业承包建筑业企业实收资本

单位：万元

地　区	合　计	一级	二级	三级及以下
全　省	**1769771.0**	**689068.3**	**613981.8**	**466720.9**
武汉市	1213305.2	605097.9	394612.2	213595.1
黄石市	57724.8	21406.0	26733.4	9585.4
十堰市	41062.4		17843.3	23219.1
宜昌市	87511.0	13768.2	25444.9	48297.9
襄阳市	56641.0	1695.0	18883.4	36062.6
鄂州市	34207.8		27384.8	6823.0
荆门市	21653.0	1280.0	6714.5	13658.5
孝感市	39087.3	5001.0	15983.8	18102.5
荆州市	64622.2	8250.0	25369.3	31002.9
黄冈市	86403.7	32570.2	25330.5	28503.0
咸宁市	16883.5		6366.0	10517.5
随州市	19032.8		5090.2	13942.6
恩施州	17815.5		8465.5	9350.0
仙桃市	3050.0		3050.0	
潜江市	7972.8		6312.0	1660.8
天门市	2798.0		398.0	2400.0
神农架				

2-D-29 各地区按资质等级划分的专业承包建筑业企业资产

单位：万元

地 区	合计	一级	二级	三级及以下
全 省	**8005929.4**	**4684582.9**	**1957108.8**	**1364237.7**
武汉市	5807557.1	4088414.4	1145354.8	573787.9
黄石市	528809.0	322805.8	159859.2	46144.0
十堰市	139513.6		53813.7	85699.9
宜昌市	267315.3	50478.0	69992.1	146845.2
襄阳市	163094.7	2686.0	59632.7	100776.0
鄂州市	93242.6		77578.8	15663.8
荆门市	119126.4	1916.8	59209.6	58000.0
孝感市	121726.2	9419.8	57495.3	54811.1
荆州市	218431.7	17744.5	108775.5	91911.7
黄冈市	346877.2	191117.6	85336.9	70422.7
咸宁市	45286.3		16179.9	29106.4
随州市	53819.9		10257.6	43562.3
恩施州	57909.3		25976.3	31933.0
仙桃市	11334.0		11334.0	
潜江市	20479.0		15697.9	4781.1
天门市	11407.1		614.5	10792.6
神农架				

2-D-30　各地区按资质等级划分的专业承包建筑业企业所有者权益

单位：万元

地　区	合　计	一级	二级	三级及以下
全　省	**3173766.5**	**1461660.9**	**1007774.1**	**704331.5**
武汉市	2053069.8	1145347.6	624461.8	283260.4
黄石市	317193.9	240702.0	58674.8	17817.1
十堰市	68564.3		19899.3	48665.0
宜昌市	151489.9	18196.2	48753.9	84539.8
襄阳市	85335.2	1959.5	33245.1	50130.6
鄂州市	44076.6		36399.9	7676.7
荆门市	38057.6	1579.3	7142.3	29336.0
孝感市	82880.9	7320.4	42926.0	32634.5
荆州市	101087.3	11416.4	42031.5	47639.4
黄冈市	131459.7	35139.5	53214.5	43105.7
咸宁市	22895.1		9267.2	13627.9
随州市	33552.6		7993.3	25559.3
恩施州	26591.3		13018.3	13573.0
仙桃市	3211.7		3211.7	
潜江市	9639.5		7103.4	2536.1
天门市	4661.1		431.1	4230.0
神农架				

2-D-31 各地区按资质等级划分的专业承包建筑业企业负债

单位：万元

地 区	合 计	一级	二级	三级及以下
全 省	**4832759.8**	**3222922.0**	**949380.0**	**660457.8**
武汉市	3755084.3	2943066.8	520938.4	291079.1
黄石市	211615.1	82103.8	101184.4	28326.9
十堰市	70949.3		33914.4	37034.9
宜昌市	115825.3	32281.8	21238.1	62305.4
襄阳市	77759.5	726.5	26387.6	50645.4
鄂州市	49166.0		41178.9	7987.1
荆门市	81068.8	337.5	52067.3	28664.0
孝感市	38845.3	2099.4	14569.3	22176.6
荆州市	117344.4	6328.1	66744.0	44272.3
黄冈市	215417.5	155978.1	32122.4	27317.0
咸宁市	22391.2		6912.7	15478.5
随州市	20267.3		2264.3	18003.0
恩施州	31318.0		12958.0	18360.0
仙桃市	8122.3		8122.3	
潜江市	10839.5		8594.5	2245.0
天门市	6746.0		183.4	6562.6
神农架				

2-D-32　各地区按资质等级划分的专业承包建筑业企业营业收入

单位：万元

地　区	合　计	一级	二级	三级及以下
全　省	**8314234.4**	**4763784.9**	**2056805.4**	**1493644.1**
武汉市	5844749.5	4268976.4	1136369.2	439403.9
黄石市	606269.5	357527.8	165629.9	83111.8
十堰市	164261.9		40628.2	123633.7
宜昌市	281821.6	41185.2	77276.8	163359.6
襄阳市	182726.9	3206.9	64900.1	114619.9
鄂州市	151941.9		142269.7	9672.2
荆门市	52600.4	1336.4	8337.1	42926.9
孝感市	243353.7	7905.4	104952.2	130496.1
荆州市	270570.4	36417.7	107300.7	126852.0
黄冈市	286917.3	47229.1	116627.8	123060.4
咸宁市	54186.3		20403.8	33782.5
随州市	53780.8		7639.6	46141.2
恩施州	80405.5		35894.7	44510.8
仙桃市	11238.1		11238.1	
潜江市	20014.9		15736.9	4278.0
天门市	9395.7		1600.6	7795.1
神农架				

2-D-33 各地区按资质等级划分的专业承包建筑业企业利税总额

单位：万元

地区	合计	一级	二级	三级及以下
全省	**799974.1**	**355503.3**	**281898.6**	**162572.2**
武汉市	431063.1	242602.9	152456.9	36003.3
黄石市	137286.5	98398.7	35001.8	3886.0
十堰市	21368.4		5920.8	15447.6
宜昌市	35799.6	3488.9	14304.4	18006.3
襄阳市	26830.6	813.5	8362.3	17654.8
鄂州市	10956.3		9649.7	1306.6
荆门市	7137.2	211.7	962.1	5963.4
孝感市	19797.0	907.6	9948.8	8940.6
荆州市	50346.0	3399.4	22016.2	24930.4
黄冈市	33447.6	5680.6	14010.4	13756.6
咸宁市	8738.7		2916.2	5822.5
随州市	6684.0		1717.6	4966.4
恩施州	7349.3		3058.8	4290.5
仙桃市	333.0		333.0	
潜江市	1222.2		582.5	639.7
天门市	1614.6		657.1	957.5
神农架				

2-D-34　各地区按资质等级划分的专业承包建筑业企业利润总额

单位：万元

地　区	合　计	一级	二级	三级及以下
全　省	**417133.1**	**152639.4**	**173528.2**	**90965.5**
武汉市	199085.0	85800.0	98642.6	14642.4
黄石市	76852.9	57433.8	16884.7	2534.4
十堰市	13132.9		3860.0	9272.9
宜昌市	24559.1	2253.6	11283.6	11021.9
襄阳市	17158.7	138.1	4686.1	12334.5
鄂州市	5532.5		4940.2	592.3
荆门市	4183.4	103.4	529.0	3551.0
孝感市	10891.5	507.5	6098.2	4285.8
荆州市	31377.6	2158.4	12385.8	16833.4
黄冈市	20668.8	4244.6	9825.8	6598.4
咸宁市	4759.4		1298.5	3460.9
随州市	4477.7		953.4	3524.3
恩施州	3206.8		1773.4	1433.4
仙桃市	40.5		40.5	
潜江市	199.7		−53.3	253.0
天门市	1006.6		379.7	626.9
神农架				

2-D-35 各地区按资质等级划分的专业承包建筑业企业税金总额

单位：万元

地 区	合 计	一级	二级	三级及以下
全 省	**382841.0**	**202863.9**	**108370.4**	**71606.7**
武汉市	231978.1	156802.9	53814.3	21360.9
黄石市	60433.6	40964.9	18117.1	1351.6
十堰市	8235.5		2060.8	6174.7
宜昌市	11240.5	1235.3	3020.8	6984.4
襄阳市	9671.9	675.4	3676.2	5320.3
鄂州市	5423.8		4709.5	714.3
荆门市	2953.8	108.3	433.1	2412.4
孝感市	8905.5	400.1	3850.6	4654.8
荆州市	18968.4	1241.0	9630.4	8097.0
黄冈市	12778.8	1436.0	4184.6	7158.2
咸宁市	3979.3		1617.7	2361.6
随州市	2206.3		764.2	1442.1
恩施州	4142.5		1285.4	2857.1
仙桃市	292.5		292.5	
潜江市	1022.5		635.8	386.7
天门市	608.0		277.4	330.6
神农架				

2-D-36　各地区按资质等级划分的专业承包建筑业企业主营业务收入

单位：万元

地　区	合　计	一级	二级	三级及以下
全　省	**8251721.5**	**4748694.0**	**2046565.7**	**1456461.8**
武汉市	5823505.8	4254834.0	1130960.2	437711.6
黄石市	580150.4	357427.8	165629.7	57092.9
十堰市	164199.5		40628.2	123571.3
宜昌市	279654.8	41011.8	76429.3	162213.7
襄阳市	179779.3	3206.9	64898.2	111674.2
鄂州市	151941.9		142269.7	9672.2
荆门市	49097.5	1336.4	4836.5	42924.6
孝感市	242543.9	7905.4	104511.5	130127.0
荆州市	270373.5	36389.9	107260.9	126722.7
黄冈市	282413.6	46581.8	116627.8	119204.0
咸宁市	54186.0		20403.8	33782.2
随州市	53780.8		7639.6	46141.2
恩施州	80394.8		35894.7	44500.1
仙桃市	11238.1		11238.1	
潜江市	20014.9		15736.9	4278.0
天门市	8446.7		1600.6	6846.1
神农架				

2-D-37 各地区按资质等级划分的专业承包建筑业企业管理费用

单位：万元

地 区	合 计	一级	二级	三级及以下
全 省	**402181.3**	**199997.1**	**114702.8**	**87481.4**
武汉市	285637.7	185319.0	65229.1	35089.6
黄石市	16568.0	9411.0	5050.3	2106.7
十堰市	7372.0		2694.0	4678.0
宜昌市	22363.5	2269.2	7753.0	12341.3
襄阳市	11066.1	140.8	3372.6	7552.7
鄂州市	6163.2		5354.0	809.2
荆门市	5115.3	82.0	429.6	4603.7
孝感市	12638.1	831.1	9804.3	2002.7
荆州市	13711.0	1013.8	6066.9	6630.3
黄冈市	8769.9	930.2	4546.6	3293.1
咸宁市	5292.9		1494.6	3798.3
随州市	691.3		307.6	383.7
恩施州	2898.4		1786.6	1111.8
仙桃市	301.9		301.9	
潜江市	426.3		240.3	186.0
天门市	3165.7		271.4	2894.3
神农架				

2-D-38　各地区按资质等级划分的专业承包建筑业企业财务费用

单位：万元

地　区	合　计	一级	二级	三级及以下
全　省	**49299.7**	**35066.1**	**6980.7**	**7252.9**
武汉市	35742.6	29540.3	3726.4	2475.9
黄石市	4775.6	3108.8	957.6	709.2
十堰市	361.9		115.7	246.2
宜昌市	522.5	203.1	125.6	193.8
襄阳市	1114.7	58.1	345.7	710.9
鄂州市	−78.0		−95.1	17.1
荆门市	548.3	8.6	293.6	246.1
孝感市	1210.2	91.9	146.8	971.5
荆州市	1696.5	126.8	447.6	1122.1
黄冈市	2644.0	1928.5	173.4	542.1
咸宁市	378.9		316.5	62.4
随州市	−73.6		80.8	−154.4
恩施州	422.1		320.5	101.6
仙桃市	−12.9		−12.9	
潜江市	4.6		0.3	4.3
天门市	42.3		38.2	4.1
神农架				

2-D-39 各地区按资质等级划分的专业承包建筑业企业应收工程款

单位：万元

地　区	合　计	一级	二级	三级及以下
全　省	**2552951.2**	**1499218.6**	**663967.1**	**389765.5**
武汉市	1945784.1	1354096.0	401951.8	189736.3
黄石市	185409.8	104467.5	69071.9	11870.4
十堰市	57357.2		23534.0	33823.2
宜昌市	54052.0	5998.3	15148.9	32904.8
襄阳市	52193.2	646.7	25022.9	26523.6
鄂州市	27841.1		23858.6	3982.5
荆门市	20008.4	1204.0	1508.9	17295.5
孝感市	27115.4	3590.7	13163.5	10361.2
荆州市	78410.5	4602.5	58957.0	14851.0
黄冈市	50258.6	24612.9	10214.9	15430.8
咸宁市	12441.3		4894.0	7547.3
随州市	16893.6		3235.0	13658.6
恩施州	13260.5		6204.6	7055.9
仙桃市	892.2		892.2	
潜江市	8660.3		6030.2	2630.1
天门市	2373.0		278.7	2094.3
神农架				

E.劳务分包建筑业企业

2-E-1 各地区劳务分包建筑业企业生产经营情况

单位：万元

地　区	建筑业总产值	营业收入	主营业务税金及附加	利润总额	应付职工薪酬
全　省	**783139.0**	**1342570.2**	**15214.8**	**32455.3**	**286115.0**
武汉市	327420.2	341508.1	4443.6	11429.2	109208.4
黄石市	52421.3	33289.5	1735.5	2349.7	4851.9
十堰市	59070.5	102702.4	1260.9	6966.2	25655.6
宜昌市	121255.5	118000.3	1747.9	3685.2	47803.0
襄阳市	9455.8	9580.0	169.4	318.9	7641.3
鄂州市	959.7	959.7	6.7	95.4	1660.8
荆门市					
孝感市	64772.6	74593.4	1092.3	3861.8	49085.7
荆州市	77806.8	44567.6	814.0	1330.8	26586.3
黄冈市	7997.6	25107.5	272.1	719.3	1965.2
咸宁市	11541.2	12056.9	53.4	237.4	4700.5
随州市	46781.3	576324.2	3591.6	1282.5	6443.2
恩施州	315.0	315.0	10.5	23.5	54.0
仙桃市					
潜江市					
天门市	3341.5	3565.6	16.9	155.4	459.1
神农架					

2–E–2 各地区劳务分包建筑业企业个数和人员情况

地 区	企业个数(个)	从事主营业务活动的从业人员平均人数(人)	从业人员期末人数(人)	#工程技术人员	#现场施工工人
全 省	**268**	**62687**	**63192**	**5591**	**47890**
武汉市	131	16184	14806	1434	9001
黄石市	6	3967	4051	207	993
十堰市	26	5295	5414	438	4495
宜昌市	30	7292	8968	678	8072
襄阳市	13	371	308	33	232
鄂州市	1	273	282	80	144
荆门市					
孝感市	10	21474	21752	826	20417
荆州市	25	5142	4921	1377	2396
黄冈市	6	437	393	34	309
咸宁市	4	371	386	89	293
随州市	13	1719	1763	360	1425
恩施州	1	20	15	2	13
仙桃市					
潜江市					
天门市	2	142	133	33	100
神农架					

附　录

主要指标解释

主要指标解释

研究与试验发展(R&D)　指在科学技术领域，为增加知识总量，以及运用这些知识去创造新的应用进行的系统的创造性的活动，包括基础研究、应用研究、试验发展三类活动。国际上通常采用R&D活动的规模和强度指标反映一国的科技实力和核心竞争力。

R&D人员　指参与研究与试验发展项目研究、管理和辅助工作的人员，包括项目(课题)组人员，企业科技行政管理人员和直接为项目(课题)活动提供服务的辅助人员。反映投入从事拥有自主知识产权的研究开发活动的人力规模。

R&D人员全时当量　指全时人员数加非全时人员按工作量折算为全时人员数的总和。例如：有两个全时人员和三个非全时人员(工作时间分别为20%、30%和70%)，则全时当量为2+0.2+0.3+0.7=3.2人年。为国际上比较科技人力投入而制定的可比指标。

R&D经费内部支出　指调查单位用于内部开展R&D活动（基础研究、应用研究和试验发展）的实际支出。包括用于R&D项目（课题）活动的直接支出，以及间接用于R&D活动的管理费、服务费、与R&D有关的基本建设支出以及外协加工费等。不包括生产性活动支出、归还贷款支出以及与外单位合作或委托外单位进行R&D活动而转拨给对方的经费支出。

R&D经费支出中政府资金　指R&D经费内部支出中来自各级政府部门的各类资金，包括财政科学技术拨款、科学基金、教育等部门事业费以及政府部门预算外资金的实际支出。

R&D经费支出中企业资金　指R&D经费内部支出中来自本企业的自有资金和接受其他企业委托而获得的经费，以及科研院所、高校等事业单位从企业获得的资金的实际支出。

R&D项目数　指在当年立项并开展研究工作、以前年份立项仍继续进行研究的研发项目（课题）数，包括当年完成和年内研究工作已告失败的研发项目（课题），但不包括委托外单位进行的研发项目（课题）数。

R&D项目人员全时当量　指实际参加研发项目（课题）活动人员折合的全时当量。

R&D项目经费支出　指调查单位内部在报告年度进行研发项目（课题）研究和试制等的实际支出。包括劳务费、其他日常支出、固定资产购建费、外协加工费等，不包括委托或与外单位合作进行项目（课题）研究而拨付给对方使用的经费。

新产品销售收入　指报告期企业销售新产品实现的销售收入。新产品是指采用新技术原理、新设计构思研制、生产的全新产品，或在结构、材质、工艺等某一方面比原有产品有明显改进，从而显著提高了产品性能或扩大了使用功能的产品。既包括经政府有关部门认定并在有效期内的新产品，也包括企业自行研制开发，未经政府有关部门认定，从投产之日起一年之内的新产品。

技术改造经费支出　指报告期内企业进行技术改造而发生的费用支出。技术改造指企业在坚持科技进步的前提下，将科技成果应用于生产的各个领域（产品、设备、工艺等），用先进工艺、设备代替落后工艺、设备，实现以内涵为主的扩大再生产，从而提高产品质量、促进产品更新换代、节约能源、降低消耗，全面提高综合经济效益。

购买境内技术经费支出　指报告期内企业购买境内其他单位科技成果的经费支出。包括购买产品设计、工艺流程、图纸、配方、专利、技术诀窍及设备的费用支出。

引进境外技术经费支出　指报告期内企业用于购买国外或港澳台技术的费用支出，包括产品设计、工艺流程、图纸、配方、专利等技术资料的费用支出，以及购买设备、仪器、样机和样件等的费用支出。

引进境外技术的消化吸收经费支出　指报告期内企业引进国外或港澳台技术的消化吸收经费支出。引进技术的消化吸收指对引进技术的掌握、应用、复制而开展的工作，以及在此基础上的创新。引进技术的消化吸收经费支出包括：人员培训费、测绘费、参加消化吸收人员的工资、工装、工艺开发费、必备的配套设备费、翻版费等。